卑南语构词法研究

石德富 著

中央民族大学出版社

图书在版编目（CIP）数据

卑南语构词法研究/石德富著．—北京：中央民族大学出版社，2008.8

ISBN 978-7-81108-596-9

Ⅰ．卑… Ⅱ．石… Ⅲ．少数民族—民族语—构词法—研究—台东县 Ⅳ．H289.4

中国版本图书馆CIP数据核字（2008）第138650号

卑南语构词法研究

作　者	石德富
责任编辑	宁　玉
封面设计	布拉格工作室
出版者	中央民族大学出版社
	北京市海淀区中关村南大街27号　邮编：100081
	电话：68472815（发行部）　传真：68932751（发行部）
	68932218（总编室）　　　68932447（办公室）
发行者	全国各地新华书店
印刷者	北京宏伟双华印刷有限公司
开　本	880×1230（毫米）　1/32　印张：11.25
字　数	280千字
版　次	2008年8月第1版　2008年8月第1次印刷
书　号	ISBN 978-7-81108-596-9
定　价	28.00元

版权所有　翻印必究

内 容 提 要

本著作以台湾省台东县卑南乡南王村的卑南语为研究对象,对卑南语的构词法作系统的考察研究。本研究的语料提供人陈荣福先生(1916—1984)30岁以前一直生活在故乡,自20世纪50年代至谢世,一直在中央民族学院从事母语研究。本研究的语料主要来源于他所编写的课本和以他的课本为蓝本而编写的词典。

本研究主要是在结构主义语言观和格位理论的指导下,对卑南语的构词法作微观描写。研究的基本程序是：在收集整理材料之后,对派生词作了初步的切分替换,归纳出判断词缀和词根的准则,进而分析研究材料。研究时,既注意派生词和词根的语义角色关系,也注意词根和词缀之间的附加和被附加的限制条件；归纳语义特征时,遵循对立互补的系统性原则。

本著作由正文和附录两个部分构成,而正文由7个章节构成。

第一章 绪论。本章简要介绍了以下情况：卑南人及其语言使用情况,本文的选题缘由、目的和意义,材料、研究方法及其理论依据,论文中常用的符号和意义。

第二章 构词法及其相关术语的界定。本章概述了卑南语词汇的主要特点,对构词法及其相关术语如构词与构词法、词根与词缀进行了界定,归纳出判断词根和词缀的相关准则,从语音的角度分析了卑南语的重叠方式,提出卑南语构词过程的假设：输入—叠加—过滤—整合—输出,以及建立在这个假设基础上的论文结构。

第三章 卑南语构词中的音节叠加与词形整合。卑南语词形的基本模式为：$[C+V]n+'[C+V+(C)]$。为了遵循词形的结构模式和发音的经济原则和不产生歧义原则，在构词的过程中就对所叠加的音节进行整合，从而导致发生了增音、减音、变音等现象。

　　第四章　单纯词缀的语义特征及其构词。单纯词缀一般都具有多项语义特征，是多项语义特征的集合。附加派生法，就是在词根意义的基础上叠加这些语义特征。但在派生过程中，常常根据情况对集合中的语义特征项进行取舍整合，才能产生意义合格的派生词。

　　卑南语组词层次的前缀不仅数量少，而且构词能力也比较弱，但是形态层次的前缀很活跃，很有生命力，卑南语的许多语法范畴都通过附加这些词缀表达出来。

　　卑南语的中缀有两个：–em– 和 –in–，并且分别跟前缀 me– 和 ni– 互补分布，前缀附加在以流音和鼻音开头的词根而中缀则附加在以塞音（含擦音 s）开头的词根。

　　卑南语的后缀按功能来分，可分为名词化后缀和表被动的后缀。名词化后缀只有一个：–an；被动后缀有六个：–an、–aw、–aj、–anaj、–u 和 –i。

　　第五章　词缀的复合结构及其构词。本章讨论两个问题。

　　(1) 复杂派生词内的结构层次。复合词缀派生新词是有序的，一般都由内向外逐层地派生。各个词缀所处的层次是由派生过程中的先后顺序来决定的，与其空间分布无关。在派生词内的各个词缀的顺序序列中，某个词缀的语义辖域、语法意义的分量跟它与词根所处的层次成正比，越是处在外层，词缀的语义辖域越大，语法意义分量越大；某个词缀和词根语义的紧密度跟它与词根所处的层次成反比，越是处在外层，它与词根的语义关系的紧密度就越小。

　　在派生过程中，若内层词缀的某项语义特征和外层词缀的语义特征相互矛盾，则将内层词缀与之矛盾的项清除，最外层的词缀的性质往往决定该派生词的词性地位和语法特征。

（2）卑南语复合词缀的结构模式。卑南语复合词缀一般有六种结构模式：前缀+前缀，前缀+前缀+前缀，中缀+后缀，前缀+后缀，前缀+前缀+后缀和前缀+中缀+后缀。

第六章　卑南语的重叠构词。卑南语有三种重叠模式：重叠第一式、第二式和混合式，但主要使用前两者来构词。

动词根重叠第一式一般具有［工具］、［原料］、［名物化］、［将行体］等语义特征。名词根重叠第一式一般具有［泛化/抽象化］、［每个］等语义特征。

动词根重叠第二式常常具有［反复］、［持续］、［短暂］、［随意］、［描摹］等语义特征；形容词根重叠第二式通常具有［深化］、［描摹］等语义特征；名词根重叠第二式一般具有［众多］、［处所］等等语义特征。

重叠形式能被前缀、双重前缀、中缀、后缀以及各种复合词缀所附加，派生出大量的新词。这些派生词的意义都是由词根意义、重叠形式的语义特征和所有参与派生的词缀的语义特征叠加整合而成。在派生词内的词缀顺序序列中，重叠形式一般都比词缀处于内层。

第七章　结论。本章综合全文所述后认为：（1）在词根上附加词缀和重叠词根是卑南语词的形态变化和派生新词的主要手段；（2）单纯词缀和重叠模式一般都具有多项语义特征，是多项语义特征的集合。派生就是以词根意义为基础，在这基础上叠加各项语义特征，并对之进行取舍。复合词缀派生的词是由多个单纯词缀派生过程的叠加与整合而成；（3）第一章的假设基本是成立的，亦即不管是语音层面还是词义层面，一般的派生活动可能经历以下过程：输入—叠加—过滤—整合—输出。

Abstract

This dissertation is attempted to make a systematical description on the word formation of Puyuma, which is one of the aboriginal languages in Taiwan belonging to Indonesian Family of the Austronesian Phylum, with nearly 10,000 speakers who mainly live in Beinan Town, Taidong County. As other aboriginal languages in Taiwan, it is a polysyllabic agglutinative language with a stress on the last syllable of a word and without tones.

The materials on which the research project of the dissertation is conducted are mainly drawn from the textbooks compiled by Mr. Chen Rongfu (or Tiam Barasung in Puyuma), a native Buyuma speaker who migrated from Nanwangxiang village Beinan Town to the mainland during the War of Resistance Against Japan as a soldier and later became a scholar of his native language in the Central Institute of Nationalities, the former of the Central University for Nationalities, and unfortunately passed away in 1984, and also from a un-published Buyuma-Chinese Dictionary, which was built on the base of the textbooks by Mr. Chen. The textbooks by Mr. Tiam Barasung can be listed as follows: Primer of Buyuma Language, Buyuma Dialogues (two volumes), Collection of Buyuma Folk Stories (two volumes), Folk Stories of Minority Ethnic Groups in China, all written by hand. The materials are adequate to make it possible to make a systematic and deep research into the language.

From the perspective of descriptivism combined with case theory, the dissertation makes a micro-analysis and a exhaustive description on all the derived words collected. Focus is paid both on the relationship between the semantic roles of the root and its derived word, and on the restrictive conditions of the root and the affixes on which they are combined with each other.

The contents of the deissertation are as follows: the basic patterns of phonetic word form in Puyuma; phonetic adjustment of the added syllables within derived words; affixes and their semantic features; the affixing order of affixes within complex derived words and the levels of their structures, and the semantic features; the reduplication patterns of word roots and the semantic features they carry each, the compound reduplications of affixes and their semantic features; and the derivability of each affix and the process of derivations.

Affixing and reduplication are the two main ways in which morphology are carried on in Puyuma language. The affixes added to the verbal root often mould the verb's syntactical patterns or models. Therefore, if the characteristics and rules of the word formation are found, it would be helpful and easier to get the knowledge of its vocabulary system and the preparation to conduct the deeper research on its syntax.

The dissertation consists of 7 chapters, which are as follows:

Chapter One: Preface;

Chapter two: Definitions and Terminology Concerned;

Chapter Three: Adjustment of Added Syllables within Derived Words;

Chapter Four: Simple Affixes, their semantic Features and the Process of Derivation;

Chapter Five: Compound Affixes within Derived Words, their Semantic Features and the Levels of the Structures;

Chapter Six: Reduplication Patterns of Word Roots and their Semantic Features;

Chapter Seven: Conclusion

Some findings of the dissertation:

1. The basic patternts of phonetic word forms in Puyuma is illustrated as the following format:

$$[C + V]n + '[C + V + (C)]$$

In order to adjust to this format, all the newly added syllables within the derivation process will be filtered and made some changes such as addition, assimilation, dissimilation etc.

2. In Puyuma, only two infixes are found which are -em- and -in-, and the forms of -im-, -en-, -un-, -um- are conditional varieties of -em-. Furthermore, -em- and -in- are complementarily distributed with the prefixes of me- and ni- relatively. The condition in which these prefixes or infixes are chosen is the nature of the initial consonants of the word roots. If the initial consonants of the word roots are liquids or nasals, prefixes of me- or ni- are chosen to add to those roots while infixes of -em- (including its varieties of -en-, -im-, -un-,-um-) or -in- are chosen if the initial consonants of word roots are non-liquids or non-nasals.

3. Each affix is a set of semantic features, or a container, in other word, which holds many items of semantic feature. Semantically, affixation is the course in which the items of semantic feature carried by an affix or affixes are added to the basic meaning of the word root and the items are selected in order to produce the right meaning of the derived word.

4. The common models of compound affixes in Puyuma are: (A) prefix + prefix; (B) prefix + prefix + prefix; (C) infix + suffix; (D) prefix + suffix; (E) prefix + prefix + suffix; and (F) prefix + infix + suffix.

5. In the sequence of affix order within a complex derived word, the semantic scope and grammatical meaning of a given affix is directly pro-

portional to the order it takes in the sequence, while its closeness of semantic relationship with the root is inversely. The order of a given affix is decided by the turn it is added to the root rather than by the space it put to the root.

6. In the process of derivation, if any items of semantic feature of the inner affixes are contradictory to those of the outer affixes, those items are often cleaned up. It is the affix taking the last order that often decides both the part of speech of the derived word and the sentence patterns if it is a verb.

7. The reduplication of a word root in Puyuma can be classified into three models. They are as follows:

Model one: To reduplicate the consonant of the second syllable of the root from its rear and then add the vowel of [a] behind that consonant. If a root is a nominal root, model one often contains the items of semantic feature as [generalizing], and [each] etc; if it is a verbal root, that model often has the items of semantic feature as [instrument], [material], [nominalization], and [future aspect] etc.

Model two: To reduplicate the last two syllables of a word root. If the last syllable is ended with a consonant, then the consonant is omitted in the replicated part because of being moulded by the basic pattern of phonetic word form of the language. The semantic features of reduplication model two of a verbal root often are [repetitive], [continuous], [transient] and [descriptive] etc; those of an adjective root are [intensity], [descriptive]; those of a nominal root are [plural(as a group)], [within (a place)] etc.

Model three is a mixture of Model 1 and Model 2 with Model 1 in the front, which is not often used, indicating reciprocal action among many people.

Many words are the reduplicated form of word roots combined one or two or even three affixed, the meaning of a complicatedly derived word is the mixture of the root meaning, the semantic feature of the reduplication revolved and the semantic features of an affix or affixes with some necessary adjustment.

8. Whether phonetically or semantically, derivation is commonly processed as follows:

input-addition-filtering-adjustment-output.

KEY WORDS: Puyuma Language, word formation, affixation, reduplication, semantic feature

序

　　石德富的《卑南语构词法研究》是在学位论文的基础上修订而成的。这部论著以探索和研究卑南语的构词法为主旨，基本厘清了台湾卑南语的构词体系及其特点，是前人未曾涉及的学术空白，就其阐论的内容和学术意义而言，所凸显的独特性与创新性自不待言，同行学人会作出肯定的评价。

　　石德富的母语是苗语，硕士研究生阶段研读的是苗语，他母语基础扎实，研究起来胸有成竹，是大家公认的。在博士研究生阶段，石德富攻读被视为"冷门"的南岛语研究方向，不免出乎意料。经过3年的师生相处与研讨课业，知道其选择的动机纯粹基于对语言研究的浓厚志趣与执著追求。他认为，苗语与南岛语本无隔阂，对语言研究者而言，多熟悉和掌握一种语言，可以触类旁通，相互观照，彼此促进。具体于他来说，攻读南岛语不仅仅是学历的要求，而且是开拓学术视野、提高学术水平的需要。《卑南语构词法研究》的问世，无疑是石德富博士生阶段学有所成的一个证明。

　　石德富做人诚实，做学问也诚实。南岛语对他是崭新的领域，从一开始，学问就做得中规中矩、扎扎实实。他先主修民族语 Amis 语，课堂上勇于讨论，发表见解，将 Amis 语和自己的母语或其他语言进行比较，在"研讨"中博取新知；他接受卑南语研究课题时，资料依据是卑南族老师手写的遗稿，基本上未经系统整理、分类和规范注释，而学界可供参考的工具性资料又寥寥。石德富的前期准备几乎是从零开始，将资料按照语言学规范重新核实、整理、分类、分析和解读，工作量的浩大、繁琐与复杂，非常人所能承受，而石德富却做到了。正是这种严于律己、脚踏实地的精神和学风，成就了石德富的成绩与进步。

记得2004年我到台湾访问，带着石德富的这部学位论文，赠送卑南族学者孙大川先生和李杰先生，两位先生颇感惊奇。2006年我再度访问台湾，两位先生又重提石德富的佳作。孙先生赞曰："基础扎实，难能可贵。"李先生评语："所引所论俱佳，我们卑南人能读懂！"一部民族语言研究成果，能博得本族学者由衷的认同和赞赏，石德富有理由感到自慰和自豪。

有道是："旧学商量加邃密，新知涵养转深沉。"祝愿石德富不负众望，在南岛语研究的道路上走得更远，取得更好的业绩！是为序。

曾思奇
2008年7月8日

目　　录

第一章　绪论 ……………………………………………（1）
　1.1　卑南族及其文化概述 ………………………………（2）
　1.2　卑南语概述 …………………………………………（3）
　1.3　卑南语的研究状况 …………………………………（6）
　1.4　选题缘由 ……………………………………………（8）
　1.5　本研究的材料和内容 ………………………………（8）
　1.6　研究方法及其理论依据 ……………………………（9）
　1.7　本研究之目的和意义 ………………………………（10）
　1.8　本文所用的符号和意义 ……………………………（11）
第二章　构词法及其相关术语的界定 …………………（12）
　2.1　卑南语词汇概述 ……………………………………（12）
　　2.1.1　卑南语词汇的多音节性 ………………………（12）
　　2.1.2　卑南语词汇的派生性 …………………………（14）
　　2.1.3　摹声拟态词 ……………………………………（15）
　2.2　构词法及其相关术语的界定 ………………………（16）
　　2.2.1　卑南语的构词与构词法 ………………………（16）
　　2.2.2　词根与词缀的界定 ……………………………（19）
　　2.2.3　重叠方式 ………………………………………（27）
　2.3　构词过程的假设与论文的结构 ……………………（30）
第三章　卑南语构词中的音节叠加与词形整合 ………（32）
　3.1　卑南语的语音系统 …………………………………（32）
　　3.1.1　卑南语的辅音系统 ……………………………（32）
　　3.1.2　卑南语的元音系统 ……………………………（33）

    3.1.3 卑南语的音位变体 …………………………… (33)
    3.1.4 卑南语语音系统的分布 …………………… (35)
  3.2 卑南语的词形模式 ……………………………… (37)
    3.2.1 卑南语的词形模式 ………………………… (37)
    3.2.2 词形的表层现象和底层结构 ……………… (40)
  3.3 构词的音节叠加与词形整合 …………………… (43)
    3.3.1 附加前缀与词形整合 ……………………… (44)
    3.3.2 重叠构词与词形整合 ……………………… (46)
    3.3.3 附加中缀与词形整合 ……………………… (50)
    3.3.4 附加后缀与词形整合 ……………………… (51)
    3.3.5 复杂重叠构词与词形整合 ………………… (53)
    3.3.6 音节的叠加与重音的整合 ………………… (54)
  3.4 本章小结 ………………………………………… (55)
第四章 单纯词缀的语义特征及其构词 ……………… (57)
  4.1 单纯前缀的语义特征及其构词 ………………… (57)
    4.1.1 组词层次的前缀及其语义特征 …………… (57)
    4.1.2 表格位的前缀及其语义特征 ……………… (61)
    4.1.3 谓词性前缀及其语义特征与构词 ………… (62)
  4.2 中缀的语义特征及其构词 ……………………… (79)
    4.2.1 中缀-em-的语义特征及其构词 …………… (80)
    4.2.2 中缀-in-的语义特征及其构词 …………… (83)
  4.3 后缀的语义特征及其构词 ……………………… (85)
    4.3.1 名词性后缀-an …………………………… (85)
    4.3.2 被动后缀 …………………………………… (88)
  4.4 本章小结 ………………………………………… (94)
第五章 词缀的复合结构及其构词 …………………… (98)
  5.1 词缀的复合结构分析 …………………………… (98)
    5.1.1 词缀复合结构的叠加顺序与层次 ………… (98)

5.1.2　复合词缀的层次以及相关的语义关系 ……… (100)
　　5.1.3　复合结构中语义特征的叠加与整合 ………… (101)
　5.2　复合词缀的结构类型及其构词 ………………… (102)
　　5.2.1　前缀 + 前缀 ……………………………… (103)
　　5.2.2　前缀 + 前缀 + 前缀 ……………………… (111)
　　5.2.3　前缀 + 中缀 ……………………………… (112)
　　5.2.4　前缀 + 后缀 ……………………………… (116)
　　5.2.5　前缀 + 前缀 + 后缀 ……………………… (121)
　　5.2.6　中缀 + 后缀 ……………………………… (123)
　　5.2.7　前缀 + 中缀 + 后缀 ……………………… (123)
　5.3　本章小结 ………………………………………… (125)
第六章　卑南语的重叠构词 ………………………………… (126)
　6.1　重叠方式与语义特征 …………………………… (126)
　　6.1.1　摹声拟态词的语义特征 …………………… (126)
　　6.1.2　重叠第一式的语义特征及其构词 ………… (127)
　　6.1.3　重叠第二式的语义特征及其构词 ………… (129)
　6.2　单纯词缀附加重叠词根 ………………………… (130)
　　6.2.1　前缀附加重叠第一式 ……………………… (130)
　　6.2.2　前缀附加重叠第二式 ……………………… (136)
　　6.2.3　中缀附加重叠式 …………………………… (137)
　6.3　复合词缀附加重叠词根 ………………………… (139)
　　6.3.1　复合前缀附加重叠第一式 ………………… (139)
　　6.3.2　复合前缀附加重叠第二式 ………………… (140)
　　6.3.3　前缀后缀附加重叠第一式 ………………… (142)
　　6.3.4　前缀后缀附加重叠第二式 ………………… (144)
　　6.3.5　前缀后缀附加重叠混合式 ………………… (146)
　6.4　本章小结 ………………………………………… (147)
第七章　结论 ………………………………………………… (148)

附录一　词缀构词汇编…………………………………（154）
附录二　长篇语料………………………………………（311）
参考文献…………………………………………………（333）
后记（一）………………………………………………（338）
后记（二）………………………………………………（340）

第一章 绪 论

1.1 卑南族及其文化概述

卑南族，是台湾古老的南岛民族之一，属于传统的"高山族"范围①。根据口碑材料，卑南族由卑南社群（部落）和知本社群（部落）南北两个平行的亚支系组成。前者原自称为"巴那巴那扬"panapanajan，源于其族群发祥地的名称；后者发祥于ruvoahan；现统称为 pujuma②。据说 pujuma 是该族最早迁居台湾的部落名称，汉文献通译为"卑南"。虽然被归入"高山族"的范围，但是他们主要分布在我国台湾省台东市卑南溪以南、知本溪以北海拔 100 米以下的沿海平原。卑南族内部共有八个村落，

---

① 台湾南岛民族，现台湾官方称为"原住民"，包括传统的"平埔族"和"高山族"。平埔族，或称"平埔人"，主要指分布在平原和埔里盆地的 10 个族群，其汉化的程度很深，除噶玛兰（Kavalan）、巴则海（Pazeh）和邵（Thao）尚有极少数人能用母语交际外，余者已经转用汉语闽南方言。高山族，又称"山地人"，主要指分布于台湾中部的山地、东部纵谷和兰屿岛等 9 族，其汉化程度浅，还保存其母语和传统文化。平埔族群分别为噶玛兰（Kamalan）、凯达格兰（Katangalan）、道卡斯（Takas）、巴布拉（Papora）、巴则海（Pazeh）、巴布萨（Babuza，文献称"猫雾"）、洪雅（Hoanya）、西拉雅（Siraya）、邵（Thao，文献称"水沙连"）和猴猴（Qauqaut）；山地族群分别是泰雅（Atayal，含泰雅、赛德克 Sadiq 两支）、赛夏（Sasiyat）、布农（Bunun）、邹（Tsou）、鲁凯（Rukai）、排湾（Paiwan）、卑南（Puyuma）、阿美（Amis/Ami）、达悟（Tau）（原称"雅美 Yami"）。

② 黄美金：《卑南语参考语法》，台北：远流出版有限公司，2000 年，P.38。

故昔称"八社番",即南王、利嘉、上槟榔、下槟榔、知本、建和、初鹿和太平村。根据台湾原住民族事务委员会2004年的统计,卑南族的人口为9567人①

　　传统上,他们种植旱稻兼狩猎为生。妇女主要承担农事,男子主要负责狩猎,到日本殖民时期狩猎被禁止。自20世纪60年代中期到70年代初,和台湾其他的南岛语民族一样,卑南族已经由传统的山田烧垦游耕兼狩猎的经济转变成定耕农业,而且定耕生产是由男女共同来完成。他们在家里养有狗、鸡、猪、牛和羊等。狗用于打猎,鸡、猪、牛和羊用于祭祀和食用等,牛也常常用来耕地和运输。他们擅长在衣服上刺绣,擅长用藤和竹篾编制形态各异的容器和渔具。此外,他们的木雕艺术和石雕艺术享誉台湾。

　　卑南族实行母系氏族制度,以女系为继嗣。一个家庭,或大或小,均以母系为中心,子女从母而居,人口6至20人以上不等。他们实行入赘婚姻,男子外嫁到别的氏族,被排斥在世系之外,但拥有舅父权。

　　卑南族的部落是以会所和年龄组织为基础。南北两个部落都设有会所和由会所管理的年龄组织,每个会所都建有供年龄组织使用的公共建筑物"公榭",会所是部落的政治和军事中心,兼有经济和教育训练等职能,内部设有男性少年会所和青年会所,其首领由特权氏族宗子担任,部落的最高政权机构由会所统辖,年龄组织把持着部落公共事务的一切权力。年龄组织是以会所为中心,在部落首领或长老的指导下,男子按长幼尊卑与社会职责,被纳入会所编级接受训练,其内部又分为少年会所和青年会所。少年会所称"达果班",吸收13岁以上经过"猴祭"洗礼的少年男子受训,为期5年。青年会所称"巴拉果安",南北两个

---

　　① 转引自曾思奇:《台湾南岛语民族文化概论》,北京:民族出版社,2005年,P.8。

区域各设有3座。北区的青年会所名称分别是"巴达班"、"基努多勒"和"发勒发勒",以领袖氏族所管辖的"巴达班"为中心会所;南区分别称为"嘎洛农"、"嘎摩嘎摩特"和"基那芙劳",以领袖氏族所管辖的"嘎洛农"为中心会所。青年会所吸收少年会所结业并经过"狩猎祭"洗礼的成员受训,为期3年,结业后获"万沙郎"(男子汉)称号。"万沙郎"准予结婚,可以离开会所回家。每个青年会所都设有一个具有军事意义的猎团,猎团成员在出猎和征战时,表现出罕见的纪律性和战斗力,因而卑南人在历史上素以擅长远征和打硬仗著称。

卑南人的命名方式是从家宅连名,即每个人的全名包括本名和家宅名两个部分,连家宅名是为了表示本人所属的家族(家宅名有后连和前连两种)。例如,中央民族大学少数民族语言文学系教师、卑南族语言学家、本研究的材料提供人陈荣福先生的本族称字的全称是 tiam barasuŋ(迪安·巴拉松),tiam"迪安"是他的家名(也是房子名,卑南人常常是一个大家族住在一个大房子里),意思是"店铺,经商者";barasuŋ"巴拉松"是其本名,是"马拉松"的借词音译;全名的含义是"tiam 家的 barasuŋ"。

卑南人的传统信仰是万物有灵的原始宗教。他们认为,从宇宙的日月星辰到本地的草木鸟兽等万事万物,都有一种超自然存在的神灵,或善或恶,都列入奉祀或禳逐的范围。他们信奉巫术,崇拜祖灵,设立祖家屋"嘎洛玛汗"。"猴祭"和"狩猎祭"是卑南人的两大宗教节日,也是男子进入少年会所和由少年会所晋级青年会所举行的重要仪式活动。

1.2 卑南语概述

卑南语隶属于南岛语系(Austronesian),南岛语系又称为马来·波利尼西亚语系（Malayo-Polynesian）。卑南语下分两个方言，即南王方言和知本方言。前者比较保守，古音系统保存相当完整，但使用人口很少；后者使用人口多，但语音系统有了新的发展。例如，南王方言有［ṭ］、［ḍ］和［ḷ］三个卷舌音，其数目之多是其他台湾南岛语言所没有的，应该是语音上比较存古的语言；南王方言中有9个塞音，其中有一些塞音在知本方言已经变成擦音。如：南王方言的［b］在有的方言土语里读作［ß］，有的读作［v］，也有的读作［f］（具体情况，见下文的卑南语语音符号系统方案）。

卑南语的语序为 VSO 型，句子中的体、态等语法关系和语法范畴都通过在前面的谓语动词根附加词缀或重叠动词根来实现。卑南语有较完备的作为格位标记的助词系统。卑南语人称代词丰富，从格位的角度来分可以归纳为主格、属格、斜格和中性格4种人称代词；根据它们能否独立使用可以分成附属式和自由式人称代词；因此，人称代词归纳起来共有6套：附属式主格人称代词，第一附属式属格人称代词，第二附属式属格人称代词，自由式属格人称代词，斜格人称代词，自由式中性格人称代词。卑南语的指示代词系统相当复杂，分为4级：近指（接近说话者）、对指（接近听话者）、中指（稍离说话者和听话者或在两者之间）和远指（含忆指，远离说话人和听话人，或者说话者回忆的，听话人也知道的）。根据指示对象的不同，又分为两个亚系统：标示人或东西的指示代词和标示处所的指示代词。标示人或东西的指示代词有主格斜格和单数复数之分；标示处所的指示代词有主格和处所格之分。

卑南语已经成为一种濒危的语言。它通常只是在家庭内部使用，而且，根据2001年的调查，使用母语的家庭仅占总数的39.2%，而使用国语（普通话）的竟占到48.16%，此外还有

12.64%的家庭使用闽南话①。面临这种景况,卑南族的知识分子忧心忡忡,他们采取一些措施来拯救自己的母语和母文化。据说,卑南族地区近来已兴办母语教学,但是教材都以知本地区的方言作为教学材料,因为说南王方言的人越来越少了②。

卑南族无传统文字,长期滞留于"结绳纪事,望月盈亏"阶段,其历史主要靠口碑和遗物古迹来传承。据日本人铃木作太郎20世纪30年代初的记载,古代卑南人曾经流行一种"结绳情书",男女借助绳扣之松紧和颜色之差异来表达内心感情和恋爱关系。若绳扣结实牢固,则表示恋爱关系牢固;反之,则表示感情淡薄。若绳没有活扣,借喻往昔的盟誓即告解除。如果不同颜色的两个绳扣不并列,说明彼此没有缘分③。1990年10月至1991年3月,台湾召开由各族群代表和语言学家共同参加的"研商会议",会上制订了《台湾南岛语言的语音符号系统》,并在1992年正式颁布。④ 该方案规定了卑南语字母标音,该字母体系,按拉丁字母音序编排。《台湾南岛语言的语音符号系统》选择标准语言点取决于两个条件:人口多和保存古音系统完整。卑南语中的南王方言保留了较完整的古音,但说该方言的人口少,然而知本方言虽语音上不存古,但说的人多。所以方案把两个方言点的语音都纳入考虑范围。该方案的卑南语有23个音位,辅音18个,元音4个。

---

① 转引自曾思奇:《台湾南岛语民族文化概论》,北京:民族出版社,2005年,P.59

② 黄美金:《卑南语参考语法》,台北:远流出版有限公司,2000年,P.39。

③ 曾思奇:《台湾南岛语民族文化概论》,北京:民族出版社,2005年。

④ 李壬癸:《台湾南岛语言的符号系统》,台北:台湾教育部教育研究会,1992年

卑南语语音符号系统方案

1. 辅音

符号：p t T k ' (R) b (ß) v f d (θ) ð) D
音标：[p] [t] [ṭ] [k] [ʔ] [R] [b] [ß] [v] [f] [d] [θ] [ð] [ɖ,ʂ,ʐ]

符号：g m n ng s l L (t) r w y
音标：[g] [m] [n] [ŋ] [s] [l] [ḷ] [ṭ] [r] [w] [j]

2. 元音

符号： i   u   e   a
音标： [i] [u] [ə] [a]

注：方案中的括号（ ）表示在其他方言中的变体。

目前，已经有人用该方案整理记录和出版了不少的书籍。如，黄美金教授的《卑南语参考语法》(2000)，卑南语汉语词典编委会编写的《台湾卑南语（南王村话）汉语词典》(1996，油印本)，以知本语音为基础的卑南语教材，都是用该方案来记录的。

1.3 卑南语的研究状况

迄今为止，对卑南语的研究成果不算很多。上个世纪三十年代前后，有的人类学家如日本著名人类学家鸟居龙藏到过卑南族社区作过调查，收集过一些语料。在大部分的研究文献中，卑南语只作为构拟原始南岛语或原始印度尼西亚语族的语料被零星地引用，或者在介绍台湾原住民的语言时给予简单的介绍。Robert Blust 的 The Austronesian Homeland: A Linguistic Perspective (1985)和 C- Reduplication and Proto-Austronesian Grammar(1998)，戴恩（Dyen）的《南岛语言的词汇统计分类》(1965/1971)，日本学者小川尚义

(Naoyoshi Ogawa)的《台湾语言和方言的词汇对比》(A comparative Vocabulary of the Languages and Dialects of the Island of Formosa) (Naoyoshi Ogawa, 1917. Taihoku)和 1930 年用日文写的《台湾的语言》(载于《日本地理大系台湾篇》)等多篇论文或著作,台湾著名学者李壬癸先生的《从语言的证据推论台湾土著民族的来源》(1979)、《从历史语言学家构拟的同源词看南岛民族的史前文化》和 A Syntactical Typology of Formosan Languages——Case Markers and Nouns (1997),大陆学者陈康先生著有《台湾高山语》(1992)等等论文和著作,均属此类情况。

　　直到最近,卑南语才引起学者们的关注。主要的相关专门论著有:丁邦新的《古卑南语的拟测》(1978);土田滋(Tsuchida, Shigeru)的 "Puyuma (Tamalakaw dialect) Vocabulary with Grammatical Notes and Texts"《卑南语词汇集,附语法注释及课文》(1980);Cawquelin 的 "The Puyuma Language"《卑南语》(1991);黄美金教授的《卑南语参考语法》(2000)。相关论文有:陈荣福、李杰、曾思奇、阿霞的《台湾卑南语》(1992);潭若兰(Tan, Ro-lan)的硕士论文 "A Study of Puyuma Simple Sentences"《卑南语简单句研究》(1997);邓芳青(Teng, Fangching)的硕士论文 "Complex Sentences in Puyuma"《卑南语的复杂句》(1997)。以上论著分别从不同层面和角度对卑南语进行了不同程度的考察和研究,并取得了可喜的成果,但总体而言,卑南语的研究尚属起始阶段,以后还有很多更详细和更深入的工作等待着语言学工作者们去投入更多精力。不过,这些研究成果为继续研究卑南语的后人铺平了道路。就笔者目前收集到的论文来看,虽然以上的一些论文在论述中涉及卑南语的构词法,但是以构词法为专题研究的论文还没有见到。

1.4 选题缘由

与台湾地区的其他南岛语一样,卑南语属于黏着型语言,形态丰富,有完备的格位标记,语序类型为 VSO。在词根上附加词缀和重叠词根是台湾南岛语词的形态变化和派生新词的主要手段。词缀的叠加是多层次的和有序的,重叠方式和词缀之间的组合是有规律的,如果了解和掌握了它的构词特点和规律,将有助于对卑南语的词汇系统的认识,也有助于对它的句法作更深入的研究。

1.5 本研究的材料和内容

本研究的语料提供人是陈荣福先生（1916—1984）。陈先生的卑南名为 tiam barasuŋ,台湾省台东市卑南乡南王村人。他在故乡生活了30年,在抗日战争胜利之后,滞留大陆,后加入中国人民解放军,1949 年后在上海工作,不久转入中南民族学院进修,毕业后调到中央民族学院（中央民族大学前身）从事母语研究。本研究的语料主要来源于他在中央民族大学南岛语教研室（前身为中央民族学院高山语教研室）多年所编写的课本和以他的课本为蓝本而编写的词典:

1.《比尤麻民间故事编集》（陈荣福）,手抄本,共 25 课,1240 多个词;

2.《各民族民间故事编集》（陈荣福）,手抄本,共 24 课,913 个词;

3.《卑南语课本》（陈荣福）,手抄本;

4.《卑南语会话课本》上下2册（陈荣福），手抄本；

5.《比尤麻语基础课本》（陈荣福），手抄本，共42课；

6.《台湾卑南语（南王村话）—汉语词典》（卑南语汉语词典编委会，1996，油印本）①。

本研究所涉及的内容主要有：卑南语的词形模式，卑南语构词的音节叠加与整合，前缀、中缀、后缀及其相关的语义特征，前缀之间的组合层次及其语义特征的叠加整合，前缀、后缀和中缀之间的组合层次及其语义特征；词根重叠的方式及其语义特征，重叠与词缀组合及其语义特征，词缀派生能力和派生过程等相关内容。

1.6 研究方法及其理论依据

本研究主要是在结构主义语言观和格位理论的指导下，对卑南语的构词法作微观的穷尽描写。具体的工作程序是，先对材料作了穷尽的收集整理，对收集到材料（词汇）进行初步判断，挑选出容易辨认的派生词，对这些派生词做初步的切分和替换，归纳出作为判断词缀和词根的准则，然后再次对材料作比较深入而系统的分析研究。在研究的过程中，注意派生词和词根在逻辑上的语义角色关系，注意词根和词缀之间的附加和被附加的限制条件，归纳语义特征时，遵循对立互补的系统性原则。

---

① "卑南语汉语词典编委会"中的李杰和孙大川先生是说母语的卑南族学者。李杰先生曾居住大陆从事母语研究，返台后改名为陈雄义，现在仍从事母语工作，是陈美金教授《卑南语参考语法》一书的主要发音合作人之一。他1991年给我导师曾思奇先生一封长信，在信中李先生就卑南语的一些问题进行探讨，对本文很有启发。

1.7 本研究之目的和意义

本研究从微观的角度，用描写的方法，通过细致深入地分析研究卑南语派生词的结构模式，从中抽象出各个词缀和重叠方式的语义特征，其目的在于揭示卑南语的构词和构形的过程、层次和方式。

卑南语是黏着型语言，它的词汇绝大多数都是多音节派生词（见本书2.1），词的形态尤其是谓语动词的形态往往制约着由它组成的句子的结构类型。因此，如果了解和掌握卑南语的构词和构形的特点和规律，将有助于更加深入认识卑南语的词汇系统，也为下一步对卑南语的句法的研究奠定了比较牢固的基础。这是本选题的缘由，也是本研究的意义所在。

从类型学的角度来说，如果本研究的成果对属于同一类型语言的词汇研究有一些帮助和启发（这是笔者奢望而可能永远不可及的事情），这也是本研究的意义。

卑南族只有9500多人，在汉语的汪洋大海中，多数卑南人已经转用汉语，卑南语已经退缩成为一种社区内部甚至家庭内部的用语，说母语的家庭不到4成，并且大部分母语人说的是知本方言，说语音系统较存古的南王方言已经很少。因此，卑南语（尤其是南王方言）已经成为一种濒危语言。从抢救和保存濒危语言的角度来说，对卑南语南王方言进行描写，应当是相关语言研究者紧迫的和必要的历史责任。从这个角度来说，本研究无疑也具有重要的意义（笔者有幸成为曾思奇先生的弟子，很荣幸从导师手中接过陈荣福先生交付给我恩师的一堆材料及其重托）。

1.8 本文所用的符号和意义

1. 小括号（ ）：注解、补充或说明。
2. 方括号［ ］：语义特征项。
3. 单斜线／：选择性。在文献中以两种或三种形式出现。
4. 大于符号＞：派生出，演变成；小于符号＜：派生自，由……演变而来。
5. 加号＋：连接成分（用于结构类型）；具有某项特征（用于矩阵）。
6. 连字符号－：单词内部结构的语素分隔符号，如 ka－者为前缀，如－in－和－em－者为中缀，如－an 者为后缀。重叠时，亦用分隔号，但一般都在论述中指明了是何种重叠。
7. 小括号加问号（？）：表示词根存疑。根词在文献里找不到，是通过推测而来。如果在问号？之前有其他形式的词根，则表示在文献中找到近似的词根。

第二章 构词法及其相关术语的界定

2.1 卑南语词汇概述

关于卑南语的词汇，从不同的角度来分析，就会得到不同的特点。但是本研究关注的焦点是词汇的结构。就单词的结构而言，卑南语有两个基本特点：词汇的多音节性和派生性。

2.1.1 卑南语词汇的多音节性

卑南语是多音节词占绝大多数的语言，这是卑南语词汇的基本特点之一。根据笔者统计，《台湾卑南语(南王村话)汉语词典》(以下简称《卑南语汉语词典》)共收有词目4300多条，单音节词只有35个，仅占总数的0.8%，而且其中大多数都是人称代词、格位助词、体助词、连词、语气词和称呼语词(见下表2-1)[1]。

---

[1] 这些词是(1)人称代词：ku"我(主格，属格)"、nu"你(属格)"、tu"他，他们(属格，前置式)"、mu"你们(主格，属格)"、ta"咱们(主格，属格)"、mi"我们(主格)"、ju"你(主格)"、taw"他(属格，后置式)"、li"我(属格，后置式)"和ti"我(属格，前置式)"；(2)格位助词、体助词和连词：na"主格助词(人称专有名词复数，普通名词特指)"、i"主格助词(人称专有名词单数)，话题标记"、a"主格助词(普通名词泛指)"、kan"宾格(人称专有名词单数)"、a"宾格(普通名词泛指)"、la"完成体标记"和aw"和(表示并列或递进关系)"；(3)数词：sa"一"、pat"四"和nem"六"；(4)语气词和称呼：wej"喂"、wa"赶牲口声"、kis"小弟弟(大人对男孩的称呼)"、mu"祖父母"；(5)借词：gim"金"、pun"猪饲料，淘米水"；(6)其余：bek"火突然燃烧貌"、tak"摹声词"、but"松鼠"、guŋ"牛"、lu"泪"、luŋ"传染病"、sip"吸"、wal"撬开"、was"嘶哑"和jup"吹拂"。

表 2-1 卑南语单音节词分布情况统计

人称代词	助词、连词	数词	语气、称呼	借词	其他
10	7	3	3	2	10

这些词虽然很少，但出现的频率却很高。如同南岛语系中的其他语言一样，人称代词、格位助词、体助词、连词在卑南语中使用频率很高；而语气词和称呼语使用的频率虽然不很高，但其使用具有特殊性。通过与其他亲属语言比较还发现，其中有一些词原本是多音节词，可能是由于使用的频率高的缘故，在卑南语里却变成单音节词。如数词

	卑南	阿美	布农	巴则海	排湾
一	sa	tʃetʃaj	tasa	ida	ita
四	pat	sepat	sapat	supat	spat
六	nem	enum	num	—	unum[①]

尽管从语法功能的角度来说，人称代词、格位助词、体助词和连词在组词造句中很重要，使用的频率很高，但就词汇总数中所占的比例来说是很低的。从以上的统计可得出这样的结论：卑南语词汇绝大多数都是多音节结构。

卑南语的词汇中有一些外来词。这些借词主要来自汉语闽南方言，有些来自比邻的阿美语，有的来自日语和英语等。无论是在语音、构词或语法层面，这些被借来的词汇都遵循卑南语的固有规律。有趣的是，汉语中的一些单音节词被借入卑南语后，往往通过在前面添上一个元音，或者通过重叠等方式，把它们调

---

① 布农语的"一"有两个：tini 和 tasa，tini 用来数人，tasa 用来数东西（林太等 2001：p.144），笔者认为，后者才是同源词。在巴则海（pazih 或音译为"巴宰"）语里数词中的六到九，都是以五（xasep）为基数，分别加上"一"至"四"合成的新词（Paul Jen-kuei Li and Shigeru Tsuchida 2001：320）。排湾语的"四"在东部方言为（恒春半岛）为 spaɟ，东南部方言为 spat（见塔里古·萨迦儒仰（华爱）2000：28）。

整成为双音节词（但也有两个例外，见表 2-1 和相关的注释）。如：

汉字（闽南话）	卑南语读法	汉字（闽南话）	卑南语读法
马	eba	麦	emi
桌	etu	赚（钱）	etan
公（牛）	ugaŋ	戥（秤，斤）	tiŋtiŋ

2.1.2 卑南语词汇的派生性

卑南语的单词绝大多数都是派生词，这是卑南语词汇的另一个基本特点。据不完全统计，《卑南语汉语词典》里的派生词（含摹声拟态词）将近占总数的 3/4，其中与重叠方式有关的派生词就有 1012 个，占总数 4300 余条中的近 1/4。而在语言的实际运用中，派生词的比例还要远远高于以上的统计数字，因为词典在收集词汇时倾向于收集根词，对于那些显而易见的派生词一般不纳入它的收集范围。通过比较发现，有一些词在课本中经常出现，在词典里却找不到，只找到它们的根词。例如，在词典里只找到 tuki "钟"、kawi "树"、tiam "店铺"，找不到在课本中经常出现的派生词 tuki-an "时间（点钟）"、kawi-an "树木，树类"、tiam-an "店类，商业，商务"。其实，在交际的过程中很多词根都可以根据表达的需要派生出相当多的新词。例如，词典里只收词根 elupas "桃"，但实际运用中就可以根据构词法可以派生出下列单词（笔者在相关的课本里均已找到）：

elupas-an 桃类

elupa-lupas 桃树里，很多桃子

elupa-lupas-an 桃树园，出产桃子的地方

ki-a-elupas 摘桃子，收桃子

ki-a-elupas-aj 摘桃子（被动态，主语为桃树）
ki-a-elupas-aw 摘桃子（被动态，主语是桃子）
ki-a-elupas-u 摘桃子！（被动态，祈使式，主语是桃子）
ki-a-elupas-i 摘桃子！（被动态，祈使式，主语是桃树）

2.1.3 摹声拟态词

值得一提的是，和其他台湾的南岛语如阿美语、布农语、巴则海语等一样，卑南语的词汇系统里有一种很特殊的单纯词，它们在语音上是一种重叠形式，在语义上是模拟一些重复性动作的情态，就其词性而言，有的是名词，有的是动词，有的两者兼之。如：

ʔabʔab 狗舔水貌
bikbik 抖搂、甩掉
besbes 吹拂的声音，吹拂
delḍel 用圆的工具滚压、碾轧
bekbek 鸟挣扎时发出的吧哒吧哒声
dasdas 劈开（把粗竹子按纹理劈开，打开后做成长竹板）
berber 蜻蜓飞行时翅膀的响声，蜻蜓向下飞行

这些词有的模拟动作或动物发出的声音，有的模仿动作的状态，所模仿的动作大多是摩擦、摆动、悬挂、切割等一些不断重复的动作，所以暂且将这类词称为摹声拟态词。从考察中发现，有些名词是由摹声拟态词演变而来。如：

ŋiawŋiaw 猫的叫声　　　　ŋiaw 猫
kuwakkuak 大雁的叫声　　kuak 大雁
siŋsiŋ 铃铛的响声　　　　siŋsiŋ-an 铃铛
siusiu 小鸡的叫声　　　　siusiu-an 小鸡

摹声拟态词不仅在语音和语义方面有独特之处，在形态变化中也有其特点，在下文的相关章节中将有详细的论述。

2.2 构词法及其相关术语的界定

根据以上考察，卑南语的词汇是以派生的多音节词为主，所以探索和分析卑南语的构词法是了解卑南语词汇的关键所在。要对卑南语的构词法进行分析研究，首先要界定好构词、构词法及其相关术语的范围，制定出比较切实可行的分类标准，才能对相关内容进行比较合理的归类，使研究得出的成果更接近语言事实。为此，笔者在对卑南语的整个词汇系统进行综合分析后，尝试对以下的相关术语做界定，以期达到抛砖引玉之功效。

2.2.1 卑南语的构词与构词法
1. 构词

按照戴维·克里斯特尔（David Cristal）的说法，构词（word formation），广义的定义是指构成词的整个形态变化过程，即包括屈折（表示语法关系的词形变化）和派生（表示词汇关系的词形变化）两大类。狭义的定义只指派生的过程，又细分为"组构"、"复合"和"派生"等小类[①]。这个定义虽然简洁地揭示了构词的主要特征（过程），但不够周密。构词这一概念的一些基本要素不能明确地标示出来。从这个定义中，读者无法知道构词的主体、工具、途径、方法方式是什么。我们认为，构词是说话人的一种心智活动，是说话人脑中的信息编码加工的过程。具体地说，构词是说话人根据表达内容（即所指）的需要，从脑中提取

---

① 戴维·克里斯特尔（David Cristal）：《现代语言学词典》（沈家煊译），北京：商务印书馆，2002年，P.389。

相应的语音符号（即能指），并按照一定的规则或方法把它们进行组合成新的词根（词干）或者新词的过程。

就卑南语的情况而言，笔者认为，卑南语的构词就是这样一种心智活动过程，说话人根据表达的需要，选择相应的词根，并且以该词根为核心，按照一定的规则在词根上叠加词缀，或者重叠词根，或者既附加词缀又重叠词根来构成新词根或新词的过程，它既包括屈折构词（表示语法关系的词形变化）也包括派生构词（表示词汇关系的词形变化）。派生构词之下又分为"组构"和"派生"等。

2. 构词法

构词法就是运用构词要素（词根和词缀）来构造新的派生词根或新词的方法，简而言之，亦即构词时所需要的各种方法或规则。构词法研究就是以构词法作为研究对象，探讨构词的规律，即构词是通过什么形式和方法或规则来实现的。

3. 形态学

形态学研究词的结构或形式，一般分为屈折形式的研究（屈折形态学）和派生形态学。它涉及语素学，词的语素和语素变体作分布研究即语素配列法（morphotactic arrangements）以及形态变化或操作过程等等。从某种意义来说，形态学也就是构词法研究，但两者的侧重点不一样。前者的焦点在于词形成的动态研究，强调构词的主体及其心理机制和实现的过程，后者的焦点在于词的结构或形式的静态研究。

4. 卑南语的构词方式

卑南语的构词主要通过附加词缀和重叠词根的方式来实现，而通过复合的方式较为罕见。在某些著作中，有一些结构被作者认为是复合词，笔者认为把它们处理成一种名词性短语更为合理，因为两个主要语素之间常常插入表示领属关系的助词。例如：

wadi 比自己年幼的直系平辈亲属 + na（特定主格助词）+ buḷabuḷajan 姑娘 > 妹妹

wadi 比自己年幼的直系平辈亲属 + na（特定主格助词）+ mainajan 男性 > 弟弟

以上的结构可以根据它们的结构层次分别译成"那个女性的 wadi（比自己年幼的直系平辈亲属）"和"那个男性的 wadi（比自己年幼的直系平辈亲属）"，只要在前面加上主格标记助词 a，就成为 a wadi na buḷabuḷajan "那个姑娘是个 wadi（比自己年幼的直系平辈亲属）"；和 a wadi na mainajan "那个男的是个 wadi（比自己年幼的直系平辈亲属）"两个句子。有时，结构助词 na 可省去：

mu 祖辈直系亲属 + mainajan 男性 > 祖父

mu 祖辈直系亲属 + babajan 女性 > 祖母

这种结构因为省略了助词 na，看起来很像复合名词，其实这是表面现象。只要把它们放在句子的框架中，就能看出来它们只是一些名词性短语结构。请看下面句子：

sagar　　　　ku　　　mu　　　li　　　mainajan
喜欢[主动、一般体]　我[主格]　祖父母　我[属格]　男性
（我喜欢我的祖父）

在这个句子里，在 mu "祖辈直系亲属"和 mainajan "男性"之间，可以插入属格人称代词 li "我的"这个成分，可见 mu mainajan 的结合很松散，还不足以形成一个合成词，把它处理成为一个短语似乎更为妥当。

通过以上分析可知，附加词缀的构词方法（简称附加法或缀加法）和重叠词根的构词方法（简称重叠法）是卑南语主要的构词方法方式，复合构词法在卑南语里尚未形成。无论用是附加词缀的方式还是重叠词根的方式来进行构词，都能使词根获得新的意义，从而派生出新的词根或新的单词。

2.2.2 词根与词缀的界定

1. 词根

词根是一个词的必备要素和构词得以实现的前提条件，是词的基本意义的载体和传达主要信息的词素。之所以这样说是因为一个词可以没有词缀，但是必须要有词根；没有词根，构词就无法实现，没有词缀，词根仍可通过重叠词根的方式进行构词，同时有的词根本身就可以独立充当一个词。

（1）独立词根和非独立词根

在卑南语的大量派生词中，有些派生词的词根是可以独立地作为一个词来使用的。例如 ki-a-lumaj "收割水稻"中的 lumaj "水稻"和 ma-la-lelep "正在追赶；互相追赶"中的 lelep "追赶"。在下面的句子中，这两个词根都不需要附加任何词缀而可以独立使用：

menau　　ku　la　kana　lumaj　i　rumaruma
看见[主动、行为]我[主格]了　那些[宾格]　水稻　[处所格]　田里

我看见田里的那些水稻了。

lelep! 追赶！（主动态祈使式）

然而另一些派生词的词根在笔者的材料中却没有找到它们能独立使用的例子，但它们却能跟一些词缀结合构成单词。如 agel、sat 和 keser 等等就没有发现独立使用过，请看它们和某些词缀的结合情况：

age-agel-aw 催促

pa-agel （pagel）使快点

ma-agel（magel）急躁，焦急

a-sat 高

i-sat 上面

ma-ka-sat　上边,上级
pu-i-sat使移高
pa-ka-sat　从上面经过
ma-ra-ka-sat摞起来,落在上面
ma-ra-asat　比较高
ma-ka-keser-an 力量大的
pa-ka-ma-keser　使加强,使加把劲
pa-ka-ma-keser-aw 使打赢,胜利
ka-ka-keser　强势的程度,优胜的程度

所以,根据是否能独立作为一个词来使用的角度来划分,可以把卑南语的词根分为能独立使用的词根和不能独立使用的词根,本文分别简称为"独立词根"和"非独立词根"。这里要说明的是,由于材料和实际操作中的种种限制,一些本来能独立使用的词根可能被错误地划分成非独立词根,但是这不足以影响在卑南语中存在着非独立词根这一事实。因此把卑南语的词根分为独立和非独立词根还是比较符合语言实际的,这种分法具有一定的现实意义。

(2) 判断词根的准则

派生词中能独立使用的词根很容易辨别,但是要辨别一个非独立词根是否是一个词根却非易事;另外一些本来能独立使用的词根,由于笔者的能力和材料所限而找不到根词(仅由词根构成的词称为"根词"[①]),所以也很难判断它们是否是词根。为此,经过对派生词进行考察后,特制定以下准则,以资辨别和判断派生词中的词根。

准则一。一个候选词根,虽然找不到它作为根词来使用,但

[①] 林太、曾思奇、李文甦等:《布农语构词法研究》,台北:台湾读册文化出版社,2001年,P.29.

是如果它能附加两个或两个以上的词缀（包括单纯词缀和复合词缀），或者能进行重叠，而且在附加不同词缀后派生出的新词之间在语义上有关联，存在共同的核心义素，那么这个候选词根就被确认为词根。

例如，候选词根 sat 被以下 7 个词缀、复合词缀所附加：

i-sat 上面

a-sat 高的

ma-ka-sat 上边，上级

pu-i-sat 使移高

pa-ka-sat 从上面经过

ma-ra-ka-sat 撂起来，落在上面

ma-ra-asat 比较高

虽然我们在有限的文献中找不到候选词根 sat 作为一个根词来使用，但是以上的各个词在语音形式上都含有 sat，在语义上都含有共同的核心义素"上，高"，在语义上是有关联的，并且已经知道 i-和 a-是两个单纯词缀，maka-、pui-、paka-、maraka-和 mara-等是复合词缀，所以就可以凭此来确认候选词根 sat 为词根，语义为"上，高"。又例如，候选词根 keser 也被很多词缀所附加：

ma-ka-keser-an 力量大的

pa-ka-ma-keser 使加强，使加把劲

pa-ka-ma-keser-aw 使打赢，胜利

ka-kakeser 强势的程度，优胜的程度

当我们从语音的角度离析以上单词所有的词缀之后，就只留下 keser 这个语音形式；当把以上的单词所有词缀的语义离析之后，就只剩下"强大、胜利"这个意义。也就是说，以上的各个词在语音形式上都含有 keser，在语义上都含有共同的核心义素"强大，胜利"，语义上是有关联的。这个候选词根虽然在我们的

文献中找不到把它作为根词来使用，但能被4个复合词缀所附加而构成4个新词，而它们之间的核心义素也是互相关联的，所以这个候选词根就可以被确认为词根。

准则二。一个候选词根，虽然找不到它作为根词来使用，也找不到它被两个或两个以上词缀所附加而构成两个或两个以的词，但在词缀和构词规则被确认无疑并且语义上有必然联系的前提条件下，这个候选词根也被确认为是词根。请看以下的两组词：

第1组词

kiteŋ 小的 > ka-ka-kiteŋ 小的程度

ḷiketi 短 > ka-ḷika-keti 短的程度

litek 冷 > ka-la-litek 冷的程度

puari 慢 > ka-pua-ari 慢的程度

第2组词

ka-ḷababeni 咸的程度

ka-ḷaḷuḍun 重的程度

ka-papeap 轻的程度

ka-papelil 苦的程度

在第1组的派生词中，都能分别在文献中找到它们的词根 kiteŋ "小的"、ḷiketi "短"、litek "冷" 和 puari "慢" 作为根词来使用，通过分析可以得知 ka- 是一个前缀，又发现以上派生词都有一些共同点：词根都是形容词根，都重叠词根（即根词）倒数第二个音节的辅音并在这个辅音之后加上元音 a（称之为重叠第一式），语义都是"……的程度"。从以上的分析，可以得出一条构词规则（构词方式）：前缀 ka- 附加在形容词词根的重叠第一式上，派生出新的名词，词义为"……的程度"。

在第2组单词中，由于文献和能力的限制，找不到它们的候选词根 ḷabeni、ḷudun、peap 和 pelil 作为独立的根词来使用，所以难以判断它们是否是词根。虽然如此，只要仔细观察就发现第 1 组词和第 2 组词的词义具有共同的特征，即都具有"……的程度"的意义，两组词的最前面部分都是前缀 ka-，两组单词都有重叠第一式的形式存在。根据从第 1 组单词中分析和总结得到的词缀和构词规则对第 2 组单词进行反向的离析，我们就能判断它们是否是词根。首先，把已知的前缀 ka-分别从第 2 组单词中离析出来，然后辨别后面的重叠第一式，并且把它们恢复成未重叠之前的原来形式，那么就分别得到 labeni、ludun、peap 和 pelil 形式，再把上述构词规则（前缀 ka-附加在形容词词根的重叠第一式上，形容词根变成名词）所表达的语义"……的程度"离析出来，那么就可以得到 labeni、ludun、peap 和 pelil 形式的语义分别是"咸的"、"重的"、"轻的"和"苦的"。这是一种可以操作的分析词根的方法，也是笔者判断词根的主要准则之一。

（3）关于原始词根和派生词根

从词根的结构层次的角度来分，有的学者将词根分为简单派生词根和复杂派生词根[①]；而一般通行的划分法是词根（foot）、词干（stem）和单词（word）。后一种划分方法很理想，但对卑南语来说，在实际操作中常常很难决定一个被多重词缀附加的词根中到哪一重词缀才算是词干。根据卑南语的实际情况，笔者对卑南语的词根不再做下一个层次的划分，在词根和单词之间不再设立词干这一层次的概念。因为在卑南语里，构词层次的词缀很少，派生能力很弱，再加上重叠时，都只重叠单词的原始词根。因此，除了划分为独立和非独立词根外，对卑南语的词根再做下一个层次的划分好像没有实际操作意义。

[①] 林太、曾思奇、李文甦等：《布农语构词法研究》，台北：台湾读册文化出版社，2001 年，P.29—31。

2. 词缀

词缀是相对词根来说的，指的是在进行附加构词时附加在词根上的具有一定类别意义或语法意义的成分。词缀虽然和词根一样，都是卑南语附加构词法中不可缺少的要素，但是词根所运载的则是词的基本意义，传达的是词的主要信息，是派生词的核心，而词缀所运载的则是叠加在词根的基本意义上的表类别的附加意义，传达的往往是词的语法功能信息。从意义的角度而言，词根的意义是具体的、独特的，而词缀的意义则是比较抽象的和一般的，是一组相关的语义特征的集合。下文就词缀的划分情况作简单的介绍。

（1）前缀、中缀和后缀

根据词缀位于词根的相对位置这个标准来划分，词缀可以分为前缀、中缀和后缀。

凡附加在词根之后的词缀都被视为后缀。如：kawi"树" > kawi-an"树类"里的-an；ṭakaw"偷" > ṭakaw-aj"被偷了（被动，主语是被偷的人）"里的-aj，ṭakaw-aw"被偷了（被动，主语是被偷的物）"里的-aw。

凡位于词根之前的词缀，不管它是否位于单词的最前面，都一律被看做是前缀。如 kataguin"夫妻，伴侣" > ma-re-kataguin"结婚"一词，就有两个词缀 ma-和 re-，ma-当然是前缀，而 re-虽然位于这个词的中间，但它不是中缀，仍然依据它位于词根 kataguin 之前而被看做是前缀。

中缀的位置是固定的，它们只能被插入词根第一个音节的辅音和元音之间①。请看例词：

kuret"约定，限定，规定" + -in- > k-in-uret"规定的，固定

---

① 卑南语的中缀只有两个：-em- 和-in-，其他只是它们的条件变体（见下文 3.3.3）

的，规则";

tusuk "刺，捅，扎，戳" + -in- > t-in-usuk "被捅过的，被刺伤的";

takis "砍伤" + -em- > t-em-akis "砍（[主动]、[行为]、[一般体]）";

sede "休息" + -em- > s-em-ede "休息，缺旷（[主动]、[行为]、[一般体]）"。

(2) 派生词缀、屈折词缀和混合词缀

词缀表达的涵义分为三类：第一类是给词根附加相应的词汇意义，这类词缀属于派生词汇范畴的词缀；第二类是给词根附加相应的语法关系意义，此类词缀属于屈折范畴的词缀；第三类是既给词根附加一定的词汇意义同时也附加某种语法意义，这类词缀属于兼有派生和屈折两种范畴的词缀。所以，从词缀所表达意义的角度来看，也可以按这个准则相应地把词缀分为三类：派生词缀、屈折词汇和混合词缀。这种分类是借鉴林太先生等学者对布农语词缀的分类方法来分析和归纳的结果，但是笔者使用的术语不同。他们把派生词缀称为组词词缀，把屈折词缀叫做形态词缀[①]。笔者之所以不沿用他们的术语，是因为在笔者文中的形态这一术语包括了表示词汇关系和句法关系两项内容。

(3) 单纯词缀和复合词缀

从词缀的结构成分的角度来分，可以把词缀分为单纯词缀和复合词缀两种。如果一个词是由一个词缀和词根构成，那么这个词缀就是一个单纯词缀。由两个或两个以上的单纯词缀构成的词缀就是复合词缀。

(4) 前缀的划分准则

---

① 林太、曾思奇、李文甦等：《布农语构词法研究》，台北：台湾读册文化出版社，2001年，P.27。

在所有的词缀中,中缀和后缀的位置比较固定,也比较容易辨别,但是有一些前缀尤其是派生层次的前缀由于数量较少和附加能力较弱,所以不容易鉴别。为解决这个问题,特尝试制定以下的划分准则。

准则一。一个候选前缀,如果由它附加构成的派生词能够处在句子的谓语位置充当谓语,并且能进行屈折变化,那么就可以确认这个候选前缀为前缀。

这个准则主要是针对 samaj 来说的,因为 samaj 除了作为前缀以外,同时还可以作为引导来源的介词①。请看:

kamaj-umaʔ　　ku　　la　我从田里来了。
从田里来[主动]　我[主格]　了

dua　ku　kamaj　umaʔ　la　我从田里来了。
来[主动]　我[主格]　从　田　　　了

和台湾其他南岛语一样,卑南语是一种典型的 VSO 语序的语言。除了话题句以外(一般都有话题标记 i),谓语成分一般位于句首,而谓语成分一般都由动词和形容词来充当,所以以上第一个例句中的 kamaj-umaʔ 不仅只能作为一个词而且只能作为一个动词来处理,kamaj-自然被看做是前缀,umaʔ"田"也只能视为一个名词性词根;第二个例句中的谓语位置是动词 dua"来",kamaj umaʔ 看做表示来源的一个短语,kamaj 就被视为介词,umaʔ"田"则被看做一个名词。

准则二。在一个单词里,如果通过切分离析后,所剩余的后面部分被辨别出是一个根词,并且这个词和它的根词之间在语义上有联系,那么前面所剩下音节(限为一个或两个音节)则被看做是一个前缀,哪怕只找到一个例词。如:

---

① 有学者称这类介词为"处所格标记"和"来源格标记",参阅 Jeng, Heng-hsiung(郑恒雄):Topic and Focus in Bunun,台北,中央研究院,1977 年。

teker 饱　＞be-teker 吃饱，使饱
teel 勒，缢　＞be-teel 勒紧
tiil 硬　＞be-tiil 使硬，强硬，生硬
rabak 怀抱　＞ku-rabak 同胞
renaŋ 跟随　＞ku-renaŋ 跟随
lidiŋ 耳环，轮子　＞pa-lidiŋ 车

be-，只找到三个例词，ku-只有两个例词，pa-作为表名词性的前缀只找到一例，但是我们已在文献中分别找到根词 teker "饱"、teel "勒、缢"、tiil "硬"、rabak "怀抱"、renaŋ "跟随"和 lidiŋ "耳环、轮子"，所以它们就被视为前缀。

反之，在一个单词里，尽管前面的音节好像是前缀，具有一定的类别意义，但是如果切分后所剩下的音节不能辨别出是独立词根，这个音节不能算是一个前缀。例如，以 aŋ 开头的词共有9个单词：

aŋer 心思，思考　　aŋliw 发馊，馊味　　aŋgru 臭鸡蛋，臭鸡蛋味
aŋser 尿臊味　　　　aŋsis 石油的味道　　aŋsui 香菜
aŋri 腥味　　　　　　aŋsep 煳味　　　　　aŋtul 臭屎味

以上9个词中除了 aŋer "心思，思考" 一个词以外，其余的8个词的意义好像都与"臭味"有关，看来 aŋ 似乎是一个含有"臭味"义素的前缀，但通过切分离析后，由于找不到 liw、gru、ser、sis、sui、ri、sep 和 tul 作为独立使用的根词的例证，也找不到它们与其他词缀结合的情况，难以断定它们就是词根，所以不把以上的词纳入派生词，aŋ 也就没有充当前缀的资格。

2.2.3 重叠方式

重叠构词是卑南语派生新词的主要方法之一，关于重叠功能和语义变化，将在第六章详细讨论，这里只讨论重叠的模式。卑

南语构词的重叠方式除了本章第一节讨论过的摹声拟态词外，一般分为三种重叠模式。

1. 第一式

第一种重叠模式是重叠词根倒数第二个音节的辅音并在这个辅音之后加上元音 a，简称重叠第一式。例如（画底线者为重叠音节）：

ulaja 有 > ka-u la-laja 可能有
ulane 胖 > ka-u la-lane 会胖，可能胖
sadeku 暖和 > sa da-deku 正在变暖
sureda 铲 > su ra-reda 铲子
beḷias 倒逆 > pa-be ḷa-ḷias 找给的零钱
tamaku 烟草 > ki-ta ma-maku 采烟叶

若词根为双音节，则重叠这个词根的第一音节的辅音（也是这个词根的倒数第二个音节的辅音），并在这个辅音之后加上元音 a。例如：

reŋaj 说话 > ma-ra-reŋaj 对话
dare 下面 > i-da-dare 在下面
sema 舌头 > ki-sa-sema 割舌头
surut 喷（水） > ma-sa-surut 对喷
tia 梦 > ma-ta-tia 正在做梦
saḷem 种植 > sa-saḷem 种子

若词根是单音节，则重叠位于该词根首之辅音并在这个辅音之后加上元音 a。如：

sa 一 > sa-sa 一个（有生命物） nem 六 > na-nem 六个（有生命物）

2. 第二式

第二种重叠模式是把词根的最后两个音节进行重叠，简称第

二式。请看例词：

　　saeru 笑 > ka-saeru-eru 可笑的　　saigu 聪明 > saigu-igu 很聪明

　　inaba 好 > ka-ra-inaba-naba 最好　　adare 矮 > adare-dare 最矮

　　paua 恰好 > paua-ua 恰恰好

　　sikusia 校舍 > sikusia-sia 很多宿舍

如果词根以辅音结尾，重叠时，为了符合卑南语的词形模式，在前一叠中一律把这个辅音去掉（详细分析请参见本书3.3.2）。如：

　　kiumal 问 > kiuma-umal-an 问事处

　　sikudaj 作业 > sikuda-kudaj 很多作业

　　paranak 轻微 > parana-ranak 轻轻的

　　garetim 剪刀 > gareti-retim-an 剪票处

当词根只有两个音节时①，则重叠整个词根。

　　dirus 洗澡 > disu-dirus-an 澡堂

　　kipiŋ 衣服 > kipi-kipiŋ 衣服很多

　　kawi 树 > kawi-kawi 树林、树多

　　sagar 喜欢 > ka-saga-sagar 精彩的

若词根是单音节，则可能重叠该词根，但未找到例子。

3. 混合式

混合模式是前两种模式的结合。相对而言，前两种较常见，混合式较罕见。请看：

　　kede 拉 > ma-ka-kede-kede 多人互相拉，拔河

　　sulud 推 > ma-sa-sulu-sulud 多人互相推，多人互相推委

　　tupi 粘液 > ma-ta-tupi-tupi 很多东西粘在一起

---

①　卑南语的词根绝大多数都是双音节，所以常常给人一种错觉，认为第一种重叠模式是重叠词根的第一个音节的辅音；第二种模式是重叠整个词根（参阅黄美金：《卑南语参考语法》，台北，远流出版有限公司，2000年，P.66）。

surut 喷（水）＞ pa-sa-suru-surut 多人互相喷水，对喷

2.3 构词过程的假设与论文的结构

词根是卑南语的构词过程中必不可少的要素和进行构词的基础。从语义的角度来看，构词（不管是附加构词还是重叠构词）就是在词根基本意义的基础上叠加一些表类别的或表语法功能的附加意义，使之获得新词义。在派生的过程中，不是词根的基本意义和词缀的附加意义或重叠的附加意义简单的相加的总和。由于每个词缀或每种重叠法的意义都是一组相关语义特征的集合，当这些语义特征跟具体的词根的基本意义结合时，当不同词缀的语义经过多次叠加进来的时候，在派生的过程中必然要有所取舍（对那些自相矛盾的语义特征有所舍弃），做适当的调整，使意义符合逻辑，最后才产生合格的词义。

从语音的角度来看，构词就是在词根音节的基础上再叠加一些音节，然后对因叠加而产生的音节进行调整，使之符合卑南语的词形模式和发音的经济原则和不发生歧义原则，最后把它输出。

综上所述，不管是在语音的还是在词义的层面上，构词的过程都由输入、叠加、过滤、整合和输出五个阶段构成。具体来说，就是说话者根据表达的需要，按照卑南语的构词规则在词根上附加相应的词缀或重叠词根，之后对所叠加的内容进行过滤，查看所输入的内容在和词根的内容结合时是否协调，之后便是就过滤过的内容进行整合（对候选语义特征项进行取舍和调整），使之在语音和语义方面都符合卑南语的词形模式和语义组合规律，最后把经过整合过的符合规律的内容输出。这个过程可以写

做：输入—叠加—过滤—整合—输出

第三章"卑南语构词中音节的叠加与词形整合"中所讨论的语音问题，正是建立在语音层面这个假设的基础上，并在一定的程度上也证实了这个假设的存在。

第四章"卑南语的词缀及其语义特征"、第五章"卑南语复合词缀及其语义特征"和第六章"卑南语的重叠及其语义特征"中所讨论的问题，都是建立在词义层面这个假设的基础上，同样也在某种程度上证实了这个假设的存在。

第三章 卑南语构词中的音节叠加与词形整合

本章介绍卑南语的语音系统,分析和归纳卑南语词的词形规律,讨论卑南语构词过程中音节的叠加和词形的整合,探讨在词缀和词根经过整合之后出现的音变规律,从而有助于甄别、分析和归纳语言中的词根和词缀,厘清它们的各种变体,为以后的研究提供方便。例如,中缀-em-由于在与动词根组合时因语音环境条件的差异而产生-im-, -en-, -un-等变体。

3.1 卑南语的语音系统

3.1.1 卑南语的辅音系统

卑南语的固有辅音为18个,另有一个喉清擦音[h]仅出现在外来的借词中,现列出其矩阵表:

表 3-1 卑南语的辅音系统表

发音方法 发音部位	塞音		擦音	流音			
	浊	清	清	鼻音	边音	颤音	半元音
双唇	b	p		m			w
舌尖	d	t	s	n	l	r	
舌后	ɖ	ʈ			ɭ		
硬腭							j
舌根	g	k		ŋ			
喉音		ʔ	(h)				

从以上的矩阵表可见卑南语的辅音有以下三个特点。

(1) 舌后音（卷舌音）多。卑南语（南王方言）有三个舌后音 [ɖ]、[ʈ] 和 [ɭ]，是台湾各南岛语中舌后音最多的语言。

(2) 没有送气音，都是单辅音，无复辅音。

(3) 卑南语的辅音可以分为流音（含鼻音）和非流音两大类（关于这种分类的意义见下文具体阐述）。

3.1.2 卑南语的元音系统

卑南语的元音仅有 4 个，如表所示：

表 3-2　卑南语的元音系统表

	前	央	后
高	i		u
中		ə	
低		A	

只有单元音，无复合元音；ə 是一个弱读音，在语流中常常因弱化而消失（为打印方便，ə 在文中一律记作 e；A 记作 a）。

3.1.3 卑南语的音位变体

1. 卑南语的辅音有如下的音位变体。

(1) 辅音 s 出现在高元音 i 之前，读为 ʃ。如：

siwa "九" 读做 [ʃiwa]；

siri? "羊" 读做 [ʃiri?]；

sirep "吸入" 读做 [ʃirəp^h]；

sima "留下" 读做 [ʃima]；

siŋsiŋan "铃铛" 读做 [ʃiŋʃiŋan]；

sikaw "背袋" 读做 [ʃikaw]。

(2) 清塞音 p、t、ʈ 和 k 位于词尾时，有轻微的送气，分别读成 pʰ、tʰ、ʈʰ 和 kʰ。如：
 sirep "吸入" 读做 [ʃirəpʰ]；
 karaup "夜" 读做 [karaupʰ]；
 kulit "果皮" 读做 [kulitʰ]；
 rabut "一种茅草" 读做 [rabutʰ]；
 balakeniʈ "蝙蝠" [balakənitʰ]；
 asaʈ "高" 读做 [asaʈʰ]；
 libak "突然，忽然" 读做 [libakʰ]；
 litek "冷" 读做 [litəkʰ]。

（3）浊塞音 b、d、ɖ 和 g 位于词尾时，清化成清塞音，分别读成 p、t、ʈ 和 k。如：
 laub "流失，流淌" 读做 [laup]；
 riʔib "智齿，后牙" 读做 [riʔip]；
 sepad "分配" 读做 [səpat]；
 rudrud "搓碎，揉碎" 读做 [rudrut]；
 pasekuɖ "使弄弯" 读做 [pasəkuʈ]；
 sekaɖ "干完，做完" 读做 [səkaʈ]；
 ʈaʈumug "臭虫" 读做 [ʈaʈumuk]；
 limutunutug "球状物" 读做 [limutunuk]。

（4）鼻音 -n 和 -ŋ 位于音节尾作为闭音时，常常自由变读。如：
 [kipiŋ] "衣服" 亦读 [kipin]；
 [karəudən] "撒娇，妩媚" 亦读 [karəudəŋ]；
 [manəkun] "跳，跳跃" 亦读 [manəkuŋ]；
 [minaŋan] "仰首" 亦读 [minaŋaŋ]；
 [nanta] "咱们的" 亦读 [naŋta]；
 [nantaw] "他的" 亦读 [naŋtau]。

2. 卑南语元音有如下的音位变体。

(1) 元音 u 位于词尾时，常读为 o。如：
arebu "头发" 读为 [arəbo]；
kujku "我（自由格）" [kujko]；
iwju "你（自由格）" 读为 [iwjo]；
mimu "你们" 读为 [mimo]；
pitu "七" 读为 [pito]；
siwgu "水牯牛，水牛" 读为 [ʃiwgo]。
(2) 元音 u 位于舌根音 k、g、ŋ 之前，常读为 [o]。如：
masimuk "爱开玩笑" 读为 [maʃimokʰ]；
masipun "吃亏，蚀本" 读为 [maʃipoŋ]；
liun "猪" 读为 [lijoŋ]；
aduk "捡，拣，拾" 读为 [adokʰ]。
(3) 当元音位于音节首时，一般都清喉塞化，这是卑南语的词形模式对音节结构制约的结果（详见本书 3.2.）。

3.1.4 卑南语语音系统的分布

在卑南语固有词中，所有的辅音都可以出现在词首、词中和词尾。如表 3-3 所示：

表 3-3 卑南语语音系统的辅音分布情况

辅音	词 首	词 中	词 尾
p	punun 箩筐	kipiŋ 衣服	resep 渗透，渗入
	pataran 外面	alupe 睡觉	rekep 安装，栓
b	baŋban 木箱	kiaberaj 要求，领取	niʔib 智齿，后牙
	babuj 野猪	inaba 好	renab 上漆
m	munuma 多少	ṭimaʔ 价格	paṭumṭum 打鼓
	maiɖaŋ 老	amau 是	seḷem 种植
w	wali 牙齿	patawar 怠慢，推迟	ligaw 刺
	wadi 弟弟妹妹	kanuwad 李子	araw 抢夺

续表

辅音	词首	词中	词尾
t	tupiʔ 黏液	kuʔatis 坏，恶劣	ɖimut 抓，捕获
	turus 跟随，次序	ḷatak 胆怯，胆小	ḷaput 秧子
d	dekil 跐脚	indan 口，嘴	ated 送，护送
	deru 煮，煮熟	ḷeden 沉，潜入	suʔud 绳套
s	sabun 肥皂	basikaw 竹子	dikes 拿住，握住
	saer 插	pasek 钉子	gisagis 刮胡须
n	nanu 你的	nana 病，疼痛，辣	risan 一样，同类
	nau 看，瞧	ṭina 大	senan 光亮
l	lalak 幼小	matulas 淘气	ɖekal 农村，家乡
	laman 同情，怜惜	maʔulid 无知，愚蠢	atel 扔
r	raʔat 青色	turik 行列，队列	sagar 喜欢
	radis 花生	beras 米	tawar 慢，迟
ṭ	ṭekip 叠，叠印	maṭikal 弯曲的	asaṭ 高的
	ṭumaj 熊	sabuṭel 一节	marakasaṭ 摞
ɖ	ɖua 二；来	kaʔaɖu 居住于	riɖariɖ 锯子
	ɖini 这个，这些	keɖen 牵，拉，拽	emiraɖ 呵欠
ḷ	ḷibun 工资，报酬	seḷut 点燃	suṇaḷ 鞠躬，磕头
	ḷima 手	siḷeb 舀	paḷasaḷ 造反，叛变
k	kuraw 鱼	ṭekip 叠，叠印	atek 砍
	kutaŋ 矛，枪	ḷikap 检查	aduk 捡，拾
g	garem 今天	paragan 建造，创立	negneg 清澈
	guŋ 牛	sagar 喜欢	ṭatumug 臭虫
ŋ	ŋer 心，精神，思考	sanaʔ 制造	sabuŋ 惩罚，处分
	ŋalaɖ 名字	buŋa 白薯	idaŋ 年老
ʔ	ʔudal 雨	kaʔaɖu 居住于	ṭimaʔ 价格
	ʔarem 穿山甲	kuʔatis 坏，恶劣	saŋaʔ 制造
j	jab 肩膀	sawju 红	pasenaj 使唱歌
	jup 吹拂	saŋajaŋaj 凉棚	ʔabaj 年糕

在卑南语的固有词汇系统里，所有的元音均可以出现在词首、词中和词尾。如表 3-4 所示：

表 3-4　卑南语语音系统的元音分布情况

元音	词首	词中	词尾
i	iɖus 勺子 ikur 尾巴	biɲit 皱眉，蹙眉头 uninan 白天，白昼	parekameli 分开 pararipi 连接
u	ukak 骨头 ulaja 有，存在	liput 包装 buḷas 代替	lepu 滴（量词） rebu 摔跤
e (ə)	elupas 桃子 eraw 酒	selap 打扫 sepaɖ 分配	ulane 肥胖 dare 泥土，地下
a	akuɖ 捡，拾 aɖi 不，无	garem 今天 raʔat 青色	ulaja 有，存在 buŋa 白薯

3.2　卑南语的词形模式

3.2.1　卑南语的词形模式

卑南语的词形模式可用以下的表达式来表示：

$$[C+V]\ n+\overset{\text{'}}{[C+V+（C）]}$$

说明：表达式中的"[ ]"表示一个音节，$\overset{\text{'}}{[C+V+（C）]}$为最后一个音节，C 表示辅音，V 表示元音，"ˊ"表示词内的相对重音，n 表示（也仅仅只能是）自然数，"（ ）"表示选择性的，无"（ ）"者则为强制性的。

表达式的限制条件：

(1) n 的取值范围。根据目前所收集到的材料，卑南语最短的单词为 1 个音节（即 n=0），如：sa"一"，最长的词有 9 个音节（即 n = 8），如：ma-re-ka-ʔa-me-ni-me-ni-ʔan "各种各样"，因此，在一般情况下，n 的取值范围为 8≧n≧0。

（2）重音存在的条件。重音是词内的相对重音，只有由两个或两个以上音节构成的词才出现重音，单音节词如 sa "一"、pat "四"，sip "吸" 等，则因缺乏比较对象而无重音，因此 "ˇ" 的取值范围为 8≧n≧1。

（3）只有单音节词（或词根）和多音节词最后一个音节的结构模式才有可能是 [C+V+C]。也就是说，[C+V+C] 结构不可能出现在多音节词前面的音节，只能出现在最后的音节上。单音节词的，如：pat "四" 和 sip "吸"，多音节的请看下文。

该表达式可演绎如下：

当 n = 0 时，该单词是一个单音节词，其词形为 [C+V+(C)]，词内无相对重音。如：

na（助词）表领属、特指或强调等意义；

kan（助词）表示受事者、比较对象、时间、地点等意义。

当 n = 1 时，该单词是一个双音节词，其词形为 [C+V] + ˇ[C+V+(C)]。如：

tuˇlu "芒果"； ruˇmaʔ "家，房子"；

ɖaˇmuk "血，血液"。

当 n = 2 时，该单词是一个三音节词，其词形为 [C+V] + [C+V] + ˇ[C+V+(C)]。如：

lamaˇnan "同情心，慈悲心"；

maraˇnak "比较幼小"。

当 n = 3 时，该单词是一个四音节词，其词形为 [C+V] × 3 + ˇ[C+V+(C)]。如：

kuʈekuˇtem "彩云里，彩云间"；

maraʔaˈsat "比较高，比……高"。

为了符合卑南语的词形结构模式，当一个词以元音开头时，往往把这个元音喉塞化。如：

abul "熏香蕉"读做 ʔabul；

abak "装入"读做 ʔabak；

udal "雨"读做 ʔudal。

当一个单词的两个邻近音节都是元音时，往往以 ʔ 来区隔两个音节①，使之符合卑南语的词形结构模式。如：

aatab "锅盖"读做 ʔaʔatab；

raik "铲，铰"读做 raʔik；

aip "念，读"读做 ʔaʔip。

在一个词的词形结构中，元音处于核心地位，辅音处于次要地位。这是因为：(1) 元音的出现是强制性的，辅音的出现是选择性的，亦即一个词必须有元音，但无须有辅音。例如 i "主格助词（人称专有名词单数），话题标记"和 a "主格助词（普通名词，泛指）"二词就只有元音，但是没有完全由辅音构成的单词；(2) 词内所含元音的数目决定该词所含音节的数目，而所含辅音的数目不能作为决定该词所含音节数的依据。如，eba "马"因有两个元音而算是双音节词，不因为它有一个辅音而认为是单音节词，同理，aatab "锅盖"是一个三音节词而不是双音节词，ɖamuk "血，血液"为双音节词而非三音节词。

根据以上规律，可以发现卑南语的词形具有如下两个特点：

(1) 不管词有多长，其最后音节都是 [C + V + (C)]，而前面所叠加的各个音节均由一个辅音和一个元音构成，并且辅音在前元音在后，辅音丛很少出现。

---

① 无特殊情况下，喉塞化清塞音 ʔ 在下文中将不标出；因为词内重音出现的条件明显，亦不标出。

(2) 多音节词的词重音一般落在最后的音节上。这是由划清词界和语言韵律的内在要求所决定的。也就是说，词重音具有两种功能：划清词与词之间的界限和调节语流中的节奏和韵律。

3.2.2 词形的表层现象和底层结构

以上讨论的是卑南语词形的基本模式，但是在材料中常有一些非最后音节的两个辅音相连的现象出现。卑南语单词中的这些辅音相连的来源主要有以下五种：

1. 前缀 mare-和 pare-附加在词根上时，由于弱读元音 e 失落而形成辅音相连。如：

marepaʔelibat "相互交错" > marpaʔelibat；
marepapiŋiṭ "互相打" > marpapiŋiṭ；
marepulapulaŋ "互助" > marpulapulaŋ；
panau "出示，给看" > pare-panau "对比、对照" > parpanau；
tinuas "分手、离异" > pare-tinuas "使分开，使分手" > partinuas；
negneg "清澈" > pare-negneg "使变清澈" > parnegneg。

2. 有的单词中，由于弱读元音 e 失落而形成的辅音相连。如：

takesi "学习，读书" > taksi；
marekataguin "结婚" > markataguin；
samekan "蚊子" > samkan；
baresukan "打桩" > barsukan；
saŋekaʔ "带刺的树" > saŋkaʔ；
areked "结实，刚毅" > arked；
turekuk "鸡" > turkuk。

3. 重叠的摹声拟态词中弱读元音 e 的丢失而形成的辅音相

连。如：

pakpak "翅膀"；
ŋisŋis "啃"；
del̩del̩ "滚压，碾扎"；
depdep "用手压"；
dipdip "攉土，攉地"；
besbes "风声"。

以上的三种单词有的是可以自由变读。以下的单词在材料中就有两种记法：

marepaʔelibat "相互交错" / marpaʔelibat；
marepapiŋit̪ "互相打" / marpapiŋit̪；
marepulapulaŋ "互助" / marpulapulaŋ；
marekataguin "结婚" / markataguin；
turekuk "鸡" / turkuk；
samekan "蚊子" / samkan；
saŋekaʔ "带刺的树" / saŋkaʔ。

有的摹声拟态词亦有两种记法。如：

pakpak / pakapak "翅膀"；
giŋgiŋ / giŋagiŋ "摇动"；
ŋisŋis "啃" > ŋiseŋis-aw "被啃"；
del̩del̩ "滚压，碾扎" > del̩edel̩-aw "被滚压"；
ketket "切" > keteket-aw "被切"；
lip̩lip̩ "缠绕" > lip̩elip̩-aj "被缠住"。

有的在一定的条件下，如在形态变化时，又在两个辅音之间插入元音 e。如：

taksi "读书学习" > t-em-aka-kesi "正学习，在读书"；
t-em-akesi "去读书，去上学"；
turkuk "鸡" > tureku-rekuk "鸡群"；

saŋkaʔ "带刺的树" > saŋeka-ŋekaʔan "刺多的树";

saŋliu "一种树" > ki-saŋa-ŋeliu "采这种树（做篱笆用）"。

摹声拟态词根进行第一式重叠时，往往恢复词形。既使不恢复词形，但是两个相连的辅音也被算成是一个音节，在进行重叠构词时，这就充分地体现出来。如：

sabsab "洗" > saba-bsab "将要洗" > sababsab-an "要洗的东西";

deldel "滚压，碾轧" > dela-ldel "将要滚压；压土机，滚压的工具"。

从能自由变读和在形态变化时含有元音 e 这些事实就可以断定，这些相邻的两个辅音之间原先是有元音 e 的。在重叠词根的倒数第二个音节的辅音之后加入元音 a 时，往往又恢复其原来的词形。

4. 由借词而来的辅音丛（以《卑南语汉语词典》标明为外来词为准）。如：

luŋpaw "龙袍";

guŋkaŋ "军舰";

biŋtaŋ "脸盆";

taŋkuj "冬瓜";

taŋka "担架";

siminŋtu "水泥"。

借词在形态变化时，也按固有词的方式进行类推而在两个辅音之间插入元音 e。如：

saŋli "田螺，螺丝" > ki-saŋa-ŋeli "采田螺，捡田螺";

kinsaj "芹菜" > kinsa-nesaj-an "芹菜地，芹菜园";

siŋsi "先生，老师" > utu-siŋa-ŋsi "要当先生，要当老师" > utusiaŋsi。

5. 人称代词自由式属格和自由式宾格因语法关系而形成的

辅音相连，部分 nan-和 kan-可分别作表领属和宾格的语法助词。

nan-ku "我的";
nan-tu "他的";
nan-taw "他的，他们的";
nan-ta "咱们的";
nan-mu "你们的";
kan-ku "我（宾格）";
kan-tu "他（宾格）";
kan-ta "咱们（宾格）";
kan-mi "我们（宾格）";
kan-mu "你们（宾格）";
kan-taw "他们（宾格）"。

综上所述，卑南语词汇中非最后音节的两个辅音相连的情况只是在语言使用时临时出现的表层现象，其底层结构模式仍然是〔C＋V〕n＋`〔C＋V＋（C）〕，在进行形态变化时，是以底层结构模式为依据，尤其在重叠构词时，这得到了充分的体现。

3.3 构词的音节叠加与词形整合

如前所述，构词就是以词根为核心，根据表达的需要按照一定的规律在词根上叠加相应的词缀或重叠词根而构成新词的一种心智活动。不管是在语音还是在词义层面上，构词的过程都由输入、叠加、过滤、整合和输出五个环节构成：首先是输入，就是根据表达的需要在词根上附加相应的词缀或重叠词根，然后对所叠加的内容进行过滤整合，使之在语音和语义两个方面都符合卑南语的词形模式和语义组合规律，最后把经过整合过的符合规律的内容输出。下面就构词的叠加与词形的整合方面进行探讨，语义部分将在第四、第五和第六章中详细阐述。

在构词的过程中，既要根据卑南语的词形模式进行规范，又要受到发音经济原则和不产生歧义原则的制约，结果所叠加的音节和词根的音节在整合时往往发生减音、增音、同化、异化、去卷舌化等现象。

3.3.1 附加前缀与词形整合

如果词根是以元音开头，而与之组合的前缀是以元音结尾，那么在前缀和词根之间则发生增音和减音现象。

1. 增音。如果前缀是以元音结尾，并且词根是以元音开头，那么在前缀和词根之间往往插入清喉塞音ʔ。如：

ka- + inaba "好，行，可以" > kaʔinaba；
pa- + ated "邮寄，寄出" > paʔated；
ma- + atek "用刀砍东西" > maʔatek；
ma- + etʔet "拥挤" > maʔetʔet。

(2) 减音。如果前缀是以元音结尾，词根是以元音开头，并且这两个元音相同，这两个元音往往合并成一个音。但是在同等的语音条件下并非所有的派生词都发生减音现象，减音现象的发生可能是受到使用频率的制约，词的使用频率高，发生减音的机率就高。

(1) 前缀 ma- + 以 a 开头的词根：

ma- + alup "打猎" > malup；
ma- + abak "装入" > mabak；
ma- + aḷak "拿" > maḷak；
ma- + air "守卫" > mair；
ma- + agel "急忙" > magel；
ma- + alak "拿" > malak；
ma- + aja "找" > maja；

ma- + atel "丢失" > matel;
ma- + atek "砍" > matek;
ma- + asal "改，又" > masal。
(2) 前缀 pa- + 以 a 开头的词根：
pa- + amau "纠正、正确" > pamau;
pa- + ameli "弄错，犯罪" > pameli。
(3) ka- + 以 a 开头的词根：
ka-adare "减低，降低" > kadare;
ka-ameli "非常" > kameli;
ka-ameli "不同点" > kameli-an。
(4) 前缀 me- + 以 e 开头的词根：
me- + elibat "通过" > melibat;
me- + ekan "吃" > mekan;
me- + erer "老实" > merer;
me- + eŋaq "呼吸，喘气" > meŋaq。
(5) 前缀 mu- + 以 u 开头的词根：
mu- + uka "去" > muka;
mu- + uɖuaɖuk "集中" > muɖuaɖuk;
mu- + udawil "远离，走远" > mudawil;
mu- + udare "落地，下来" > mudare。
(6) 前缀 pu- + 以 u 开头的词根：
pu- + uka "派去，使去" > puka;
pu- + uɖuaɖuk "召集" > puɖuaɖuk;
pu- + udawil "流放，使远离" > pudawil;
pu- + udare "卸货，使下来" > pudare。
(7) 前缀 mi- + 以 i 开头的词根：
mi- + isais "擦着，摩擦" > misais;
mi- + iʈiiʈil "气量狭小，小气貌" > miʈiiʈil。

3.3.2 重叠构词与词形整合

卑南语词根重叠主要有两种方式，不管按哪种方式重叠，都常常发生减音、变音和卷舌音松化等现象。现分析如次。

1. 第一式重叠的减音

卑南语根据表达的需要，常常重叠词根倒数第二个音节的辅音之后插入元音 a（详见 2.2.3）。如：

lisaw"洗刷，刷" > la-lisaw"刷子";
tupi"粘液" > ma-ta-tupi"互相粘在一起"。

有时，那个重叠的倒数第二个音节的辅音被省去。如：

laŋ"陪伴" > la-laŋ"伙伴，伴侣" > alaŋ;
dawil"远" > da-dawil"很远" > adawil;
mere"老实" > ma-mere"很老实" > amere;
meteg"静" > ma-meteg"很静" > ameteg;
kileŋaw"听" > kila-leŋaw"在倾听，在听" > kialeŋaw;
pudare"卸下，卸货" > puda-dare"正在卸货" > puadare。

有的则是两读并存。如：

sa"一" > mi-sa-sa"一个人";
sa"一" > mi-a-sasa"一个人";
dua"二" > mi-da-dua"两个人";
dua"二" > mi-a-dua"两个人";
tulu"三" > mi-ta-tulu"三个人";
lulu"三" > mi-a-tulu"三个人";
luat"五" > mi-la-luat"五个人";
luat"五" > mi-a-luat"五个人"。

根据所接触到的材料，摹声拟态词根的重叠第一式绝大多数都省去重叠音节的辅音。如：

kiskis"刮东西的响声" > kisaskis"铲锅巴用的铲子" >

kiaskis；

　　sikasik"出发"＞ka-sika-kasik-an"（该）出发的时间"＞kasiakasik；

　　pa-tumtum"打鼓，敲鼓"＞patuma-mtum-an"打鼓订婚仪式"＞patuamtuman；

　　sudsud"除草"＞s-em-udsud＞semuda-dsud"正在除草"＞semuadsud。

　　但是，也有极少数还保留着这个辅音。如：

　　deldel"滚压，碾轧"＞dela-ldel"将要滚压；压土机，滚压的工具"；

　　sabsab"洗"＞saba-bsab-an"要洗的东西"。

　　具体在什么条件下省略重叠第一式的辅音，有待今后做更深入的探讨。不过就目前而言，省略的条件似乎与词根前面所附加的前缀有关系或与倒数第二音节之前的元音有关系：被附加pu-、u-、mi-和重叠的摹声拟态词根里，当按第一方式进行重叠时常常省去重叠音节的辅音，但也不能一概而论。

　　2. 以u开头的词根的第一式重叠减音

　　以u开头的词根（包括附加前缀u-的派生词根）按第一方式进行重叠时常常把重叠的辅音省去，于是就只剩下u和a两个元音，这两个元音再次进行整合而发生音变，位于前面的u变成半元音w，使之符合卑南语的词形模式。如：

　　ubaaw"逃生，脱险"＞uba-baaw"即将脱险，就要得救"＞uabaaw＞wabaaw；

　　ubali"吹风，吹跑"＞uba-bali"即将吹跑，就要刮走"＞uabali＞wabali；

　　uburek"走，回去"＞uba-burek"就要回去，告辞"＞uaburek＞waburek；

　　ukadaw"移到太阳底下，晒"＞uka-kadaw"要晒太阳"＞

uakadaw > wakadaw；

urebuŋ"掉进洞里（陷阱）"＞ura-rebuŋ"即将掉进陷阱"＞uarebuŋ＞warebuŋ。

这些词根在以第一方式重叠时，有时也不减音。如："即将脱险，就要得救"在文献中有时也记做 ubabaaw。

3. 第二式重叠的减音

在构词时，卑南语有一种重叠方式：把词根的最后两个音节重叠（详见本书 2.2.3）。如果该词根最后的音素是辅音，在重叠时为了遵循卑南语的词形模式 [C＋V] n ＋˙[C＋V＋(C)]，一律把经过重叠后的词的倒数第三个音节的辅音去掉。如：

mare-turus"相随，随后"＞mareturu-turus"顺着次序，循序渐进"；

mare-sepad"（双方）互相分配"＞maresepa-sepad"（多人互相）分配，分工"；

pa-tawar"使慢，推迟"＞patawa-tawar"使慢慢地，慢吞吞的"；

mu-dawil"远离，走远"＞mudawi-dawil"走远了又远"；

gumul"汗毛"＞ra-gumu-gumul-an"汗毛多的，毛茸茸的"。

4. 增音

重叠的摹声拟态词，有时在两个辅音之间嵌入元音 a、e 或 i，使之符合卑南语的词形模式。如：

bilbil > bilabil "向下垂"；

gisgis > gisagis "刮胡须、剃"；

giŋgiŋ > giŋagiŋ "振动，摇动"；

isaʔis > isaʔis "摩擦"；

lulu > lualu "模仿，打手势"；

ɬuɭu > ɬuaɭu "裸露，赤身裸体的样子"；

gugu > guagu "动、活动"；

kaskas > kasakas "爬，爬行"；
gengen > genegen "颤抖，抖擞"；
ḍuḍu > ḍueḍu "用刀刺牛或猪的脖子"。

《卑南语汉语词典》共有186个摹声拟态词，其中不加元音的有150个，加元音的有36个。其中插入a最多，有21个；e有13个；i只有2个（如：milimil "捏团，捏来捏去"）。有的存在两读现象，如：balbal/balebal "薄"，pakpak/pakapak "翅膀，翅膀的拍打声"；有的词甚至有三读，如：belbel, belebel "香蕉"，ki-belabel "收香蕉，摘香蕉"。不过，不管中间是否嵌入元音，其语义都是一样的[①]。如前所述，摹声拟态词根中的两个辅音之间原来可能有一个弱读元音e，只因弱读而消失。

5. 重叠音变

无论是重叠的摹声拟态词根在附加词缀，还是一般词根进行第二式重叠，如果词根里含有卷舌音 l̠、ṭ或ḍ，那么重叠模式里的第二个卷舌音往往发生去卷舌化现象。如：

l̠inaj "玩耍" > ka-l̠ina-linaj-aw "玩弄，玩耍"；
kal̠i "河，江" > kal̠i-kali "河里，水沟"；
geṭil̠ "摘，采，掐" > geṭi-getil̠-aw "掐的伤疤多，被掐得伤疤累累"；
aḍeaḍ "摩擦，摩擦" > aḍead-aj "被磨破，被擦伤"；
ḍekḍek "压，挤压" > ḍ-em-ekdek "压，挤压"；
ḍueḍu "用刀刺牛或猪的脖子" > ḍuedu-aw "被用刀刺死"。

[①] 据学者考察，巴则海语（Pazih，或译为"巴宰语"），阿美语（Amis 或译"阿眉斯语"）亦有此种情况。见 Li, Paul Jen-kuei & Tsuchida, Shigeru（李壬癸、土田滋）：Pazih Dictionary，台北：中央研究院，2001年，P.20；蔡中涵、曾思奇：《阿美族母语语法结构分析》，台北：财团法人台湾原住民文教基金会，1997年，P.13。

3.3.3 附加中缀与词形整合

当中缀-em-附加在词根上时，由于和前后的音素进行整合，因而发生了辅音同化和元音异化现象，于是就产生了-en-、-un-、-um-和-im-四个变体。

1. 辅音异化

当中缀-em-附加在以双唇塞音p和b开头的词根时，中缀里的双唇鼻音m则异化成舌尖中鼻音n（即-en-是-em-的条件变体）[①]。如：

baṭekar"固体" > b-em-aṭekar"凝固" > benaṭekar；
belias"翻倒" > b-em-elias"翻倒" > benelias；
bira"叶子" > b-em-ira"发芽" > benira；
palu"到…为此，到达" > p-em-alu"到此为止" > penalu；
peṭik"弹" > p-em-eṭik"弹了，弹蹦" > peneṭik；
puʔar"逃跑，逃避" > p-em-uʔar"逃跑，逃避" > penuʔar。

2. 元音同化

当中缀-em-及其变体-en-附加在词根上时，如果词根第一个音节的元音是u，那么中缀的元音e有时同化成u（即-en- > -un-，-em- > -um-）。如：

bulan"月亮" > b-en-ulan"有月亮，变月亮" > bunulan；
pukpuk"打人貌，拷打人" > p-en-ukpuk"打" >

[①] 黄美金教授认为，这个中缀可以附加在以m开头的动词根，不过据笔者初步考察，中缀-em-通常附加在以塞音（含擦音s）开头的词根，一般不附加在以流音和鼻音开头的词根；以流音和鼻音开头的词根一般附加前缀me-，-em-和me-之间存在互补分布关系。见黄美金：《卑南语参考语法》，台北：远流出版有限公司，2000年，P.46。

[②] punukpuk摘自黄美金（同上p.88）；原形应为pukpuk"打人貌"，puakpuk"拷打用的棍子"。

punukpuk②;

kurenau "出现，发现" > k-em-urenau "明显，显露，呈现" > kumurenau。

当中缀-em-附加在词根上时，如果词根第一个音节的元音是 i，那么中缀的元音 e 常常同化成 i（即-em- > -im-）。如：

sibat "拦鬼的路标，禁行的路标，路标" > s-em-ibat "插路标" > simibat;

siḻa "撕" > s-em-iḻa-siḻa "撕了又撕" > simiḻasiḻa;

sipul "抹，拭" > t-em-ipul "抹，拭" > timipul;

sirep "吸" > s-em-irep "吸进" > simirep;

sirut "白鸽鸟的叫声" > s-em-iru-sirut "白鸽鸟群鸣叫" > simirusirut;

tiltil "紫红色" > t-em-iltil "变紫红色，发紫" > timiltil。

3.3.4 附加后缀与词形整合

当后缀被附加到词根上时，如果该词根的最后音素是个辅音，这个辅音就直接跟后缀（均以元音开头）拼读；如果词根的最后音素是个元音，那么就在该词根的这个元音和后缀之间插入半元音。

1. 插入 j

当后缀-an、-aw、-aj、-anaj、-u 或-i 附加在以元音 i 结尾的词根时，往往在这个元音 i 和后缀之间插入半元音 j。如：

rami "根" > ka-rami-an "根本，根源" > karamijan;

kuri "耙" > kuri-kuri-aw "把……耙了耙" > kurikurijaw;

aḍi "不，不要，无" > adi-aw "被别人说不的，(被)拒绝" > adijaw;

arii "快" > ka-arii-u "加快! 使快速行走!" > kaʔarijiju;

kadeki "申诉" > kadeki-aw "遭到申诉，挨骂" > kadekijaw;

baḷi "风" > bali-anaj "被风刮走" > balijanaj。

2. 插入 w

少数以元音 u 结尾的词根，当被附加上后缀-an、-aw、-aj、-anaj 时，在这个元音 u 和 a 之间插入半元音 w。

sadeku "温暖，暖和" > ka-sadeku-an "令人暖和的，暖和季节" > kasadekuwan；

saeru "笑" > ka-saeru-eru-aj "（应该或可能）被嘲笑的" > kasaerueruwaj；

deru "煮，煮熟" > da-deru-an "大铁锅，煮东西的地方" > daderuwan。

3. 特殊的插入

以元音 a 或 u 结尾的词根，当被后缀-u 或以 a 开头的后缀所附加时，中间一般要插入半元音 j[①]。

nana "疼，病，辣" > ka-nana-an "疼的" > kananajan；

saima "少" > ka-saima-u "弄少点，减下来" > kasaimaju；

kidukidu "挠痒痒" > kidukidu-u "挠痒痒！" > kidukiduju；

aḷu "抬" > alu-aw "使抬着" > alujaw；

tika "打中，命中" > tika-aj "被打中了，被命中了" > tika-jaj；

turu "批评" > turu-i "（命令）给教导，批评！" > turuji；

deru "煮，煮熟" > deru-u "煮上！煮熟！" > deruju；

deru "煮熟" > deru-aw "被煮了" > derujaw。

有些词根在未附加后缀之前很难区分结尾是元音还是清喉塞音ʔ，但是附加后缀之后以清喉塞音ʔ结尾的词根则不需要插入

---

① 这和附加前缀插入ʔ的情况有异，若认为词根后原有 j，附加后缀而复原，那么和以下情况相违：sa "一" a "（结构助词）" kawi "树"（一棵树），读为 [sa-jakawi]，详情待考。

半元音，以元音结尾者，则需插入半元音①。

inaʔ"母亲" > inaʔ-inaʔ + -an "母亲们" > inaʔinaʔan；
amaʔ"父亲" > amaʔ-amaʔ + -an "父亲们" > amaʔamaʔan；
siriʔ"羊" > ka-siriʔ + -an "家羊" > kasiriʔan；
isiʔ"尿" > isiʔisiʔ + -an "厕所" > isiʔisiʔan。

由于后缀和以元音结尾的词根之间常常插入半元音 j，所以就和以半元音 j 结尾的词根形成同音结构。

3.3.5 复杂重叠构词与词形整合

词根在重叠或被词缀所附加时，尤其是既重叠词根又附加词缀时，由于词内音节数目的增加和发音的经济原则的制约，词根里发音较难的卷舌辅音 ɭ、ɖ 和 ʈ 尤其是 ɖ 常常发生松化现象，出现去卷舌化和浊音清化倾向。

1. 辅音去卷舌化：

一些含有卷舌音 ɖ、ʈ、ɭ 的词根，派生成新词后往往分别变成相应的 d、t、l。如：

ɭinaj"玩，玩耍" > ka-ɭina-ɭinaj-an "运动场" > ka-lina-linaj-an；
kuɭaŋ"青菜" > ki-ka-kuɭaŋ "采野菜，摘青菜" > kikakulaŋ；
kariɖaŋ"黑豆" > ki-kara-riɖaŋ "收黑豆，摘黑豆" > kikararidaŋ；
pa-teɖel"使直，使正直" > p-in-a-teɖel "正确中肯的" > pinatedel；
isaʈ"上面" > pi-a-isaʈ "向上，朝上" > piaisat；
isaʈ"上面" > pu-isa-isaʈ-aw "提级，升级，提高，提拔" > puisaisataw。

---

① 这是李杰先生在1991年给我导师曾思奇先生的一封信中首先提出的。

2. 浊音清化

一些含有卷舌浊塞音 ɖ 的词根，在派生成新词后，ɖ 往往被清化成 ţ 或者 t。如：

ɖapul "废物，破烂" > ɖapu-ɖapul-an "破破烂烂的" > ţapuţapulan；

ɖaul "闻，嗅" > ɖa-ɖaul-an "嗅觉器官" > ţaţaulan；

ɖaeɖa "锁儿，锁上" > ɖ-em-aeɖa "锁上，上锁" > t-em-aeţa；

ɖapaŋ "缝补，修补" > ɖa-ɖapaŋ > ɖ-em-aɖapaŋ "在修补，在修理" > ţemaţapaŋ；

ɖaɲila "耳朵" > ɖaɲila-ɲila-an "大耳朵的" > ţaɲilaɲilajan。

3.3.6 音节的叠加与重音的整合

[C+V] n +ˊ[C+V+（C）]是卑南语的词形模式。从模式中得知重音一般落在最后一个音节上，所以当词根因构词而增加音节时，重音必须按这个词形模式进行整合。

单音节词或词根无词内重音，但附加词缀或进行重叠时，派生的新词不仅自然获得重音，而且把重音自然调节到最后的音节上。例如，单音节的数词 sa "一"、pat "四" 和 nem "六" 无相对重音，当它们用来表达有生命的动物时，往往按第一式来重叠，这时它们分别获得重音：saˊsa，paˊpat，naˊnem。

附加前缀和中缀时，重音无须调整。例如，当以上数词用来表达人时，须在表达动物的数词之前附加前缀 mi-，重音就无须调整：misaˊsa，mipaˊpat，minaˊnem。但附加后缀时，重音必须调整到最后的音节上。例如，taˊkaw "偷" 这个词根的重音是落在 kaw 上，但是附加后缀 -aj 或 -aw 后，重音就调节到后面的音节了：takawˊ-aj "（人）被偷（东西）了"，takaw-ˊaw "（钱财等）被偷了"。

3.4 本章小结

本章重点探讨两个问题：卑南语的词形模式和卑南语构词过程中的音节叠加与词形整合。笔者认为卑南语词形的基本模式为：[C+V] n +'[C+V+ (C)]。

从语音的角度而言，卑南语的构词过程就是音节的叠加和词形的整合过程。整合就是为了遵循卑南语的上述的词形模式和发音的经济原则以及不发生歧义原则，对所叠加的音节进行调整，进而发生了增音、减音、变音等现象。具体为：

前缀。如果词根是以元音开头，而与之组合的前缀是以元音结尾，那么在前缀和词根之间往往插入清喉塞音ʔ；当词根是以元音开头，并且这个元音和与之组合的前缀的元音相同，再加上该词的使用频率高到一定程度时，这两个相同的元音往往合并成一个元音。

重叠。按第一方式进行重叠词根时，常常把重叠后的倒数第三个音节的辅音省去；这时，如果这个词根以 u 为首（含附加前缀 u-的派生词根），那么 u 和 a 这两个元音再次进行整合而发生音变，位于前面的 u 变成半元音 w，使之成为 wa；按第二方式进行重叠时，如果词根最后的音素是个辅音，则一律把经过重叠后的派生词的倒数第三个音节的辅音去掉；摹声拟态词，有时在两个辅音之间嵌入元音 a、e 或 i；第二式重叠，如果词根里含有卷舌音 ḷ、ṭ 或 ḍ，那么重叠模式里第二个卷舌音往往发生去卷舌化现象；ḍ 则发生清化。

中缀。当中缀-em-附加在以双唇塞音 p 和 b 开头的词根时，m 异化成 n；当中缀-em-及其变体-en-附加在词根上时，如果词根

第一个音节的辅音是双唇塞音 b 和 p 并且元音是 u，那么 e 常同化成 u；如果词根第一个音节的元音是 i，-em-中的 e 同化成 i（即-em-> -im-)，亦即-em-有-en-、-un-、-um-和-im-等变体。

后缀。当后缀-an、-aw、-aj、-anaj、-u 或-i 附加在以元音 i 结尾的词根时，往往在 i 和后缀之间插入半元音 j；当以元音 a 或 u 结尾的词根被后缀-u 或以 a 开头的后缀所附加时，中间一般也要插入半元音 j；少数以元音 u 结尾的词根，当被附加上后缀-an、-aw、-aj、-anaj 时，也在 u 和 a 之间插入半元音 w。

词根在重叠或被词缀所附加时，尤其是既重叠又附加词缀时，由于词内音节数目的剧增和发音要遵循经济的原则，词根里发音较难的卷舌辅音 ḷ、ḍ 和 ṭ 尤其是 ḍ 常常发生松化，出现去卷舌化和浊音清化倾向。

重音。词形是单音节时，无相对重音；附加词缀或重叠后，单音节词形获得重音并落在最后的音节上；多音节词形附加前缀和中缀时，重音无须调整；但附加后缀时，重音必须调整到最后的音节上。

综上所述，减音发生在前缀，增音发生在后缀，这是是卑南语词形中的重音总是落在最后一个音节上的缘故，而所发生的一切音变，都是受到卑南语的词形模式、发音的经济原则和不发生歧义原则的制约的结果。

第四章 单纯词缀的语义特征及其构词

本章主要讨论和分析卑南语单纯词缀的语义特征以及它们附加在词根上的能力。在词根上附加词缀使之派生出新词的方法是卑南语扩展其词汇最主要的两种方法之一。这类派生词的意义是由词缀的语义特征和词根的意义叠加与整合而成的，词缀的语义特征往往决定其派生词的主要语法特征，也是制约卑南语句法最主要的内在决定因素。复合词缀是由两个或两个以上单纯词缀叠加而成的，所以弄清楚单纯词缀的语义特征及其附加能力是了解卑南语的词汇系统的关键，也有助于以后对卑南语的句法研究。词缀的意义是一组相关的语义特征的集合，而语义特征是一个严密的对立统一分布的系统，如［主动］和［被动］、［行为］和［状态］等等，但是出于篇幅考虑，文章中一般只标出其中一些凸显的语义特征。虽然它们有的与一些语法范畴对应或重叠，但是词缀的语义特征是从构词法的角度来分析，两者不能混淆。下文就按前缀、中缀和后缀顺序来进行分析。

4.1 单纯前缀的语义特征及其构词

4.1.1 组词层次的前缀及其语义特征

和布农语[①]和阿美语（阿眉斯语）[②]相比，卑南语的组词层

[①] 林太、曾思奇、李文甦等：《布农语构词法研究》，台北：台湾读册文化出版社，2001年。

[②] 蔡中涵、曾思奇：《阿美族母语语法结构分析》，台北：财团法人台湾原住民文教基金会，1997年，p.19—162。

次的词缀不仅数量很少，而且大部分的附加能力也较弱，显然正在处于萎缩的阶段。根据笔者所制定的判断词缀和词根的准则来判断（详细请参见本书第二章），有的词缀只找到几个派生词，有的甚至只发现一个例词。下文就卑南语组词层次的词缀、它们的附加能力及其语义特征进行梳理和分析。

1. be-

be- 附加在形容词根上，使之变成动词或动词根，派生词的词义为［主动］、［致使］、［结果］等语义特征和词根意义的叠加与整合。例词只有3个：

ţeker "饱" > be-ţeker "吃饱"；
ţeel "勒，缢" > be-ţeel "勒紧"；
ţiil "硬" > be-ţiil "使硬，强硬，生硬"。

2. i-

i- 附加在表方位的名词根上，使之变成动词。i-具有［趋向］等语义特征，由 i-附加而成的动词的意义就是这些语义特征和词根意义的叠加和整合。如：

dare "土，地" > i-dare "下面"；
ḍara "西" > i-ḍara "以西，西边"；
ḷauḍ "东" > i-lauḍ "以东，在东边"；
likudan "后" > i-likudan "以后，往后"；
saţ "上" > i-saţ "上面，以上"；
tumul "南" > i-tumul "以南，在南边"。

3. ku-

ku-例词只有两个，其语义特征尚未清楚：

rabak "怀抱" > ku-rabak "同胞"；
renaŋ "跟随，跟着" > ku-renaŋ "跟随，跟着"。

4. pa-

pa-一般是个表使役性的动词前缀，但是有一例是表名词性的前缀：

lidiŋ"耳环，轮子" > pa-lidiŋ"车"。

5. ra-

ra-具有［致使］、［变成］、［习性］、［特性］、［特意］等语义特征，独立附加能力比较弱。独立地附加在词根上组合成词的，目前仅发现两个例词，但是，它与其他前缀的组合能力很强，能和 ka-、ma-、pa-、pu-等前缀组合成复合前缀 kara-、mara-、para-、pura-等，也能附加在重叠第二式的名词根上派生出新词（参见本书第五、第六章）。

ra-具有［致使］等语义特征，附加在名词根上，使之成为派生动词根（仅仅发现两个例词）：

bak"屋里，里" > ra-bak"怀抱，蕴涵"；

ŋer"心" > ra-ŋer"思想，精神，心思"。

6. re-

re-具有［致使］、［互相］等语义特征，独立附加能力不强，但和其他前缀的组合能力很强，能跟 ka-、ma-、pa-、pu-等前缀组合成复合前缀 kare-、mare-、pare-、pu-re-等（参见第五章）。

re-能独立地附加在一些名词根上，具有［致使］等语义特征，故能使名词根变成动词或动词根。如：

bak 里，屋里 > re-bak 肚子发胀

ŋaj"话" > re-ŋaj"说话"；

siwa"岔口" > re-siwa"分岔"；

neŋneŋ"清澈" > re-neŋneŋ"变清澈"；

palu"到……为此" > re-palu"划分边界，划分交界"；

enaj"水" > a-enaj"很多水" > re-aenaj"水分多，味道淡的"。

7. ru-

ru-目前只发现一个例词，好像具有［致使］或［使用］等

语义特征，附加在名词根上，使名词根变成动词或动词根。

kedɬaŋ"力量，力气" > ru-kedɬaŋ"使劲，鼓劲，用力"。

8. sa-

sa-只发现三个例词，所附加的词根都是名词根，好像具有［处所］、［行为］等语义特征。看：

bak"里" > sa-bak"屋里，里面"；

ninin"边，旁边" > sa-ninin"隔壁，旁边，附近"；

lebak"地垄，畦" > sa-lebak"培垄，整垄"。

9. ta-

ta-好像是个动词前缀，独立附加在词根上的，只发现两个例词：

pesi"溅水" > ta-pesi"溅水"。

riama"欺负，欺凌，侮辱" > ta-riama"欺负（人），侮辱（人）"。

跟 ra-组合成复合词缀 ta-ra-。

nau"看" > ta-ra-nau"注视"，ta-ra-napaw"小心"。

10. ti-

ti-只发现一个例词。

buɬaj"美丽，漂亮" > ki-ti-buɬaj"化妆"。此外还有这个词的派生词 kitibuɬabuɬaj"请人美饰，美容法"和 kitibuɬajan"装饰法，装饰的地方"。

11. tu-

tu-具有［成为］等语义特征，不能独立附加在词根上构词，但能和前缀 u-、mu-和 pu 组合成复合前缀 utu-、mutu 和 putu。

12. u-

u-具有［移动］等语义特征，能附加在动词根、形容词根和方位名词根上，使之变成动词或动词根。如：

dare"地，土" > u-dare"移动下来"；

sabak"里，屋里" > u-sabak"移到里面";
dawil"远" > u-dawil"远离，移到远处";
isaṭ"上面" > u-isaṭ"向上移动";
likudan"后面" > u-likudan"向后移";
burek"回去" > u-burek"走开"。

4.1.2 表格位的前缀及其语义特征

1. i-

前缀 i-附加在指示代词词根上，使之变成主格。如：

ḍi"这" > i-ḍi"这个（主格）";
ḍini"这" > i-ḍini"这个（主格）";
ḍiu"那（中指）" > i-ḍiu"那个（主格）";
ḍunu"那（对指）" > i-ḍunu"那个（主格）";
ḍu"那（中指）" > i-ḍu"那个（主格）";
ḍiiu"那（远指）" > i-ḍiiu"那个（主格）"。

2. kan-

前缀 kan-附加在指示代词和人称代词词根上，使之变成宾格。

ḍi"这" > kan-ḍi"这个（宾格）";
ḍini"这" > kan-ḍini"这个（宾格）";
ḍiu"那（中指）" > kan-ḍiu"那个（宾格）";
ḍunu"那（对指）" > kan-ḍunu"那（宾）";
ku"我" > kan-ku"我（宾格）";
tu"他" > kan-tu"他（宾格）";
ta"咱们" > kan-ta"咱们（宾格）";
ju"你" > kan-ju"你（宾格）" > kanu。

3. nan-

前缀 nan-附加在人称代词词根上，使之变成属格。如：

ku "我" > nan-ku "我（属格）"；
tu "他" > nan-tu "他（属格）"；
ta "咱们" > nan-ta "咱们（属格）"；
ju "你" > nan-ju "你（属格）" > nanu；
mu "你们" > nan-mu "你们（属格）"；
niam "我们" > nan-niam "我们（属格）" > naniam。

4.1.3 谓词性前缀及其语义特征与构词

卑南语的谓词性前缀主要有 ka-、ki-、ma-、me-、mi-、mu-、ni-、pa-、pi-和 pu-等。下面将依次对之进行分析。

1.ka-

ka-是表愿望、组合能力较强的前缀，具有［性状］、［程度］、［推测］、［判断］、［愿望］、［主动］等语义特征，常常附加在动词根和形容词根上。在复合缀构词中，作为形容词根和心理动词根名物化的标记。

（1）当 ka-附加在动词根上时，动词根变成愿望动词，此类派生动词的意义为［推测］、［应该］、[判断]、[请求]、[主动]等语义特征和词根意义的叠加与整合。如：

ɖaŋa "停止" > ka-ɖaŋa "停止，止步"；
rebutel "起床" > ka-rebutel "该起床了"；
teŋaɖaw "坐下" > ka-teŋaɖaw "请坐"；
agel "紧急，急忙" > ka-agel "快点"；
parabait "起火" > ka-parabait "会起火"。

（2）当 ka-附加在形容词根上时，该形容词根变成愿望动词，此类派生动词的意义为［推测］、［应该］、[判断]、[请求]、[主动]等语义特征和词根意义的叠加与整合。如：

inaba "好" > ka-inaba "可以，行"；
kuatis "坏" > ka-kuatis "会损坏"；

arau"够" > ka-arua"可能够，够了";
meʟamu"（生长）快" > ka-meʟamu"赶快";
arum"干涸" > ka-arum"会干";
daleʔu"甜" > ka-daleʔu"使变甜"。

2. ki-

ki-具有很强的构词能力，常常附加在名词根上，但也附加在一部分动词根上，使词根变成动词，它一般具有［猎取/收集］、［带回］、［索取］、［获得］、［向内］、［主动］、［一般体］等语义特征。被它所附加的名词根常常是表示可猎取的动物和可采集到的植物及其果实的名词根，名词根一般充当派生词的逻辑受事。

（1）当ki-附加在名词根上时，名词根变成动词，这类派生动词的意义为［猎取/收集］、［带回］、［主动］、［一般体］等语义特征和词根意义的叠加整合。例词如下：

belbel"香蕉" > ki-belabel"摘香蕉";
kuʟaŋ"青菜" > ki-kulaŋ"摘菜";
leŋaw"声音，回音" > kileŋaw"听见";
saŋli"田螺" > ki-saŋli"捡田螺";
sema"舌头" > ki-sema"割舌头，闭嘴";
tabilaela"青蛙" > ki-tabilaela"捕青蛙"。

（2）当ki-附加在动词根上时，使之变成动词，此类派生动词的意义为［索取/获得］、［向内］、［主动］、［一般体］等语义特征和词根意义的叠加整合。例词如下：

beraj"给，提供" > ki-beraj"领取";
buʟas"代替，代" > ki-bulas"借入";
paladam"使会，教" > ki-paladam"请教，接收教育";
pananau"使看" > ki-pananau"接受检阅";
selet"烙" > ki-selet"被灼伤，被电击";

saḷaw "超过" > ki-saḷaw "让超过自己"。

3. ma-

ma-是一个表状态的动词前缀，具有很强的组合能力，可附加在动词根、形容词根和名词根上，使之变成表状态的动词，具有［状态］、［性质］、［主动］、［一般体］等语义特征。

(1) 当 ma-附加在动词根上时，动词根便变成表状态的动词，这类派生动词的意义就是［状态］、［主动］、［一般体］等语义特征和词根意义的叠加与整合。如：

teŋaḍaw "坐" > ma-teŋaṭaw "坐着，处于坐着状态"；
ṭinapan "舂米" > ma-ṭinapan "舂着米"；
luluj "追赶" > ma-luluj "追赶"；
aip "念，读，"> ma-aip "念着，读着，处于读书状态"；
ḍaŋa "停止" > ma-daŋa "停止，处在停止状态"；
uka "去" > ma-uka "去，前往"；
alep "关门" > ma-alep "（门）关着"；
atel "扔" > ma-atel "丢失，遗失"。

(2) 当 ma-附加在形容词根或表心理的动词根上时，词根便变成形容词和心理动词，这类派生词的意义就是［状态］、［主动］、［一般体］等语义特征和词根意义的叠加与整合。如：

ḷatak "胆怯" > ma-latak "胆怯"；
idaŋ "老" > ma-idaŋ "衰老，老"；
tupa "腐烂" > ma-tupa "腐烂"；
iṭil "吝啬" > ma-iṭil "刻薄" > maṭil；
ṭina "大" > ma-ṭina "大的"；
biŋa "讨厌" > ma-biŋa "讨厌"；
taŋut "骄傲" > ma-taŋut "骄傲"；
supen "想念" > ma-supen "想念"。

(3) 当 ma-附加在名词根上，有的变成状态动词，多数变成形容词，这类派生词的意义为［状态］、［主动］、［一般体］、［不及物］等语义特征与词根意义的叠加整合。

1) 变成形容词的，如：

apian "鸦片" > ma-apian "颓丧的，萎靡不振，颓废，像吃鸦片状"；

beta/beʈa "谎言" > ma-beta "假的，不真实的"；

dawak "毒，毒药" > ma-dawak "中毒的"；

inaj "男子汉" > ma-inaj "能干的，像男子汉，积极的"；

kudid "不下蛋家禽，不产崽家畜" > ma-kudid "不下蛋的，不产崽的"；

tuka "懒汉" > ma-tuka "懒惰，消极，像懒汉的"；

ulid "笨蛋，傻瓜" > ma-ulid "像傻瓜的，无知，不会的"。

2) 变成状态动词的，如：

ranam "早饭" > ma-ranam "吃早饭"；

ŋaj "话" > ma-ŋaj "说着话"；

tia "梦" > ma-tia "做梦"；

ulaŋ "疯子" > ma-ulaŋ "发疯"；

ʟabi "晚饭" > ma-ʟabi "吃晚饭"；

kuris "癣" > ma-kuris "生着癣"。

4. me-

前缀 me-和它的变体中缀-em-一样，是一个表行为的动词前缀，构词能力很强。它一般具有［行为］、［主动］、［一般体］等语义特征，可以附加在名词根和动词根上，使之变成表行为的动词。

(1) 当 me-附加在动词根上时，该动词根变成表行为的动词。这类派生词的意义为［行为］、［主动］、［一般体］等语义特征和词根意义的叠加整合。例词：

ekan "吃" > me-ekan "吃" > mekan；

libak"突然" > me-libak"突然发生";
liput"包装" > me-liput"包";
luluj"追捕" > me-luluj"追捕";
redek"到达" > me-redek"到达";
rekep"安装" > me-rekep"安装";
nana"病,疼痛" > me-nana"发痛";
nau"看" > me-nau"看见,瞧见"。

(2) 当 me-附加在名词根时,该名词根便变成表行为的动词,其意义为[行为]、[主动]、[一般体]等语义特征和词根意义的叠加整合。词根或为派生词的逻辑主事,或为逻辑受事。如:

labu"烟雾" > me-labu"冒烟雾,起烟雾,白雾色";
liakedaŋ"灶,灶房" > me-liakedaŋ"建灶,成家,成家立业";
ranub"被邀请赴宴或参赛的朋友" > me-ranub"参加邀请赛,赴宴";
laput"秧子" > me-laput"蔓延"。

5. mi-

mi-具有很强的派生能力,一般附加在名词根上,使该名词根变成动词,具有[状态]、[主动]、[受事]、[一般体]、[不及物]等语义特征;由它和名词根组成的动词的词汇意义和名词根的语义角色有着密切的关系。从句法和语义的角度来看,由附加 mi-而成的派生动词的意义焦点不在这个名词根,而在于派生动词隐含的主事和名词根受事之的关系。名词根受事和它的派生动词所隐含的主事之间的关系为:一、部分和整体的关系;二、依附物和被依附主体的关系;三、携带物和携带主体之间的关系。由 mi-和名词根组合派生的动词的具体词汇意义是由名词根受事和派生动词所隐含的主事之间的关系来决定的。

(1) 如果名词根的语义角色是派生词的逻辑受事,并且和它

第四章 单纯词缀的语义特征及其构词

的派生动词所隐含的主事之间的关系是部分和整体之间的关系，那么由 mi- + 名词根派生的这类动词的意义就是［长/有］、［状态］、［主动］、［一般体］等语义特征和词根意义的叠加整合，整合后的词义是"……有……的，……长着……的"。如：

maṭa"眼睛" > mi-maṭa"有眼的，长眼睛的"；
liŋa"黑痣" > mi-liŋa"（身上或脸上）长着黑痣"；
gumul"汗毛" > mi-gumul"（身上）长着毛"；
banaŋ"糜烂" > mi-banaŋ"带着伤疤"，（身上）有伤疤的；
bira"叶子" > mi-bira"（树、树干或树枝上）长着或有叶的"；
ikur"尾巴" > mi-ikur"有尾的，长着尾巴的"；
aput"花" > mi-aput"开着花，（植物上）有花"；
bua"果囊" > mi-bua"结着果，（树、草）有果子的"。

（2）如果被 mi-所附加的名词根的语义角色是派生动词的逻辑受事，并且和派生动词所隐含的主事之间的关系不是部分和整体之间的关系，而是依附物和被依附主体之间关系，那么这类由 mi- + 名词根派生的动词的意义就是［依附/穿戴］、［状态］、［主动］、［受事］、［一般体］等语义特征与词根意义的叠加整合，整合后的词义是"穿着……，戴着……，依附着……"。如：

kipiŋ"衣服" > mi-kipiŋ"（身上）穿着衣服"；
ḷuum"护身符" > mi-ḷuum"（身上）佩带护身符"；
ḷidiŋ"耳环" > mi-ḷidiŋ"（耳朵）戴着耳环"；
sema"舌" > mi-sema"（头上）戴着鸭舌帽"；
kuse"鞋" > mi-kese"（脚）穿着鞋"；
ḍana"项链" > mi-ḍana"（脖子）戴着项链"；
puasel"手镯" > mi-pausel"（手）戴着手镯"；
siŋsiŋan"铃铛" > mi-siŋsiŋan"（身上）系着铃铛"；
sieḷas"鹅卵石" > mi-sieḷas"（路、地）铺着鹅卵石"；

simiŋtu "水泥" > mi-simiŋtu "（路、地）铺着水泥"。

（3）如果被 mi- 所附加的名词根和派生动词所隐含的主事之间的关系是携带物和携带主体之间的关系，那么这类派生动词的意义就是［携带］、［状态］、［主动］、［受事］、［一般体］等语义特征和词根意义的叠加整合，名词根是它的派生动词的逻辑受事，整合后的词义为"带着……，带着……的"。如：

ligian "迷信" > mi-ligian "有迷信的"；
wara "猎物" > mi-wara "背/带着猎物"；
asebaŋ "烟" > mi-asebaŋ "冒烟；火车"；
kiam "债" > mi-kiam "负债"；
kim "金" > mi-kim "带着金子"；
sikaw "网袋" > mi-sikaw "带着网袋"；
tabu "干粮" > mi-tabu "带着干粮"；
libun "工资" > mi-libun "有工资"。

（4）如果被 mi- 所附加的名词根是表颜色的，那么由 mi- 附加表颜色名词根派生的这类动词的意义就是［呈现］、［状态］、［主动］、［一般体］等语义特征和词根意义的叠加整合，整合的词义为"呈现……颜色"。如：

runu "颜色" > mi-runu "带色的，彩色的，着色的"；
ɖaraŋ "发热，红" > mi-ɖaraŋ "红的，发红"；
raat "青" > mi-raat "青色的，发青"；
ḷanaŋ "黄色" > mi-ḷanaŋ "黄色的，呈现黄色，发黄"。

（5）mi- 也附加在一部分动词根上，使之变成动词，这类派生动词的意义就是［呈现/依附］、［状态］、［主动］、［一般体］等语义特征和词根意义的叠加整合。如：

abak "装入" > mi-abak "（容器）装有"；
ʈepa "面对，冲向" > mi-ʈepa "充任"；
naŋan "仰着" > mi-naŋan "昂首"；

rukruk"沸腾貌">mi-rukruk"沸腾";
isais"磨擦">misais"擦着,磨擦";
sama"留下">mi-sama"有余额"。

6. mu-

mu-是一个表位移的自主的行为动词的词根,附加能力很强,可以附加在动词根、形容词根和名词根上,具有[位移]、[趋向]、[演变]、[结果]、[自动]、[主动]、[不及物]和[一般体]等语义特征。现细述如下。

(1) 当 mu-附加在动词根上时,这个动词根就变成位移动词,派生词的意义就是[位移]、[趋向]、[自动]、[主动]、[不及物]、[一般体]等语义特征和词根意义的叠加整合。如:

aretʂ"刹住,弄紧">mu-aretʂ"(自己)紧缩";
atel"扔">mu-atel"掉落,降落";
leget"减,耗损">mu-leget"缩减";
semes"消失">mu-lemes"消失";
tʂikel"折断">mu-tʂikel"(自己)断";
sepu"扳">mu-sepu"(自行)脱落";
laŋui"游泳">mu-laŋui"游泳";
dani"行走">mu-dani"行走"。

(2) mu- 附加在形容词根上,使之变成动词,这类新派生动词的意义就是[移动]、[趋向]、[变成]、[自动]、[主动]、[一般体]等语义特征和词根意义的叠加与整合。如:

aresem"酸">mu-aresem"变酸";
dalep"近">mu-dalep"靠近,接近";
dawil"远">mu-dawil"远离,走远";
sadeku"温暖">mu-sadeku"变温暖";
salsal"薄">mu-salsal"变薄的";
saut"细长">mu-saut"变成细长"。

mu-附加在名词根时，因名词根的意义有所不同，由 mu-附加名词根而成的动词的意义也略有不同。

(3) 当 mu-附加在表地方的名词根时，该名词根变成位移动词。由 mu-附加地方名词根派生的动词的意义由［移动］、［趋向］、［目标］、［自动］、［主动］、［一般体］等语义特征和名词根的意义叠加整合而成，表地方的名词根为派生动词的目的地，整合后的词义为"自行移动到……"。例词如下：

ruma"家" > mu-ruma"回家"；
ḍekal"家乡" > mu-ḍekal"回国，回乡"；
sabak"屋里" > mu-sabak"进屋，入赘"；
uma"田" > mu-uma"去田里，劳动"；
kisaʈan"岸" > mu-kisaʈan"上岸"；
teŋal"山" > mu-teŋal"上山"。

(4) 当 mu-附加在表方位的名词根上时，该名词根变成位移动词。由 mu-+方位名词根派生的动词的意义由［移动］、［趋向］、［自动］、［主动］、［一般体］等语义特征和名词根的意义叠加整合而成，表方位的名词根为派生动词的移动方向，整合后的词义为"向……自行移动，自行移动向……"。如：

isaʈ"上面" > mu-isaʈ"上去，上车"；
dare"下，土" > mu-dare"着陆，下来"；
ŋuŋuajan"前" > mu-ŋuŋuajan"前进"；
likuḍan"后" > mu-likuḍan"退却"；
paʈaran"外面" > mu-paʈaran"外出"；
ḷauḍ"东" > muḷauḍ"向东走去"。

(5) 当 mu-附加在表工具的名词根时，该名词根变成位移动词。由 mu-附加工具名词根派生的动词的意义由［移动］、［趋向］、［自动］、［结果］、［主动］、［一般体］等语义特征和名词根的意义叠加整合而成，名词根既是派生动词动作的工具也是动作发生的处所，经过整合后派生词的词义为"自行（无意地）移到……里，自个儿陷进……里"。例如：

kumut"蛛网" > mu-kumut"（自己）移到蛛网，触到蛛网，被蜘蛛网粘住"；

rebuŋ"洞穴，坑" > mu-rebuŋ"（自己）掉进洞里，陷入坑里，掉进深渊"；

runu"颜色" > mu-runu"粘上颜色，染上颜色"；

saḷaj"套绳" > mu-saḷaj"移向套绳里，陷入套绳里"；

suud"绳套" > mu-suud"（自己）移到绳套里，陷入绳套"；

tiḷu"粘网" > mu-tiḷu"钻进粘网里，陷入粘网里"。

(6) 当 mu-附加在表产品的名词根上时，该名词根便变成动词。由 mu-附加产品名词根派生的动词的意义为［趋向］、［演变］、［结果］、［自动］、［主动］和［一般体］等语义特征跟词根意义的叠加整合。如：

saḷaj"套绳" > mu-saḷaj"变成套绳"；

sajda"汽水" > mu-sajda"变成汽水"；

sajna"菜篮" > mu-sajna"变成菜篮"；

sajpu"萝卜" > mu-sajpu"成萝卜干"；

sikaw"网袋" > mu-sikaw"变成网袋"；

suud"绳套" > mu-suud"变成绳套"。

(7) mu-附加在名词根上，该名词根便变成动词。派生词的意义是［移动］、［趋向］、［自动］、［受事］、［主动］、［一般体］等语义特征和名词根的意义叠加整合而成，名词根为派生动词的逻辑受事。如：

enaj"水" > mu-enaj"打水"；

ṭai"屎，大便" > mu-ṭai"拉屎"；

damuk"血" > mu-damuk"流血"；

ṭalun"草" > mu-ṭalun"除草"。

7. ni-

ni-和它的变体-in-中缀一样，是一个表被动的动词词缀和名物化词缀，具有较强的构词能力，一般附加在动词根上，使之变成表被动的动词或动名词，具有［及物］、［被动］、［完成体/经历体］、［名物化］等语义特征。如：

ekan "吃" ＞ ni-ekan "被吃过的"；
ɭeden "沉" ＞ ni-ɭeden "曾被沉没的"；
ɭeɭep "追踪" ＞ ni-ɭeɭep "被追踪过的"；
ɭuɭun "卷" ＞ ni-ɭuɭun "被卷过的"；
reɖa "放下" ＞ ni-reɖa "被放置的"；
renab "上漆" ＞ ni-renab "上过漆的"；
ritrit "割" ＞ ni-ritrit "被割下来的"；
ruda "绞碎" ＞ ni-ruda "被压碎的"。

8. pa-

pa-是一个使役动词前缀，附加能力很强，能附加在动词根、形容词根和名词根上，使词根变成使役动词，具有［主动］、［使役］、［及物］、［一般体］等语义特征。

（1）一旦 pa-附加在动词根上，动词根便变成使役动词。这类派生动词的意义是［主动］、［使役］、［及物］、［一般体］等语义特征和词根意义的叠加整合。例如：

ɖaŋa "停" ＞ pa-ɖaŋa "阻止，禁止，使停"；
ɖua "来" ＞ pa-ɖua "邀请，送来，使来"；
elibat "通过" ＞ pa-elibat "使通过，接通"；
ekan "吃" ＞ pa-ekan "给吃，喂"；
reŋaj "说话" ＞ pa-reŋaj "请说话，邀请发表演讲"；
sabsab "洗" ＞ pa-sabsab "使之洗"；
saeru "笑" ＞ pa-saeru "使笑，逗笑"；
sagar "喜欢" ＞ pa-sagar "使喜欢上"。

(2) 当 pa-附加在形容词根上时，形容词根就变成使役动词。这类派生动词的意义是 [变化]、[主动]、[使役]、[及物]、[一般体] 等语义特征和词根意义的叠加整合，整合后的词义是"使……变成……；把……弄成……"。

ɖekel "直" > pa-ɖekel "弄直，扳直"；
litek "冷" > pa-litek "使变冷，冲凉"；
asabak "深的" > pa-asabak "加深" > pasabak；
sadeku "温暖" > pa-sadeku "加温"；
saɖu "多" > pa-saɖu "使变多"；
salsal "薄" > pa-salsal "请别人弄薄"。

(3) 当 pa-附加在一些表工具的名词根上时，这些名词根变成使役动词。这类派生动词的意义由 [工具]、[主动]、[使役]、[及物]、[一般体] 等语义特征和词根意义的叠加整合，整合后的词义为"使……用……（去）做（凭借工具所从事的特定行为动作）"。名词根所表达的事物往往作为派生动词的动作工具。例如，名词根 ɖawak "毒药" 附加 pa-后变成 padawak，其词义就是"使某人用毒药毒害某人或动物"，"毒药"作为一种工具，凭借它所从事的事情就是"毒害"。其他例词如：

laŋal "双人杯" > pa-laŋal "用双人杯请……喝酒"；
sabun "肥皂" > pa-sabun "让……打肥皂，使……抹肥皂"；
saleked "门闩" > pa-saleked "使……用门闩把……闩上"；
saliabuŋ "头巾" > pa-saliabuŋ "使给……带上头巾"；
saʟaj "套绳" > pa-saʟaj "叫……用套绳把……套住，让……把套绳套上"；
suud "绳套" > pa-suud "使……用绳套把……套住"。

(4) 当 pa-附加在一些名词根上时，这些名词根就变成动词。新派生动词的意义为 [出现/有]、[受事]、[主动]、[使役]、[及物]、[一般体] 等语义特征和词根意义的叠加整合，名词根

是该派生动词的逻辑受事,整合后的词义为"使……出现……,使……有……"。如:

baḷi "风" > pa-baḷi "使有风,吹风";
kiam "债务" > pa-kiam "记账,欠账";
mataŋ "生荒地" > pa-mataŋ "开荒";
nini "分额" > pa-nini "分给,分配";
runi "声音" > pa-runi "发出声音";
senaj "歌曲" > pa-senaj "叫唱歌,使有歌声";
sikudaj "作业" > pa-sikudaj "布置作业,使有作业";
ʈumʈum "鼓声" > pa-ʈumʈum "打鼓,使有鼓声"。

9. pi-

pi-一般附加在名词根上(也可附加在一些动词根上),使该名词根变成动词。pi-具有［行为］、［主动］、［使役］、［及物］、［一般体］等语义特征;它的语义特征和被它所附加的名词根有着密切的关系。从句法和语义的角度来看,由附加 pi-而派生成的动词的意义焦点不在这个名词根,而在于派生动词所隐含的主事。关于名词根的语义角色和派生动词所隐含的主事之间的关系,或是依附物和被依附主体之间的关系,或为携带物和携带主体之间的关系。由 pi-组成的派生动词的具体词汇意义是由被它所附加的词根的语义角色以及派生词所隐含的主事之间的关系决定的。名词根所表达的事物往往作为派生动作所表达动作的目标。

(1) 如果被 pi-所附加的名词根的语义角色和派生动词隐含的主事之间的关系是依附物和被依附主体之间关系,那么这类派生词的意义就是［依附/穿戴］、［主动］、［受事］、［使役］、［及物］、［一般体］等语义特征与词根意义的叠加整合。名词根是派生动词的逻辑受事,整合后的词义为"给……把……穿/戴/佩带/铺上;把……穿/戴/佩/铺在……上,使……身上有……"。如:

kipiŋ "衣服" > pi-kipiŋ "给……穿上衣服";
ḷuum "护身符" > pi-ḷuum "使佩上护身符";
ḷidiŋ "耳环" > pi-ḷidiŋ "给……戴上耳环";
sema "舌" > pi-sema "给……安上舌头";
kuse "鞋" > pi-kese "给……穿鞋,穿上鞋";
ḍana "项链" > pi-ḍana "给……戴项链";
puasel "手镯" > pi-pausel "使戴上手镯";
siŋsiŋan "铃铛" > pi-siŋsiŋan "使系上铃铛";
sieḷas "石子" > pi-sieḷas "给……铺上石子";
simiŋtu "水泥" > pi-simiŋtu "使(路、地上)铺上水泥"。

(2) 如果被 pi-所附加的名词根的语义角色和派生动词所隐含主事之间的关系是携带物和携带主体之间的关系,那么这类派生词的意义就是[携带]、[主动]、[使役]、[及物]、[一般体]等语义特征和词根意义的叠加整合,名词根是派生动词的逻辑受事,整合后的词义为"把……带上;带上……,使有……"。如:

siwgu "水牛" > pi-siwgu "把水牛牵上";
wara "猎物" > pi-wara "把猎物背上";
kuaŋ "枪" > pi-kuaŋ "把枪带上";
saitu "菜刀" > pi-saitu "把菜刀带上";
kim "金" > pi-kim "把金子带上";
sikaw "网袋" > pi-sikaw "带上网袋";
tabu "干粮" > pi-tabu "带上干粮";
libun "工资" > pi-libun "带上工资"。

(3) 如果被 pi-所附加的名词根是表颜色的,那么它们的派生动词的意义就是[呈现]、[主动]、[受事]、[使役]、[及物]、[一般体]等语义特征和词根意义的叠加整合,整合后的词义为"使……呈现……"。如:

runu "颜色" > pi-runu "使……带色的,把……着色,使

……呈现颜色";

ɖaraŋ"红" > pi-ɖaraŋ"使……发红,使……变红,使红起来";

raat"青" > pi-raat"使……发青,使……呈现出青色";

ḻanaŋ"黄色" > pi-ḻanaŋ"使……呈现黄色,使……发黄"。

(4) pi-附加在一部分动词根上,使之变成动词。这类派生动词的意义就是[依附]、[主动]、[使役]、[及物]、[一般体]等语义特征和词根意义的叠加整合。如:

abak"装入" > pi-abak"使……装有";

ʈepa"面对" > pi-ʈepa"出任,负责";

kadu"居住" > pi-kadu"给……安置";

rukruk"沸腾" > pi-rukruk"把……煮开";

ʔɖeŋ"躺下" > pi-ʔɖeŋ"使躺下";

sama"留下" > pi-sama"使有余额"。

(5) pi-附加在一部分名词根上,使之变成动词。所派生的这类动词的意义就是[做成/当作]、[主动]、[使役]、[及物]、[一般体]等语义特征和词根意义的叠加整合,整合后的词义为"把……作成……;把……当做……"。如:

ikur"尾巴" > pi-ikur"把……做成尾巴,把……当作尾巴";

leap"席子" > pi-leap"把……当做席子,把……做成席子";

pakpak/pakapak"翅膀" > pi-pakpak"把……做成翅膀,将……当做翅膀";

tamina"船,舟" > pi-tamina"把……当做舟,把……做成船";

tatuus"鸟嘴,喙" > pi-tatuus"把……做成喙,将……当做鸟嘴"。

10. pu-

pu-是一个表位移的使役动词,具有[趋向]、[移动]、[演变]、[主动]、[使役]、[及物]、[一般体]等语义特征,附加能力很强，能附加在动词根、形容词根和名词根上，使之变成表位移的使役动词。

（1）pu- 附加在动词根上，动词根变成表位移的使役动词。派生词的意义为［移动］、［趋向］、［主动］、［使役］、［及物］、［一般体］等语义特征跟词根意义的叠加与整合。例如：

asal "搬迁" > pu-asal "使……搬家"；
atel "扔" > pu-atel "使扔掉，丢掉"；
biʔi "飞" > pu-biʔi "把……放飞"；
burek "回去" > pu-burek "把……打发走"；
laŋ "伙伴" > pu-laŋ "使陪伴，帮忙"；
lasedʐ "藏" > pu-lasedʐ "使藏起来"；
sama "剩余" > pu-sama "让……留下来"；
uka "去" > pu-uka "使去，放走，放学" > puka。

（2）pu- 附加在形容词根上，形容词根变成表位移的使役动词。派生词的意义为［移动］、［趋向］、［主动］、［使役］、［及物］、［一般体］等语义特征跟词根意义的叠加与整合，形容词根一般是派生动词的结果或方式，经过整合后的词义为"使……地移动；使……移动成为……"。如：

wari "慢" > pu-wari "使移动缓慢，放慢"；
dawil "远" > pu-dawil "挪远，使远离"；
iriŋ "倾斜" > pu-iriŋ "使……倾斜"；
tukur "鼓出的" > pu-tukur "使……鼓出"；
dalep "近" > pu-dalep "挪近，使移近"；
arii "快" > pu-arii "把……加速，使快移"。

（3）pu-附加在表方位的名词根上，使之变成表位移的使役动词。派生词的意义为［移动］、［趋向］、［主动］、［使役］、［及物］、［一般体］等语义特征跟词根意义的叠加与整合，方位名词根一般是派生动词的移动方向，经过整合后的词义为"使……向

……移动"。如

paṭaran"外面" > pu-paṭaran"使……向外移，拿出来，掏出，取（钱），搬出"；

isaṭ"上，在上面，在上方" > pu-isaṭ"使……向上移动，垫高"；

dare"地下，地面，地上" > pu-dare"使……向下移动，放下来，拿下来"；

likuḍan"后" > pu-likuḍan"使……退却，使……后退，使向后移动"；

ŋuŋuajan"前" > pu-ŋuŋuajan"推进，使……前进，把……向前移动"。

（4）pu-附加在表地点的名词根上，使之变成表位移的使役动词。派生词的意义为[移动]、[趋向]、[目标]、[主动]、[使役]、[及物]、[一般体]等语义特征跟词根意义的叠加与整合，名词根一般是派生动词的目的地，经过整合后的词义为"使……移动到……"。

liŋidan/liŋidaŋ"河边，边沿，河岸" > pu-liŋidan/pu-liŋidaŋ"使（船）靠岸"；

ruma"家" > pu-ruma"带回家，领回家"；

sabak"里面，里屋" > pu-sabak"使移到里面，使进入，把客人请进屋"；

saninin"隔壁，旁边，附近" > pu-saninim"使移到旁边，挪到一边"；

dikusia"（外）校舍，宿舍" > pu-sikusia"使移到宿舍，住宿舍，给宿舍"。

（5）pu-附加在名词根上，使之变成表位移的使役动词。派生词的意义是[移动]、[趋向]、[主动]、[使动]、[及物]、[一般体]等语义特征跟词根意义的叠加与整合，该名词根的语义角色一般都是派生动词的受事。经过整合后的词义为"把……安放在……上"。

wali"牙齿" > pu-wali"镶上假牙,镶金牙,安上牙齿";

sieḷas"小石子" > pu-sieḷas"(给马路)铺上小石子,把小石子铺在(马路上)";

sema"舌头" > pu-sema"(给玩具等)安上舌头,把舌头安在……上";

ŋaḷad"名字" > pu-ŋaḷad/pu-ŋaḷad"点名,命名,取名(把名字安在某人身上)";

kedạŋ"力量,力气" > pu-kedạŋ"把力量赋予,把力气安放在";

aseban"冒烟的地方,烟熏的地方,烟囱" > pu-aseban"安上烟筒,安上烟囱"。

4.2 中缀的语义特征及其构词

卑南语的中缀只有两个:-em-和-in-。根据笔者对手中材料进行考察,中缀-em-和-in-在语义上分别跟前缀 me-和 ni-相同,分布上存在着互补:中缀出现在以塞音(含擦音 s)开头的词根,前缀出现在以流音和鼻音开头的词根。以元音 a、u、i 开头的词根只附加中缀-em-和-in-,并且位于词根的前面(即在清喉塞音ʔ之后)。如:

aremeŋ"暗,天黑" >-em-aemeŋ"变暗,暗下来"(即ʔaremeŋ > ʔ-em-aemeŋ);

ud̥eud̥em"黑的,黑色" >-em-ud̥eudem"变黑"(即ʔud̥eud̥em > ʔ-em-ud̥eudem);

iteŋ"草名" >-em-iteŋ"用 iteŋ 草染黑牙齿"(即 ʔiteŋ > ʔ-

em-iteŋ）；

abuḷu"忘记"＞-in-abuḷu-an"已经被忘记了的事情"（即 ʔabuḷu＞ʔ-in-abuḷu-an）；

uled"虫子"＞-in-uled-an"有虫子蛀过的痕迹"（即 ʔuled＞ʔ-in-uled-an）。

但是以元音 e 开头的词根，有的附加前缀，有的附加中缀，有的既可附加前缀亦可附加中缀。如下面的三个派生词中，前两个是由前缀 me-附加词根组合而成，后一个是由中缀-em-附加词根组合而成。①

ekan"吃"＞me-ekan"吃"＞mekan；

eŋad"呼吸，吸气，喘气"＞me-eŋad"呼吸，吸气"＞meŋad；

eŋad"呼吸，吸气，喘气"＞-em-eŋad"呼吸，吸气，喘气"。

4.2.1 中缀-em-的语义特征及其构词

中缀-em-有-en-、-um-、-un-和-im- 等变体（见 3.3.3）。

和前缀 me-一样，中缀-em-是一个表行为的动词词缀，具有［行为］、［主动］、［一般体］等语义特征，能附加在动词根（含摹声拟态词）、形容词根和名词根上，使这些词根变成表行为的动词，所以具有很强的构词能力。

1. -em- 附加在动词根上，使动词根变成表行为的动词。派生动词的意义为［行为］、［主动］、［一般体］等语义特征和词根意义的叠加整合。如：

dirus"洗澡"＞d-em-irus"洗澡"；

---

① 前两个派生词也可解释为：附加中缀-em-后，中缀前的弱读元音 e 省去而成。但只找到以 e 开头的词根。对于附加前缀 ni-则不能如此解释，具体情况有待今后研究。

aɖas"抬" > -em-aɖas"抬起";
saeru"笑" > s-em-aeru"发笑";
sait"挂" > s-em-ait"挂上";
salepad"踢" > s-em-alepad"踢";
saḷem"种植" > s-em-aḷem"栽";
sekiŋ"考试" > s-em-ekiŋ"投考";
seḷa"溢出" > s-em-eḷa"冒出"。

2．-em-附加在拟声拟态词根上，使之变成表行为的动词。派生动词的意义为［行为］、［主动］、［一般体］等语义特征和词根意义的叠加整合。如：

akak"乌鸦的叫声" > -em-akak"乌鸦叫";
gilgil"小步地跑，用力向前拉" > g-em-ilgil"小步急跑";
ʈukʈuk"锤子锤打的响声" > ʈ-em-ukʈuk"敲打";
giŋgiŋ"摇动，摇晃" > g-em-iŋgiŋ"地震";
sudsud"刹草，走路的声音" > s-em-udsud"蹭着脚走路"。

3．-em- 附加在形容词根上，使形容词根变成行为动词。派生动词的意义为［行为］、［主动］、［一般体］等语义特征和词根意义的叠加整合。例如：

aremeŋ"暗" > -em-aremeŋ"变阴暗";
asaʈ"高，" > -em-asaʈ"提价";
etʔet"拥挤" > -em-eteet"挤";
kuatis"坏" > k-em-uatis"破坏";
sabal"早" > s-em-abal"赶早";
salsal"薄" > s-em-alsal"弄薄，削薄";
uɖeuɖem"黑" > -em-uɖeuɖem"变黑";
samek"痒" > s-em-amek"发痒"。

4．-em-附加在表工具的名词根时，使名词根变成表行为的动词。派生动词的意义为［行为］、［主动］、［一般体］等语义特征和词根意义的叠加整合，名词根作为派生动词的工具，经整合后的词义为"用……（去）做……（凭借工具所从事的特定行为动作）"。如：

suʔaŋ"角" > s-em-uʔaŋ"用角撞人"；
tarawiri"左" > t-em-arawiri"用左手"；
tupi"黏液" > t-em-upi"贴上，粘贴"；
ɖaeʈa"锁儿" > t-em-aeʈa"锁上，上锁"；
tamina"船" > t-em-amina"划船，船运"；
sabun"肥皂" > s-em-abun"抹肥皂"；
sajʈu"菜刀" > s-em-ajʈu"操刀"；
saleked"门闩" > s-em-aleked"闩门"。

5. -em-附加在名词根上，使这些名词根变成行为动词。派生词的意义为［行为］、［主动］、［一般体］等语义特征和词根意义的叠加整合，名词根一般都作为派生动词的逻辑受事。如：

sasiŋ"照片" > s-em-asiŋ"照相"；
saub"屋顶" > s-em-aub"盖屋顶"；
sajpu"萝卜干" > s-em-ajpu"做萝卜干"；
senaj"歌曲" > s-em-enaj"唱歌"；
tamaku"烟草" > t-em-amaku"抽烟"；
tilil"字" > t-em-ilil"写字"。

但也有少数名词根作为派生动词的逻辑主事。如：

darulallal"蝉" > d-em-arulallal"蝉叫"；
sepusepuj"鸟" > s-em-upusepuj"鸟啼"。

6. -em-附加在宾格指示代词根上，使词根变成行为动词。派生词的意义为［行为］、［主动］、［一般体］等语义特征和词根意义的叠加整合，词根的语义角色是派生动词的执行方式，经整合后的词义为"……样（做）"。如：

kaɖi"这（宾格，仅有者）" > k-em-aɖi"这样做，这样"；

kadini"这（宾格，多数之一）" > k-em-adini"这样一来，于是，这样做"；

kadu"那（宾格，仅有者）" > k-em-adu"那样做，那样"；

kadun"那（宾格，多数之一）" > k-em-adunu"那样一来，那样，那样做"。

4.2.2 中缀-in-的语义特征及其构词

-in-和前缀 ni 一样，是一个表被动的动词词缀和名物化词缀，具有［及物］、［被动］、［完成体/经历体］、［名物化］等语义特征，构词能力强，能附加在动词根、摹声拟态词根、形容词根和名词根上，使这些词根变成表被动的动词或动名词。

1. 和 ni 一样，-in-附加在动词根上，使该动词根变成表被动的动词或动名词。派生词的意义为［及物］、［被动］、［完成体/经历体］、［名物化］等语义特征和词根意义的叠加整合。如：

bait"焚烧" > b-in-ait"被焚烧过的"；

dimut"抓捕" > d-in-imut"捕获的"；

atek"砍" > -in-atek"砍掉的"；

saresar"钻" > s-in-aresar"被钻透的"；

sukdal"戳" > s-in-ukdal"被戳的"；

sulud"推" > s-in-ulud"被推开"；

selap"扫" > s-in-elap"被扫掉的"；

suruk"指使" > s-in-uruk"被指使的"；

surut"喷" > s-in-urut"被喷射"；

takis"砍伤" > t-in-akis"被砍伤的"。

2. -in-附加在摹声拟态词根上，使该摹声拟态词根变成表被动的动词或动名词。派生词的意义为［及物］、［被动］、［完成体/经历体］、［名物化］等语义特征和词根意义的叠加整合。如：

sudsud"锄草" > s-in-udsud"被锄下来"；

sabsab "洗" ＞ s-in-absab "被洗涤过的";
seksek "塞，堵" ＞ s-in-eksek "被堵塞";
taktak 屑砍" ＞ t-in-aktak "被削的，木屑"。

3. -in-附加在形容词根上，使该形容词根变成表被动的动词或动名词。派生词的意义为［及物］、［被动］、［完成体/经历体］、［名物化］等语义特征和词根意义的叠加整合，经整合后的词义为"（被）弄……过了的"。如：

bias "热" ＞ b-in-ias "烧热过的";
salsal "薄" ＞ s-inalsal "弄薄了的";
sekut "弯曲" ＞ s-in-ekut "弄弯的";
kuatis "坏" ＞ k-in-uatis "弄坏了的"。

4. -in-附加在表工具的名词根上，使这些名词根变成动词。派生词的意义为［及物］、［被动］、［完成体/经历体］、［名物化］等语义特征和词根意义的叠加整合，名词根作为执行派生动词所表达动作的工具，经整合后的词义为"被用……（去）做……（凭借工具所从事的特定行为动作）"。如：

garetim "剪刀" ＞ g-in-aretim "剪掉的";
suud "绳套" ＞ s-in-uud "被套住";
saḻaj "套绳" ＞ s-in-aḻaj "被套上了";
seki "指甲" ＞ s-in-eki "指甲抓过的";
siukuj "木桶" ＞ s-in-iukuj "木桶装来的";
sajna "菜篮" ＞ s-in-ajna "被篮子装着的";
suʔaŋ "角" ＞ s-in-uaŋ "被角撞过";
ḍaeṭa "锁儿" ＞ ṭ-in-aeṭa "上了锁的"。

5. -in-附加在名词根上，使这些名词根变成动词。派生词的意义为［及物］、［被动］、［完成体/经历体］、［名物化］等语义特征和词根意义的叠加整合，名词根作为派生动词的逻辑受事。如：

sukun"裙子" > s-in-ukun"被制成的裙子";
saleked"门闩" > s-in-aleked"被闩的,门被闩上了";
saliabuŋ"头巾" > s-in-aliabuŋ"包过的头巾";
sajda"汽水" > s-in-ajda"制成汽水";
sebeŋ"墙壁,草墙,风障" > s-in-ebeŋ"被搭起的挡风屏障";
seksek"角落" > s-in-eksek"围成一角";
siraw"(鱼肉)卤或腌" > s-in-iraw"被卤过的食品"。

4.3 后缀的语义特征及其构词

卑南语的后缀按功能来分,可以分为名词化后缀和表被动的后缀。名词化后缀只有一个:-an;被动后缀有六个:-an、-aw、-aj、-anaj、-u 和-i。

4.3.1 名词性后缀-an

名词后缀-an 构词能力很强,能附加在名词根、指示代词根、动词根和形容词根上,使这些词根变成各种名词。由它附加而派生的名词异常纷繁,这是它具有很多语义特征的缘故,它具有[类化/抽象化]、[名词性]、[时间]、[处所/地方]、[工具]、[方法]、[方式/样子]等等语义特征。如此众多的语义特征又可以附加在那么多的词根上,其语义叠加和整合的过程就很复杂。但为节省篇幅,下文只列出经过整合后的词义。

1. -an 附加在名词根上,派生词的词性不变,但派生词的词义比名词根的词义更加类化、泛化和抽象化。如:
amiʔ"年" > amiʔ-an"年龄,寿命,岁月";
l̦ima"手" > l̦ima-an"手上工夫,手艺";

ŋai"话" > ŋai-an"方言，言语，语言"；
tౖau"人" > tౖau-an"人类，人种，人性"；
rumaʔ"房子，家" > rumaʔan"家庭"；
tiam"店" > tiam-an"店类，商业，商务"。

2. -an 附加在指示代词之后，使指示代词变成名词，使较抽象的指示代词具体化，整合后的词义为"……东西"。如：

dౖini"这，这个，这些" > dౖini-an"这个东西"；
dౖunu"那（对指）" > dౖunu-an"那个东西"；
dౖuma"别的，其他，另外" > dౖuma-an"别的物件，其他东西"；
dౖiju"那（中指）" > dౖuju-an"那个东西"。

3. -an 附加在动词根上，使动词根变成表地方的名词。派生名词往往是动词根所表达的动作行为被实施的处所。如：

tiŋtiŋ"斤" > tiŋtiŋ-an"称东西的地方"；
bajbaj"晒衣" > bajbaj-an"檐儿，走廊（晾衣服的地方）"；
aseb"烟熏，呛鼻子" > aseb-an"冒烟，冒烟的地方，被烟熏的地方，烟囱"；
imeŋ"禁闭，监禁" > imeŋ-an"禁闭的地方，禁闭室，监狱"；
eŋedౖ"呼吸，喘气，吸气" > eŋedౖ-an"呼吸的地方，气管"；
Lege tౖ"减，减耗，损耗" > Lage tౖ-an"损耗量，损耗的地方"。

4. -an 附加在动词根上，使动词根变成表样子或方法的名词。所派生的名词往往是动词根所表达的动作行为被实施的方法或呈现的样子。如：

ŋadir"念经，诵祷，祈祷" > ŋadir-an"念经法，唱圣诗"；
aip"念，数，读" > aip-an"念法，读法，读物"；
dawaj"制造，仿造" > dawaj-an"形貌，样子"；
dekil"踮脚，" > dekil-an"踮脚，脚翘立的样子"；

ţilaw"清澈,音色清亮,">ţilaw-an"清澈的,清澈的样子"。

5. -an 附加在动词根上,使动词根变成表工具的名词。所派生的名词通常是动词根所表达的动作行为被实施所凭借的工具。如：

tiktik"撞击石头取火" > tiktik-an"打火石";
raip"撒播" > raip-an"（播种时的）互助小组";
aleb"闭门,闭户" > aleb-an"门板";
ḑiar"照,照耀" > ḑiar-an"火把,松明"。

6. -an 能附加在一些形容词根上,使形容词根变成表处所或地方的名词,派生名词是形容词根的逻辑主事。如：

adawil"远,很远,遥远" > adawil-an"远方";
kuatis"损坏,坏,恶劣" > kuatis-an"坏处,缺点,毛病,灾害";
ḷaekeḷ"高兴,喜悦" > ḷaekeḷ-an"喜悦的时候,有兴趣的地方";
inaba"好" > inaba-an/-aŋ"老好人,好的地方,好处,优点,优越性"。

7. -an 附加在形容词根上,使形容词根变成表时间的名词。派生名词是呈现形容词根所表达的性质特征的时间。如：

litek"冷,凉" > litek-an"冬季,冬天";
sabal"早,早起" > sabal-an"早晨";
sabeḷaw"饥饿,饥渴,饿" > sabeḷaw-an"饥饿的时候";
sadeku"温暖,暖和" > sadeku-an"暖和的时候"。

8. -an 附加在形容词根上,使之变成表示人或物的名词。派生名词是形容词根的逻辑主事,逻辑主事具有形容词根所表达的性质、特征或状态。如：

baŋsar"健美,英俊" > baŋsar-an"小伙子,未婚成年男性";

beḻakas "长，长久" > beḻakas-an "长的器具，长的器皿，长的东西"；

beṭil "硬、强硬" > buṭil-an "生硬的，不流畅的，强硬的（东西）"；

rajas "经常，平常，平坦的" > rajas-an "经常有的东西，常事"；

iṭil "吝啬，小气" > iṭil-an "吝啬鬼，小气鬼，守财奴"。

9. -an 附加在形容词根上，使之变成名词。派生名词具有形容词根所表达的性质、特征或状态。如：

baṭiŋ "头痛" > baṭiŋ-an "头痛病，头痛（名词）"；

laman "同情，可怜，舍不得，怜惜，可惜" > laman-an "同情，慈悲（名词）"；

ḻamu "（动物）未驯服；（人）凶恶的，暴躁的" > ḻamu-an "脾气，性情"；

nana "病，疼痛，辣" > nana-an "疾病，伤口，疼痛"；

rapi "疲劳，劳累" > rapi-an "（因过分劳累而产生的）腰酸骨痛的疾病"。

4.3.2 被动后缀

卑南语表被动的后缀共有 6 个：-an、-aw、-aj、-anaj、-u 和-i。关于卑南语的被动语态，学者们已作过探讨并把他们的研究成果分别发表[①]。从所发表的研究成果来看，它们的分工大体是如此：-u 和-i 出现在祈使句里；-an、-aw、-aj 和-anaj 出现在陈述句里。但对于每个词缀之间到底有何不同尚未弄清。具体而

---

① 参阅陈荣富、李杰、曾思奇等：《台湾卑南语》，《中央民族学院学报》1992 年第 3 期；黄美金：《卑南语参考语法》，台北：远流出版有限公司，2000 年，P.111—127。

言，-u 和-i 之间，-an、-aw、-aj 和-anaj 之间是否有区别这个问题还没有找到答案。根据李杰先生的陈述和笔者对《比尤麻民间故事集》的考察①，-an、-aw、-aj 和-anaj 似乎受到主语的语义制约：

ṣaḷem"种植"，ṣaḷem-aj"地被种"（土地为主语），ṣaḷem-an "物被拿去种"（物为主语），ṣaḷem-anaj"种上"（中性）；

ḷapus"脱（衣物）"，ḷapus-aw"（衣物被）脱下来了，脱掉了"（主语是衣物），ḷapus-aj"把（他）脱光"（主语是人）；

ṭakaw"偷盗"，ṭakaw-aw"（东西被）偷走了"（主语是东西），ṭakaw-aj"被偷了"（主语是人）。

ḷeget"减少，减耗，损耗"，ḷeget-aw"（被）收缩"（主语是物），ḷeget-aj"被扣工钱"（主语是被扣工钱的人）。

ḷeget-u"（被）收缩！"（主语是物），ḷeget-i"被扣工钱！"（主语是被扣工钱的人）。

通分考察分析，-aw 和-aj 在用法上有如下趋势：

及物动词根如果附加-aw 和-u，其受事主语一般是事物整体中可移动的部位；若附加-aj 和-i，其受事主语则是事物的整体；直接宾语变作主语时用-aw；间接宾语变作主语时用 aj。因此，这四个后缀的语义特征如是：

特征 后缀	整体	部位	可移	不可移	直宾变主	间宾变主	陈述	祈使
-aw		+	+		+		+	
-aj	+			+		+	+	
-u		+	+		+			+
-i	+			+		+		+

---

① 这是李先生在 1991 年给我导师曾思奇先生的信中所作的讨论的内容。这问题很复杂，故笔者拟另作专题研究，将另文论述。

下面将这些表被动的后缀的情况阐述如下。

1. -an

-an附加在动词根上,使之变成表被动的动词,主语一般是表物体的。

　　tenun"织布" > tenun-an"给织人";
　　sabuŋ"罚,处分" > sabuŋ-an"赔偿";
　　atek"砍" > atek-an"给他砍一下";
　　ɖial"咳嗽" > ɖial-an"咳出来,被吐出来";
　　ɖuɭun"交换" > ɖuɭun-an"换过来";
　　kiumal"问," > kiumal-an"给问一下";
　　ʈimaʔ"买,卖," > ʈimaʔ-an"卖出去";
　　sajma"少" > sajma-an"给少一点"。

2. -aw

-aw具有[部位]、[可移性]、[被动]、[及物]、[陈述]等语义特征,能附加在动词根,形容词根和工具名词根上,使词根变成表被动的动词。它具有很强的附加能力。

（1） -aw附加在动词根上,使之变成动词。派生动词的意义是[部位]、[可移性]、[被动]、[及物]、[陈述]等等语义特征和词根意义的叠加整合。

　　geʈiɭ"摘,掐" > geʈiɭ-aw"被掐掉了";
　　lisaw"刷洗" > lisaw-aw"被洗刷掉";
　　ɭapus"脱" > ɭapus-aw"脱下来,脱掉";
　　ɭeut"刺绣," > ɭeut-aw"（花纹被）绣好了";
　　tenun"纺织" > tenun-aw"被织进";
　　ʈakaw"偷" > ʈakaw-aw"被偷走了"。

（2） -aw附加在摹声拟态词根上,使之变成动词。派生动词的意义是[部位]、[可移性]、[被动]、[及物]、[陈述]等等语义特征与词根意义的叠加整合。

seksek"塞" > seksek-aw"塞住了";
giŋgiŋ"摇动" > giŋgiŋ-aw"被摇动了";
gulgul"理发，剃头" > gulgul-aw"把头发理了";
tiktik"石头的撞击声" > tiktik-aw"打凿石头"。

（3）-aw 附加在形容词根上，使之变成动词。派生词的意义为［被动］、［及物］、［部位］、[可移性] 等等语义特征与词根意义的叠加整合。

biʔas"热" > bias-aw"（被）加热了";
aresem"酸" > aresem-aw"（被）弄酸了";
timeruʔ"浑浊，不清" > timeruʔ-aw"被搅浑浊了";
daleken/dalekeŋ"湿，潮湿" > daleken-aw"被弄湿"。

（4）-aw 附加在表工具的名词根上，使之变成动词。派生词的意义为［工具］［被动］、［及物］、［部位］、［可移性］等等语义特征与词根意义的叠加整合，名词根所表达的事物是派生动词所表达的行为的工具。

alad"围墙" > alad-aw"用树枝、竹子围上";
kadaw"太阳" > kadaw-aw"太阳晒的";
kutaŋ"矛" > kutaŋ-aw"被矛枪刺中";
siesi"被刮进屋里的雨水" > siesi-aw"被刮进屋里的雨水弄湿";
sudip"斧头" > sudip-aw"被斧头砍伤";
tupi"黏液" > tupi-aw"被粘住了"。

3. -aj

-aj 具有［整体］、［不可移］、［被动］、［及物］、［陈述］等语义特征，能附加在动词根和工具名词根上，使之变成被动动词。

（1）-aj 附加在动词根上，使动词根变成被动动词。派生词的意义为［整体］、［间宾变主］、［不可移］、［被动］、［及物］、［陈述］等语义特征和词根意义的叠加整合。如：

aɖead"摩擦" > aɖead-aj"被擦伤";
araw"抢夺" > araw-aj"被抢,被强夺";
gisagis"刮脸" > gisagis-aj"已经刮脸了";
sema"舌头" > ki-sema-aj"被割舌头";
lisaw"刷洗" > lisaw-aj"洗刷好了";
ʈakaw"偷" > ʈakaw-aj"被偷了"。

(2) -aj 附加在工具名词上,使这个名词根变成被动动词。派生词的意义为［整体］、［间宾变主］、［不可移］、［被动］、［及物］、［陈述］等语义特征和词根意义的叠加整合,名词根所表达工具往往是派生动词所表达作动被实施的工具。如:

siesi"被风刮进屋里的雨水" > siesi-aj"雨水泼进屋里,屋里被雨水泼进"。
sudip/suɖip"斧头" > sudip-aj"被斧头砍的"。
ʈaeʈa (ɖaeɖa) "锁" > ʈaeʈa-aj"锁上了"。
urip"鳞" > urip-aj"去鳞的,(鱼等被)去掉鳞了"。

4. -anaj

谓语动词附加-anaj 的被动句,其主语一般为工具、受惠者和受事者[1]。-anaj 能附加在动词根和名词根上。

(1) 附加在动词根上,使之变成表示被动的动词。如:

gisagis"刮脸,刮胡须,剃" > gisagis-anaj"让(他)刮脸,给他刮脸"。
kuret"约定,限定,规定" > kuret-anaj"给……定了个期限"。
ateɖ"送,护送" > pa-ateɖ-anaj"寄走了,寄出去了"。
siɭeb"舀" > siɭeb-anaj"给……舀上来了"。
sulud"推" > sulud-anaj"推走了,推了"。

---

[1] 黄美金:《卑南语参考语法》,台北:远流出版有限公司,2000 年. P.111—128。

talam "尝试，试验，品尝" > talam-anaj "给试过了"。

(2) 附加在表工具的名词根上，使之变成表示被动的动词，名词根所表示的事物往往充当派生动词的工具施事的角色。如：

udal "雨" > pa-udal-anaj "使受雨淋湿"

baḷi "风" > bali-anaj "被风刮走"

tupi "黏液" > tupi-anaj "被粘上了"

kadaw "太阳" > kadaw-anaj "被太阳晒"

5. -u

-u 具有 [部位]、[可移]、[被动]、[及物]、[祈使] 等语义特征，能附加在动词根，形容词根和工具名词根上，使词根变成表示被动的动词。

(1) -u 附加在形容词根上，使之变成表祈使的被动动词。派生词的意义是 [部位]、[可移]、[被动]、[及物]、[祈使] 等语义特征与词根意义的叠加和整合。

aresem "酸" > aresem-u "弄酸！"。

beḷakas "长，长久" > beḷakas-u "弄长！拉长！伸开！拉开！"。

biʔas "热" > biʔas-u "热一热！加热！把……加热！"。

(2) 后缀-u 附加在动词根上，使之变成表祈使的被动动词。派生词的意义为 [部位]、[可移]、[被动]、[及物]、[祈使] 等语义特征与词根意义的叠加和整合。

gisagis "刮脸，刮胡须，剃胡须" > gisagis-u "刮脸！"。

gulgul "理发" > gulgul-u "把头发理掉！"。

isaus "擦" > isaus-u "擦掉！把……擦掉！"。

ḷikut "围住，包围" > ḷikut-u "包起来！围起来！"。

liplip "绕，缠，缠绕，纠缠" > liplip-u "请绕线！请绕绳！绕上！"。

suŋal "鞠躬，磕头" > suŋal-u "磕头！把头磕！"。

(3) 后缀-u 附加在表工具、原料等名词根上，使之变成表祈使的被动动词。派生词的词义为［部位］、［可移］、［被动］、［及物］、［祈使］等语义特征与词根意义的叠加和整合。

rega"裂缝，裂痕" > rega-u"打裂它！"；
rukuɖ"竿子" > rukuɖ-u"用竿子揍！"；
runaŋ"泥潭" > runaŋ-u"用泥搅混！"；
runu"颜色，色" > runu-u"把它染色"；
siukuj"大木桶" > siukuj-u"用大桶打水"；
suɖip"斧头" > sudip-u"用斧头砍！"。

6. -i

-i 是一个表被动的祈使式前缀，具有［整体］、［不可移］、［被动］、［及物］、［祈使］等语义特征，能附加在名词根、动词根上，使之变成被动的祈使式的动词。如：

araw"抢" > araw-i"去夺！"；
dikes"握住，拿住" > dikes-i"拿住（他）！"；
kulaŋ"青菜" > kulaŋ-i"把菜摘掉！"；
takunuɭ"理发" > takunuɭ-i"给他理发！"

此外，-i 还具有被动的将行体的否定句和其他句法制约的语义特征，有关学者的研究已取得了可喜的成果，详细的讨论请参阅有关文献，本文不再赘述①。

4.4 本章小结

本章探讨了单纯词缀、单纯词缀的语义特征、派生过程中词缀的语义特征和词根意义的叠加和整合以及整合后派生词的词义等问题。

---

① 参阅黄美金：《卑南语参考语法》，台北：远流出版有限公司，2000年。

卑南语共有单纯词缀 33 个，具体如下：

表 4-1　卑南语单纯词缀统计

词缀种类	组词前缀	形态前缀	中　缀	后　缀
数　目	12	13	2	6

和一些台湾南岛语相比，卑南语组词层次的前缀甚少，而且除了 i- 和 u- 外，其余的附加能力已经很弱，有的只能派生一两个词根，或许仅为卑南语古代构词之遗存。但 i-、ra-、re- 和 u- 和其他词缀的组合能力仍然很强。

卑南语形态兼组词层次和纯形态层次的词缀丰富，构词能力活跃。表示格位的前缀有三个：i- 附加在指示代词词根上，使之变成主格；kan- 附加在指示代词和人称代词词根上，使之变成宾格；nan- 附加在人称代词词根上，使之变成属格。

动词的词缀是异常丰富繁杂，现将一些常用动词词缀及其主要的语义特征归纳如下：

表 4-2　常见动词词缀及其一般的语义特征

特征 词缀	主动	被动	愿望	行为	状态	使役	移动	依附	收获	名物	整体	部位	受惠	祈使
ma-	+				+									
mi-	+													
mu-	+				+		+							
ka-	+		+											
ki-	+			+					+					
pa-	+			+		+								
pi-	+			+		+		+						
pu-	+					+	+							
me-(-em-)	+													
ni-(-in-)		+							+					
-an		+								+			+	

续表

特征\词缀	主动	被动	愿望	行为	状态	使役	移动	依附	收获	名物	整体	部位	受惠	祈使
-aw		+										+		
-aj		+								+				
-anaj		+											+	
-u		+									+			+
-i		+							+					+

以上仅标出常用的主要语义特征。

卑南语的中缀只有两个：-em-和-in-，并且分别跟前缀 me-和 ni-互补分布，前缀附加在以流音和鼻音开头的词根而中缀则附加在以塞音（含擦音 s 和清喉塞?）开头的词根。

名词后缀-an 附加能力很强，能附加在名词根、指示代词根、动词根和形容词根上，使这些词根变成各种名词，具有 [类化/抽象化]、[名词性]、[时间]、[处所/地方]、[工具]、[方法]、[方式/样子] 等等语义特征。

常见的单纯词缀的附加能力可总结如下表：

表 4-3　常见单纯词缀的附加能力

特征\词缀	工具名词词根	方位名词词根	一般名词词根	动词词根	形容词词根	指示代词词根
ma-			+	+	+	
mi-	+		+	+		
mu-	+	+	+	+	+	
ka-				+		
ki-			+			
pa-				+		
pi-	+		+	+	+（色）	

续表

特征 词缀	工具名词词根	方位名词词根	一般名词词根	动词词根	形容词词根	指示代词词根
pu-		+	+	+	+	
me-(-me-)	+		+	+	+	
ni-(-in-)	+		+	+		
-an			+	+	+	+
-aw	+			+	+	
-aj	+		+	+		
-anaj	+			+		
-u	+			+	+	
-i	+		+	+		
i-						+
kan-						+
nan-						+

以上是对卑南语词缀的语义特征和附加能力进行了简要的总结。在构词过程中，正是这些词缀的语义特征被叠加在词根的意义之上，使词根获得新的意义因而派生出新词。因为许多词缀都具有多项语义特征，而且能附加在不同性质的词根上，所以在叠加的过程中，必须经过整合，才能产生意义合格的派生词。

第五章 词缀的复合结构及其构词

本章拟探讨复合词缀的叠加顺序、叠加层次和叠加过程中语义特征的整合，分析派生词内部各个不同层次的词缀和词根之间语义关系，归纳复合词缀的语义特征、构词能力和结构模式等特点。

5.1 词缀的复合结构分析

5.1.1 词缀复合结构的叠加顺序与层次

卑南语有少数复合词缀似乎难以切分开来进行分析。如下面的 maka-，切分成 ma-和 ka-，就难以解释各自的意义：

maka-daja "在西边，西方"；
maka-ami "在北方"；
ḷuat "五" > maka-ḷuat "五十"；
siwa "九" > maka-siwa "九十"。

但大部分复合词缀是可以离析的。下文所讨论的是可离析的复合词缀。

在附加多重词缀派生新词的过程中，词缀是逐层地从内到外地附加于词根上的。如：

例1 sat "上"（原始词根）> i-sat "上面" > u-isat "移到上面" > p-uisat（< pu-uisat）"使移动到上面" > p-in-uisat "被弄上去（的），被移动到上面的" > pinuisat-an "（东西）移动到过

上面的地方"。

例2 bak"里"（原始词根）＞sa-bak"里面"＞u-sabak"移到里面"＞p-usabak（＜pu-usabak）"使移动到里面，把……移动到里面"＞p-in-usabak"被移动到里面的，被存入（银行）的，收入"＞pinusabak-an"曾经被放进东西的地方，（钱）曾经被存入过的地方"。

以上词缀的叠加顺序总是从内到外的，时间上是不可逆向的。在pinuisaṭ-an"被放上东西的高处"和pinusabak-an"曾经被放进东西的地方"这两个词的派生过程中，其叠加顺序分别是i-、u-、pu-、-in-、-an和sa-、u-、pu-、-in-、-an。从叠加层次的角度来说，最先叠加的词缀是最内层的词缀，最后叠加的词缀则是最外层的词缀。在pinuisatan"被放上东西的高处"一词中，前缀i-最先被附加原始词根sat"上、高"上，所以i-是最内层的词缀，之后是前缀u-被附加到isat"在上面"上，所以u-是第二层的词缀，以此类推，后缀-an是最后被附加上去的，所以-an是最外层的词缀。这情况表明词缀的层次是按它们被附加的时间顺序来决定的，与它们所属的前缀、中缀和后缀无关，即与词内的平面空间距离无关。

在卑南语词缀中有的词缀往往在构词过程中处在最外层，有的总处于内层。在词缀叠加的顺序序列中，越是外层的词缀，其位置越容易确定，越是内层的，其位置越难断定。据初步考察，卑南语各个词缀的附加顺序大体有如下趋势：最外层是ma-、mu-、mi-、me-(-em-)、ni-(-in-)、-aw、-aj、anaj、-an、-u和-i（名物化后缀-an除外）。次外层是pa-，pu-、pi-、ka-、ki-和ku-。最外层的词缀之间是对立分布的，次外层中的pa-，pu-和pi-之间，ka-，ki-和ku-之间也是对立分布，但p-系列词缀和k-系列词缀又可以互相组合成如pa-ka-，paki-，paku-，ki-pa-等复合词缀。当最外层词缀和次外层词缀共现时，最外层词缀始终处于最外层，当没有最外层的词缀时，次外层词缀可以位于该派生词的外层。除了 ra-附加在名词的第二式重叠可以作为派生词的外层以外，re-、ra-等词缀一般很少位于派生词的最外层。由此推断，除最外层和次外层以外的词缀，大多数可能都属于组词层次的词缀。这只是大体趋势，具体情况很复杂，如：次外层词缀 pa-、pu-、pi-极少被最外层词缀 ma-、mu-、mi-附加，但常常被后缀和中缀所附加，相关问题有待做更深入的探讨。

5.1.2 复合词缀的层次以及相关的语义关系

复合词缀的层次和相关语义关系主要表现在以下三个方面：

1. 复合词缀的层次与相关词缀的语义辖域

在复合词缀和词根的顺序序列中，从外到内来分析，各个词缀之间语义关系是包涵或覆盖关系。处在外层的词缀，其语义总是包涵比它处于内层词缀的语义，因此，最内层的词缀，其语义辖域最小，反之亦然。换言之，在一个派生词内的复合词缀和词根所组成的顺序序列中，一个词缀所处的位置与词根距离的大小对应于词缀的语义辖域的大小。也就是说，最先被附加上去的词缀，其语义辖域最小，最后被附加上去的词缀，其语义辖域最大。请看：

在 pa-ka-ra-ŋer-aw "使被思念，使被思考，被联想到" 一词中，共有 4 个词缀：ra-、ka-、pa-和-aw，它们组成了顺序序列。其中 ra-是第一个被附加到词根 ŋer 的词缀，属最内层的词缀，它的语义辖域最小，只能包涵词根的语义，ka-是第二个被附加上去的，它的语义辖域包涵前缀 ra- 和词根 ŋer 的语义，同理，pa-是第三个被附加上去，它在 pa-ka-ra-ŋer 系列中处在最外层，所以 pa-的语义辖域包涵 ka-、ra-、ŋer 的语义，后缀-aw 最后被附加上去，处在语序序列中的最外层。最外层的-aw 的语义则包涵其他词缀和词根的语义。

2. 复合词缀中词缀所处的层次与词根语义上的紧密度

在复杂的派生词内的词缀顺序序列中，各个词缀在语义上与词根的紧密度是不一样的：有的处在内层，有的处在外层，有的处在中间。越是内层的词缀，在语义上与词根的关系就越紧密，语义上与词缀的整合程度就越高，联系也就越紧密；反之，越是外层的词缀，在语义上与词根的关系就越疏远。处在最外层的词缀的意义往往反映的是人的主观认识或判断，表达事物的不稳定性和临时性状态。例词见前文的例1和例2。

3. 复合词缀的层次与它们的语法意义和词汇意义

在复杂派生词内的词缀顺序序列中，越是内层的词缀，其外延就越大，内涵就越小，词汇意义所占的比例越高；反之，越处在外层的词缀，外延就越小，内涵就越大，其语法意义所占的成分就越高。最外层的词缀的性质和特征往往能决定该派生词的词性和语法特征，包括其隐性的句法结构特征。

综上所述，复杂派生词中的词缀顺序序列包含了三个方面的内容：一、词缀的语义辖域大小对应于它所处位置与词根距离，距离越大，辖域越大；二、词缀与词根的语义关系的紧密度对应于它所处的位置和词根的距离，距离越大，紧密度越小；三、词缀在复杂派生词中的语法意义地位也对应于它所处的位置和词根的距离，距离越大，其语法意义占派生词的成分就越大。

5.1.3 复合结构中语义特征的叠加与整合

如果一个派生词由两个词缀叠加而成，其派生过程为：先是内层词缀的语义特征和词根意义的叠加整合，输出新词义，然后在新词义的基础上再叠加第二层词缀所具有的语义特征。各自的语义特征若能相容，则无须舍取；若相互矛盾，那么就必须整合，内层词缀的语义特征总是受制于外层词缀的语义特征，把与外层词缀语义特征矛盾的语义特征清除掉。如果再附加第三层的词缀，其过程和情况跟附加第二层的情况同。再以 pa-ka-ra-ŋer-aw "使被思念，使被思考，被联想到"一词为例，其派生过程可图示如是：

ŋer "心" > ra-ŋer "想，特意地想" > ka-raŋer "思考" > pa-karaŋer "使思考" > pakaraŋer-aw "使被思念，使被思考，被回忆起或联想到"。

ra-具有 [致使]、[变成]、[习性]、[特性]、[特意] 等语义特征，附加在词根 ŋer "心" 上，使 ra-ŋer 变成动词根，整合后词义为 "想，特意地想着"。当附加第二层词缀 ka-时，由于 ka-的语义特征 [性状]、[程度]、[推测]、[判断]、[愿望]、[主动] 等和 ra-ŋer 的词义是相容的，无须取舍，叠加后使之变成愿望动词。pa-具有 [主动]、[使役]、[及物]、[一般体] 等语义特征，叠加 pa-时，也无须舍取。但当附加后缀-aw 时，就把 pa-的语义特征 [主动] 这一项清除掉，因为它和-aw 的语义特征集合 [部位作主语]、[可移性]、[被动]、[及物]、[陈述] 中的 [被动] 项互相矛盾。

总之，由多重词缀派生的词，其过程总是在词根上逐层叠加词缀，若内层词缀和外层词缀之间的语义特征相互矛盾，则将内层词缀与之矛盾的语义特征项清除，这是因为最外层的词缀的性质和特征往往决定该派生词的词性地位和语法特征。

5.2 复合词缀的结构类型及其构词

卑南语复合词缀结构类型可归纳为：(1) 前缀＋前缀；(2) 前缀＋前缀＋前缀；(3) 前缀＋中缀；(4) 前缀＋后缀；(5) 前缀＋前缀＋后缀；(6) 中缀＋后缀；(7) 前缀＋中缀＋后缀。下文就常用复合词缀的特点作尝试性分析。

5.2.1 前缀+前缀

1. 前缀 ka-与其他前缀

ka-具有［形状］、［程度］、［推测］、［应该］、［判断］、［请求］、［主动］等语义特征，可跟 ra- 或 re-一起叠加在词根上。

（1）ka-ra-

ra-具有［致使］、［变成］、［习性］、［特征］、［特意］等语义特征，ka-ra-附加在动词根上派生出新的动词，整合后派生词的词义具有了"表示二人以及二人以上参加的共同行为"等特征。如：

abak"装进" > ka-ra-abak"共同把东西装进"；

kedeŋ"拉，牵、扯" > ka-ra-kedeŋ"多数人拉扯"；

sa "一" > ka-ra-sa "（多数人）共有一只，只有一个"。

（2）ka-re-

re-具有［致使］、［互相］等语义特征，ka-re-附加在动词根上派生出新的动词，整合后派生词的词义为"致使具有某种特性，致使从事动词所表达的行为动作"。如：

belias"倒，返" > ka-re-belias"使返回，得回来"；

uden"娇气，娇嫩" > ka-re-uden"撒娇"。

2. 前缀 ki-与其他前缀

ki-具有［猎取/收集］、［带回］、［索取］、［获得］、［向内］、［主动］、［一般体］等语义特征，可跟 pa-或 re-一起叠加在词根上。

（1）ki-pa-

pa-具有［主动］、［使役］、［及物］、［一般体］等语义特征，ki-pa-附加在动词根上，使之变成动词。整合后的派生词的词义为"使…给自己（说话者）从事动词所表达的动作行为"。

sirit"撕下" > ki-pa-sirit"请别人（给自己）撕下"；

laɖam"知道，会，懂" > ki-pa-laɖam"请教"。

（2）ki-re-

re-具有［致使］、［互相］等语义特征（此后文中出现 re-时，不再标明其语义特征），ki-re-的例词只找到一个，其义不详。

reṭebuŋ"遇到" > ki-reṭebuŋ"遇到，碰见，相遇"。

3. ku-re-

ku-具有［移动］、［自动］、［性状］等语义特征，ku-re-叠加在一起，其语义特征为［致使］、［移动］、［自动］、［性状］，能附加在名词根和动词根上，词义为以上的语义特征和词根意义的叠加整合。如：

baḷi"风" > kure-baḷi"乘凉，让风吹凉"；

bali"天阴，阴凉，遮阴处" > ku-re-babali"乘凉，躲避太阳"；

nau"看" > kure-nau"出现，显现，清楚"；

padek"背，负着" > ku-re-padek"骑（马等）"；

nana"伤，病，疼" > kure-pa-nana"受伤"；

tinuas"分手，离别，离婚" > kure-tinuas"脱离，离开，分开"；

nau"看" > kure-nau"出现，发现，清楚" > k-um-urenau"明显，显露，呈现"。

4. ma-ka-

可能是不可离析复合词缀。

（1）maka-附加在方向名词根上，使之变成状态动词。名词根作为派生动词的处所，派生词的词义为"处在……方/面"。如：

daja"西" > maka-daja"在西边，西方"；

ami"北" > maka-ami"在北方"；

timul"南" > maka-timul"在南部"；

第五章 词缀的复合结构及其构词

daɾe"地下" > maka-daɾe"在下面";
sat"上" > maka-sat"在上边";
ḻaud"东" > maka-ḻaud"在东面"。

（2）maka-附加在基数词根上，词性不变，派生词的词义是表示二十至九十的单位数词。如：

ḻuaṭ"五" > maka-ḻuaṭ"五十";
siwa"九" > maka-siwa"九十";
waḻu"八" > maka-waḻu"八十"。

5. 前缀 ma-与其他前缀

ma-是状态动词前缀，具有［状态］、［性质］、［主动］、［一般体］等语义特征，可跟 ra-或 re-一起叠加在词根上。

（1）ma-ra-

ra-具有［致使］、［变成］、［习性］、［特征］、［特意］等语义特征（此后文中出现 ra-时，不再标明其语义特征），ma-ra-附加在形容词根上，使形容词变成比较级。

adaɾe"低，矮" > mara-adaɾe"比较矮，比较低，比…矮，比…低";
asaṭ"高" > mara-asaṭ"比较高，比…高";
inaba"好" > mara-inaba"比较好，比…好";
maiɖaŋ"老，大" > mara-maiɖaŋ"比较大，比较老，比…大或老";
makiteŋ"小" > mara-makiteŋ"比较小，比…小";
maṭina"大" > mara-maṭina"比较大，比…大"。

（2）ma-re-

ma-re-附加在表示社会角色的名词根上，使之变成名词或状态动词，经过叠加整合后派生词的词义为"表示互相形成的社会关系"。

aḻi"男性之间的朋友" > mare-aḻi"（男性之间的）朋友关

系";

　　anai"女性之间的朋友" > mare-anai"（女性之间的）朋友关系";

　　kurabak"同胞" > mare-kurabak"姐妹夫和姐妹的兄弟之间的关系";

　　taina"母亲" > mare-taina"母子关系";

　　temama"父亲" > mare-temama"父子关系";

　　ʈau"人" > mare-ʈauʈau"亲戚关系"。

（3）ma-re-附加在动词根上，使之变成状态动词。经过叠加整合后派生词的词义为"互相处在……状态"。

　　belias"倒逆" > mare-belias"复原；返回";

　　paua"恰好" > mare-paua"相互吻合";

　　tebuŋ"遇到" > mare-tebuŋ"相逢，相遇";

　　tinuas"离别" > mare-tinuas"分别";

　　turus"追，跟随" > mare-turus"相随"。

（4）ma-re-附加在名词根或动词根上，使词根变成状态动词。名词根作为派生词的逻辑受事，经过叠加整合后派生词的词义为"致使……处在……状态"。

　　maʈa"眼睛" > ma-re-maʈa"睁眼，睁着眼";

　　ŋaj"话" > ma-re-ŋaj"说话，讲话";

　　siwa"岔口，岔路，分岔" > ma-re-siwa"岔开，衣服裂开";

　　ḽadam"知道，习惯，会，熟悉，懂" > mare-ladam"苏醒，觉醒，领悟"。

6. mu-tu-

　　mu-是一个表位移的自主的行为动词的前缀，具有［位移］、［趋向］、［演变］、［结果］、［自动］、［主动］、［不及物］和［一般体］等语义特征，tu-的语义特征是［成为］，在叠加整合后派生词的词义为"（自己）变成……"。如：

enaj"水" > a-enaj > mutu-aenaj"溶化，变成水"；
siŋsi"老师" > mutu-siŋsi"当老师，变成老师"；
urela"雪" > mutu-urela"变成雪"；
babajan"女" > mutu-babajan"成女人"；
barasa"石" > mutu-barasa"变成石头"；
midʑaraŋ"红" > mutu-midʑaraŋ"变红，变成红色"。

7. 前缀 pa-与其他前缀

pa-是使役动词前缀，具有［主动］、［使役］、［及物］、［一般体］等语义特征，与其他词缀组合能力最强，可跟 ka-、ke-、ki-、ku-、ra-或 re-一起叠加在词根上。

（1）pa-ka-

1）ka-具有［形状］、［程度］、［推测］、［应该］、［判断］、［请求］、［主动］等语义特征（此后文中出现 ka-时，不再标明其语义特征），pa-ka-附加在形容词根，使词根变成使役动词。经过叠加整合后派生词的词义为"使……具有……性状，使处在……状态"。

baʈiŋ"头疼" > pa-ka-baʈiŋ"使头疼，让人难受"；
beʈeker"吃饱" -> pa-ka-beʈeker"让吃饱，使吃饱"；
buḷaj"美丽，漂亮" -> pa-ka-buḷaj"使美丽，使去掉尘垢，弄清洁，使清秀"；
imaran"油汁多的，好吃的，味美" > pa-ka-imaran"使好吃，有味道"；
inaba"好" > pa-ka-inaba"使保持健康，保养身体"；
laɖam"知道，懂，会，熟悉" > pa-ka-laɖam"使知道，使会，训练，通知"。

2）pa-ka-附加在方位名词根上，使之变成动词。词根作为派生词的受事，派生词的词义为"从……经过"。

dare"地下，下面" > paka-dare"从下面经过"；

likudan "后" > paka-likudan "从后面经过，最后面"；
ŋuŋuaan "前" > paka-ŋuŋuaan "从前面经过，最前边"；
sabak "里面" > paka-sabak "从里面经过，最里面的"；
saʈ "上" > paka-saʈ "从上面经过"；
tenuk "中间，中心" > paka-tenuk "从中间经过"。

(2) pa-ke-

ke-可能是 ka-的变体，亦可能是 me-的名物化形式，找到的例词太少不能断定，待考。

ladam "知道，习惯，熟悉" > pake-ladam "报告，通告，公布，发表，鸣警笛"；
laŋ "伙伴，伴侣" > pake-laŋ "集体结伴到溪谷打鱼会餐"。

(3) pa-ki-

ki-具有［猎取/收集］、［带回］、［索取］、［获得］、［向内］、［主动］、［一般体］等语义特征，pa-ki-附加在名词根上，使名词根变成动词；pa-具有［主动］、［使役］、［及物］、［一般体］等语义特征，pa-ki-附加在动词根上又使动词根变成使役动词。例词如下：

leŋaw "声音，回音" > pa-ki-leŋaw "让听，给听"；
ŋuŋuaan "前，前面" > pa-ki-ŋuŋuaan "预先，预备，首先，最初，最前面"；
aŋer "思考，心思" > pa-ki-aŋer "使考虑到，想到，感觉到"。

(4) pa-ku-

ku-的语义特征尚未弄清，似乎为［移动］、［成为］、［推测］；经叠加整合后，由 pa-ku-派生词的词义为"使认为……，使移动"。

renaŋ "跟随，跟着" > pa-ku-renaŋ "使之跟随着、陪伴，影响着"；

beṭa"谎言" > pa-ku-beṭa"信以为假,认为是假的";
panaan"真的,真实的" > pa-ku-panaan"相信,信以为真"。
(5) pa-ra-

1) pa-ra-附加在表动物的名词根上,派生词的词性不变,派生词往往作为词根的施事或主事,词根作为派生词的受事。派生词的词义为"擅长打……"或"擅长打……的人,打……的能手"。如:

tika"命中,打中" > para-tika"神枪手,擅长打枪";
babui"野猪" > para-babui"打野猪能手,擅长捕野猪";
ṭumaj"熊" > para-ṭumaj"猎熊能手,擅长猎熊";
ḷikulaw"狍子" > para-likulaw"打狍子能手,擅长打狍子";
marenem"鹿" > para-marenem"打鹿能手,擅长猎鹿";
rawa"猎获物,猎物" > para-rawa"打猎能手,擅长打猎"。

2) pa-ra-附加在一般的名词根上,有时派生词的词性不变,有时派生词变成动词,派生词作为词根的逻辑施事或主事,词根作为派生词的逻辑受事。派生词的词义为"嗜好从事……"或"嗜好……的人"。如:

senaj"歌曲,歌" > para-senaj"爱唱歌,擅长唱歌,歌手";
siaw"汤,菜汤" > para-siaw"爱好喝菜汤的";
tamaku"香烟,叶烟" > para-tamaku"爱抽烟的人,爱好抽烟,嗜好抽烟";
eraw"酒" > para-eraw"爱喝酒,嗜好喝酒,贪杯,酒鬼";
sede"休息" > para-sede"经常旷工,经常旷课,经常不去劳动";
lupe"闭眼睛" > para-lupe"爱睡觉的人,贪睡的人,嗜好睡觉"。

(6) pa-re-

1) pa-re-常附加在动词根上,派生词的词性不变。经过叠加

整合后,派生词的词义为"使(两者)互相……,使……"等。如:

belias "倒逆,翻倒" > pa-re-belias "使互相倒逆,(使互相)改换,归还,偿还";

biŋit "皱眉头,蹙,哭丧着脸" > pa-re-biŋit "使哭丧着脸,使皱眉头";

kameli "不同,与众不同,非常" > pa-re-kameli "使互相不同,辨别,(使)分开"。

panau "看" > pa-re-panau "让(使)互相看,对比,对照,比照";

paua "正好,恰好" > pa-re-paua "使互相恰好,调节,调整,调理";

negneg "清亮,清澈" > pa-re-negneg "使变清澈"。

也发现 1 例 pare-附加在名词根上:

enaj "水" > pa-re-enaj "腐烂了,饭腐烂后溶化成水"。

2) pa-re-附加在基数词根上使之变成名词,派生词的词义是[次/趟/回]和词根意义的叠加与整合。

tuɭun "三" > pa-re-tuɭun "(做了)三次,三趟";

sama "几" > pa-re-sama "几次,几趟,几回"。

7. pu-tu-

tu-具有[成为]等语义特征,pu-是一个位移使役动词,具有[趋向]、[移动]、[演变]、[主动]、[使役]、[及物]、[一般体]等语义特征,pu-tu-附加在名词根上,派生出动词。名词根作为派生动词的受事。派生词的词义是"使变成……,使当上……,使成为……"等等语义特征和词根意义的叠加与整合。

irupan "菜" > putu-irupan "使变成菜,做成菜,把……做成菜";

siubugumi "消防队员" > putu-siubugumi "使……变成消防队

员，使……当消防队员"；

siŋsi "先生，老师" > putu-siŋsi "使……当老师"；

ʈaʈali "绳子" > putu-ʈaʈali "使……变成绳子"。

8. ta-ra-

ta-找到的例词太少，语义特征不详，似乎是个动词词缀。ta-ra-具有"特意的意思"。

nau "看" > ta-ra-nau "注视"；

napaw > ta-ra-napaw "小心"。

5.2.2 前缀+前缀+前缀

1. ki-re-pa-

ki-具有［猎取/收集］、［带回］、［索取］、［获得］、［向内］、［主动］、［一般体］（此后文中出现 ki-时，不再标明其语义特征）等语义特征。ki-re-pa-构词能力很弱，例词只发现 1 例。

nau "看" > ki-re-pa-nau "得到使互相看见，谒见，接见，探望"。

2. ma-re-ka-

ka-的功能为状态动词名物化标记，由 ma-re-ka-附加而派生出的新词一般是动词。派生词经过叠加整合后词义为"处在互相……的状态"。如：

inaba "好" > ka-inaba > ma-re-ka-inaba "相亲，亲善，和平共处，和好，互相友好"；

ladam "认识，知道，熟悉" > ma-re-ka-ladam "结识，相识"；

ameli "不对，错" > ka-meli > ma-re-ka-meli "交错，各不相同，相反"；

sagar "喜欢" > ka-sagar > ma-re-ka-sagar "互相友好，和好，彼此相互仰慕"。

3. ma-re-pa-

ma-re-pa-附加在动词根或名词根上,使之变成状态动词。派生词的词义为"处在互相……的状态"。

elibat "通过" > pa-elibat "使通过" > mare-paelibat "交错";
emeli "错,不是" > pa-ameli "犯错误,弄错" > pameli > mare-pameli "相互弄错";
nau "看" > panau "使看见" > mare-panau "互相观看,见面,会面";
ṯepa "面对" > pa-ṯepa "使面对" > mare-patepa "面对面,相对";
diŋwa "电话" > pa-diŋwa "打电话" > mare-padiŋwa "互相通电话";
tilil "写,字,文章,花纹" > pa-tilil "通信,使写" > mare-patilil "互相通信"。

5.2.3 前缀 + 中缀

1. 前缀 + 中缀-em-(-en-)

-em-是一个表行为动词的中缀,具有[行为]、[主动]、[一般体]等语义特征,可跟 ka-、ki-或 pa-一起叠加在词根上。

（1） ka- + -em-

ka- + -em-附加在形容词根上,使之变成行为动词。如:
dalep "近" > ka-dalep > k-em-a-dalep "走近";
dalep > k-em-a-dalep-an "近代化"[①];
inaba "好" > ka-inaba > k-em-a-inaba "变好";
saigu "聪明" > ka-saigu > k-em-a-saigu "进步",

---

① 一般情况下,附加中缀-em-(-en-)的派生词后不再附加后缀-an,此词附加,其因不详。

(2) ki- + -em-

ki- + -em-附加在名词根上，使之变成行为动词。

ŋer "心" > ki-aŋaŋer > k-em-iaŋaŋer "想";

rami "根" > ki-rami > k-em-i-rami "开始"。

(3) pa- + -en-

pa- + -en-附加在动词或形容词根上，使之变成行为动词。

resi "喷出，射出" > pa-resi > p-en-aresi "（水）外喷";

dekel "直，直的，正直" > pa-dekel > p-en-adekel "弄直；确定"。

(4) ta-ra- + -em-

ta-ra- + -em-词义为"有意识地做，特意地做"。如：

muka "去" > tara-muka > t-em-aramukamuka "好容易去，煞费苦心去";

rua "够" > tara-rua > t-em-araruarua "好容易来，特意来"。

2. 前缀 + 中缀-in-

-in-具有［及物］、［被动］、［完成体/经历体］、［名物化］等语义特征，可跟 ka-、ki-、mi-、pa-、pi-或 pu-一起叠加在词根上。

(1) ka- + -in-

经过叠加整合后，ka- + -in-的词义为"被……（过）的"。如：

sagar "喜欢" > k-in-a-sager "被爱的";

saima "少" > k-in-a-saima "被减少的";

saigu "会，懂" > k-in-a-saigu "看懂的";

sepel "忧伤" > k-in-a-sepel "令人悲伤";

saeru "笑" > k-in-a-saeru "被笑的";

ladam "熟悉" > k-in-a-ladam "熟悉过的"。

(2) ki- + -in-

ki- + -in-附加于动词根，使词根变成被动动词或动名词，经过叠加整合后的词义为"已经或曾经……的"。

sepad"分配" > ki-sepad"分配给，分给" > k-in-isepad"分来的，分得的"。

（3）mi- + -in-

mi-具有［呈现/依附］、［状态］、［主动］、［一般体］、［不及物］等语义特征。该复合词缀的叠加顺序很特殊，先附加-in-使之变成名词，然后附加 mi-，再次使之变成动词，经过叠加整合后的词义为"带着被……的东西"。

kasu"携带" > k-in-asu"被携带的" > mi-kinasu"携带着，带着被携带的东西"；

kuḍekuḍ"背" > k-in-uḍekuḍ"被背的" > mi-kinuḍekuḍ"背着，带着被背的东西"；

dikes"握住，拿住" > d-in-ikes"被拿住的" > mi-dinikes"揣着，带着被握住的东西"；

basak"扛，挑" > b-in-asak"被扛的" > mi-binasak"扛着，带着被扛的东西"；

tabukul"渔网" > t-in-abukul"被网住" > mi-tinabukul"带着被网住的东西"。

（4）pa- + -in-

1）pa- + -in-附加在动词根上，使之变成被动动词或动名词。如：

ated"送" > pa-ated > p-in-a-ated"（被）寄来的"；
beraj"带来" > pa-beraj > p-in-a-beraj"请捎来的"；
kasu"携带" > pa-kasu > p-in-a-kasu"托人带去"；
sabuŋ"处分" > pa-sabuŋ > p-in-asabuŋ"被惩罚"；
saŋa"做" > pa-suŋa > p-in-a-saŋa"订做的"；
apet"收存" > pa-apet > p-in-a-apet"保存的"。

2) pa- + -in- 附加在名词根上，使之变成被动动词或动名词。如：

udal"雨" > pa-udal > p-in-a-udal"被雨淋湿的"；
sata"税务" > pa-sata > p-in-a-sata"收过税的"；
tilil"字，信" > pa-tilil > p-in-a-tilil"请写的"；
susu"乳房" > pa-susu > p-in-asusu"喂过奶的"。

3) pa- + -in- 附加在形容词根上，使之变成被动动词或动名词。如：

sabal"早" > pa-sabal > p-in-a-sabal"被早早弄醒"；
teḍel"直" > pa-tedel > p-in-a-tedel"中肯的"。

(5) pi- + -in-

pi-具有［依附/穿戴］、［主动］、［受事］、［使役］、［及物］、［一般体］等语义特征，经叠加整合后，pi- + -in-的词义为"被……依附或穿戴过的（东西）"。如：

kipiŋ"衣服" > pi-kipiŋ > p-in-i-kipiŋ"穿过的"；
sikaw"网袋" > pi-sikaw > p-in-i-sikaw"用过的网袋"；
siugu"水牛" > pi-siugu > p-in-i-siugu"被牵过的水牛，使用过的水牛"；
sukun"裙子" > pi-sukun > p-in-i-sukun"曾经穿过的裙子"。

(6) pu- + -in-

pu-是一个表位移的使役动词，具有［趋向］、［移动］、［演变］、［主动］、［使役］、［及物］、［一般体］等语义特征，pu- + -in-附加在方位名词根或一般名词根上，使之变成被动动词或动名词，叠加整合后的词义为"被……移动过的（东西）"。如：

daḷan"路" > pu-dalan > p-in-u-daḷan"（路）被修过"；
isaṭ"上面" > pu-isat > p-in-u-isat"被弄上去"；
paṭaran"外" > pu-pataran > p-in-u-paṭaran"被支出的"；
sabak"里" > pu-sabak > p-in-u-sabak"所得的"。

5.2.4 前缀 + 后缀

1. 前缀 + 后缀-an

-an 是个名物化后缀，具有［类化/抽象化］、［名词性］、［时间］、［处所/地方］、［工具］、［方法］、［方式/样子］等语义特征，可跟 ka-或 ki-一起叠加在词根上。

（1）ka- + -an

1）当 ka- + -an 附加形容词根或心理动词根上时，词根便变成名词或被动动词，派生词是词根的逻辑主事。请看：

agel "急，紧急" > ka-agel-an "紧急的，危急的（情况）"；

gareger "惊奇，奇怪" > ka-gareger-an "珍奇的东西"；

ḷudus "末尾，末稍" > ka-ḷudus-an "末尾，后辈，年纪小的人"；

nana "疼，辣" > ka-nana-an "疼的，辣的"；

sadeku "温暖，暖和" > ka-sadeku-an "令人感到温暖的（东西），暖和的"。

saeru "笑" > ka-saeru-an "令人发笑的事情"。

2）派生词的词义也可以是词根所表达事件发生的处所或时间。如：

laman "同情，可怜，怜惜，可惜" > ka-laman-an "发生悲剧的原因或地方"；

meli "不，不对，有误" > ka-meli-an "不同点"；

ranam "早饭" > ka-ranam-an "吃早饭的时间"；

sabeḷaw "饥饿，饥渴，饿" > ka-sabeḷaw-an "该饿的时候，挨饿的时候"；

sede "休息" > ka-sede-an "休息的日子，节假日，周末"；

semagal "喜欢，高兴" > ka-semagal-an "令人高兴的日子，节日"。

3) ka- + -an 附加在名词根上,派生词的词性不变,派生词的词义为"原本的……,真正的……"。如:

guŋ "牛" > ka-aguŋ > kaaguŋ-an "黄牛,家牛";
ami "年" > ka-ami > kaami-an "本年,本命年";
dekal "农村" > kadekal-an "故乡";
rami "根" > karami-an "本根,根源";
ruma "家" > karuma-an "本家,宗族";
siri "羊" > ka-siri > kasiri-an "家羊"。

4) ki- + -an

ki- + -an 附加在表可猎取、可收集物的名词根上派生出新的名词,整合后的派生词词义为"……地方"。如:

sangli "田螺" > ki-saŋli-an "捡田螺的地方"。

2. 后缀 -aw

-aw 具有 [部位做主语]、[可移动性]、[被动]、[及物]、[陈述式] 等语义特征,可跟 ka-、ki-、pa- 或 pu- 一起叠加在词根上。

(1) ka- + -aw

ka- + -aw 附加在形容词根和心理动词根上,使之变成被动的以事物的部位为主语的动词。如:

saṭ "上" > ka-asaṭ-aw "被提高了,被提升了";
dare "地下" > ka-dare-aw "被减低了";
ladam "会(做),知道,熟悉" > ka-ladam-aw "被发觉,被注意到,理会到";
sagar "喜欢" > ka-sagar-aw "被喜欢,(已经)被爱上";
semagal "喜欢,高兴" > ka-semagal-aw "被别人喜欢的,叫别人高兴"。

(2) ki- + -aw

ki- + -aw 附加在动词根上,整合后的派生词词义为"被索

取、获得"。如:

buḻas "代替" > ki-buḻas-aw "被借用、租用";

karun (?) "工作" > ki-karun-aw "把…做好，被做好";

tuḻud "伸手把东西提给人家" > ki-tuḻud-aw "已经被接受，被接收"。

(3) pa- + -aw

pa- + -aw 附加在动词根上，使之变成以部位为主语的被动动词，经整合后派生词的词义为"使被……"。如:

elibat "通过" > pa-elibat-aw "（被）让进，让过，被让通过";

lemes "消失" > pa-lemes-aw "被使消失，使被消灭";

sanan "迷途，流浪" > pa-sanan-aw "被流放";

sekad "完成，完毕，做完" > pa-sekad-aw "使被完成";

sekiŋ "考试，测验" > pa-sekiŋ-aw "被允许参加考试"。

(4) pu- + -aw

1) pu- + -aw 附加在动词根，使之变成被动动词，派生词的词义为[使动]、[趋向/移动]、[被动] 和词根的意义的叠加整合。如:

aḻak "拿，取" > pu-aḻak-aw "被使拿掉，拿掉";

biʔi "飞" > pu-biʔi-aw "使飞，（鸟等）被放飞（被动）";

dare "地下，地面" > pu-dare-aw "被卸下，使落地";

ɖaɖaɲi "行走，散步" > pu-ɖaɖaɲi-aw "被让行走，被放行，被驾驶，被驱赶";

laseɖ "藏" > pu-lased-aw "被藏在，使被藏";

seneŋ "隔离，分离，隔开" > pu-seneŋ-aw "被分家出去了，被分离出去了"。

2) pu- + -aw 附加在名词根，使之变成被动动词，派生词的词义为[使动]、[趋向/移动]、[被动] 和词根的意义的叠加整合。

likudan "后面" > pu-likudan "使移到后面" > pulikudan-aw "被使后退，被往后推迟"；

siwa "岔口，岔路" > pu-siwa "使走岔路" > pusiwa-aw "被使走岔路"；

baláŋ "市场" > pu-balaŋ-aw "被上市"。

3. 前缀 + 后缀 -aj

-aj 具有 [整体作主语]、[不可移]、[被动]、[及物]、[陈述] 等语义特征。

（1） ki- + -aj

ki- + -aj 附加在表可猎取、可收集之物的名词根上，使之成为表示被动的动词。整合后的派生词词义为 "被……"

kulaŋ（kulaŋ）"青菜" > ki-kulaŋ-aj "（地）被摘去了菜"；

sema "舌头" > ki-sema-aj "（人或动物）被割舌头"。

（2） pu- + -aj

pu- + -aj 附加在名词根上，使之变成动词，派生词的词义为 [使动]、[趋向/移动]、[被动]、[一般体/完成体] 等和词根意义的叠加整合。如：

ŋalad "名字" > pu-ŋalad-aj "被取名字（主语是被给名字的对象）"；

enaj "水" > pu-enaj-aj "被浇上水"；

kajakaj "桥" > pu-kajakaj-aj "被架上桥（主语是某处）"；

kiam "债" > pu-kiam-aj "被压债，使被背债，使欠账"；

laŋ "伙伴" > pu-laŋ "使陪伴，帮助" > pu-laŋ-aj "被陪伴"。

4. 前缀 + 后缀 -anaj

-anaj 一般具有 [受惠者、工具作主语]、[被动]、[及物]、[陈述] 等语义特征。它只与使役前缀组合成 pa--anaj。如：

ateɖ "送，护送" > pa-ateɭ-anaj "寄走了，邮寄出去了"；

suruk"推举，指派，指使别人去做，替代" > pa-suruk-anaj "让别人做事情了"。

5. 前缀 + 后缀 -u

-u 一般具有［部位做主语］、［可移移动性］、［被动］、［及物］、［祈使式］等语义特征，可跟 ka-、pa- 或 pu- 一起叠加在词根上。

(1) ka- + -u

ka- + -u 附加在形容词根或动词根上，使词根变成被动的祈使式动词。

saima"少" > ka-saima-u"弄少一点！减下来！减掉！"；
arii"快的" > ka-arii-u"加快！"；
daleu"甜的" > ka-daleu-u"使变甜！"；
ḍekan"宽的" > ka-ḍekan-u"加宽，使变宽！"。

(2) pa- + -u

pa- + -u 附加在形容词根或动词根上，使词根变成被动的祈使式动词。

saer"插" > pa-saer-u"让别人（把东西）插上！"；
ṭeel"勒，缢" > pa-ṭeel-u"让别人勒死！"；
ṭakil"杯子" > pa-takil-i"给别人斟酒！"；
baḷi"风" > pa-bali-an"鼓风机，吹风机"；
tabu"干粮" > pa-tabu-an"使有干粮的地方，饭盒"；
suŋaḷ"小腿" > pa-suŋaḷ-aj"小腿被打"；
ʔudal"雨" > pa-ʔudal"使淋湿" > paʔudal-anaj"使受雨淋湿，使被雨淋湿"；
ŋula"张开嘴" > pa-ŋula-u"请把张开！"。

(3) pu- + -u

pu- + -u 附加在名词根上，使词根变成被动的祈使式动词。

ʔaḷak"取，拿" > pu-ʔaʔaḷak-u"把……除掉，把……拿

掉！";

burek "回去，离开，走开" > pu-burek-u "让他打发走开";

isaṭ "上面，上方" > pu-isaṭ-u "给上去！让被提升！让被拿到上面！";

paṭaran "外面" > pu-paṭaran-u "那出来，让搬出去"。

6. 后缀-i

-i 通常具有［整体］、［不可移］、［被动］、［及物］、［祈使式］等语义特征，和其他词缀附加的情况如下。

（1） ka- + -i

ka- + -i 附加在动词根上，使词根变成被动的祈使式动词。

teŋaḍaw "坐下" > ka-teŋaḍaw-i "坐下！"。

（2） pu- + -i

pu- + -i 附加在动词根，使之变成动词，派生词的词义为［使动］、［趋向/移动］、［被动］、［祈使］等语义特征与词根意义的叠加整合。

sabak "里面，屋里" > pu-sabak-i "进去！";

dare "地下，地面，地上" > pu-dare-dare-i "（使）降低，使降落，使不断地向下移"。

5.2.5 前缀 + 前缀 + 后缀

由前缀 + 前缀 + 后缀这种结构模式构成的词不多，故不能详细分述。

1. ku-re- + -aw/-aj/-an; ka-ra- + -an

nau "看" > ku-re-nau-aw "被显示出来，表现出来";

nau "看" > ku-re-nau-aj "被发现，被暴露";

keḍeŋ "拉，牵、扯" > ka-ra-keḍeŋ-an "多数人拉扯的"。

2. pa-ka- + -aw

pa-ka- + -aw 附加在形容词根，使之变成被动动词。

makesir "势力、实力" > pa-ka-makesir-aw "使打赢,使胜利";

raŋer "想" > pa-ka-raŋer-aw "使被思念,使被思考,被回忆起或联想到";

reuden "娇气的,娇嫩的" > pa-ka-reuden-aw "让撒娇,宠爱";

ţina > pa-ka-ţina-aw "被夸大的,被夸张的"。

3. paka- + -aj/-aw

形容词根附加复合前缀 paka-则变成使役动词,附加后缀-aj,则表示被动动词。

sagar "喜欢,爱" > pa-ka-sagar-aj "发奖状,发奖品,发奖金,被奖赏";

semaŋal "喜欢" > pa-ka-semaŋal-aj "使被人喜欢,使被奖励,奖品";

kameli "不同,非常" > pa-re-k-ameli-an "差别,异同,不同之处";

tinuas "分手,离别,离异" > pa-re-tinuas-aw "使被分散、分开、分手";

ladam "知道,习惯,熟悉" > pa-ka-ladam-an "记号,符号";

irupan "菜" > putu-irupan "使变成菜,做成菜" > putuirupan-aw "被做菜";

siubugumi "消防队员" > putu-siubugumi-aw "被培养当消防队员,使当消防队员";

siŋsi "先生,老师" > putu-siŋsi "使当老师" > putusiŋsi-aw "被请当老师"。

5.2.6 中缀 + 后缀

中缀 + 后缀缀模式只有-in- + -an，但附加能力很强。

1. -in- + -an 附加在工具名词根上派生出新的名词。经整合后派生词的词义为"被工具做过的痕迹或地方"。如：

dapal"脚" > d-in-apal-an"脚印，足迹"；
baḷi"风" > b-in-aḷi-an"被风吹过的"；
garetim"剪刀" > g-in-aretim-an"被剪掉的，被剪下的"；
kadaw"太阳" > k-in-adaw-an"被太阳照过的地方，有阳光的地方"；
suaŋ"犄角" > s-in-uaŋ-an"被角撞过的"；
saŋajaŋaj"凉棚" > s-in-aŋajaŋaj-an"搭凉棚的地方"。

2. -in- + -an 附加在动词根上派生出名词。经整合后派生词的词义为"被……过的痕迹或地方"。如：

baiṭ"焚烧，烧焦" > b-in-aiṭ-an"（被）烧过的，废墟"；
atek"砍" > -in-atek-an"砍伤而留下的疤痕"；
saḷem"种植" > s-in-aḷem-an"种过庄稼的地方"；
sipul"抹" > s-in-ipul-an"被抹过的地方"。

3. -in-的变体 ni- + -an。如：

ḷima"手" > ni-ḷima-an"手印"；
ḷabat"渡，越过" > ni-ḷabat-an"曾经渡过的地方"；
rabi"割草，采伐" > ni-rabi-an"曾经采伐过的地方"；
ḷeuḍ"刺绣" > ni-ḷeuḍ-an"绣上花的，绣好的"；
nau"看" > ni-nau-an"看见的，曾经被看过的地方"。

5.2.7 前缀 + 中缀 + 后缀

1. ka- + -in- + -an

ka- + -in- + -an 附加在形容词根上，使之变成表时间或地方的名词，经整合后的词义为"曾经……过的地方或时间"。如：

baaw"活的，生的，不熟的" > k-in-a-baaw-an"生活过的地方"；

kalaŋ"过路，路过" > k-in-a-kalaŋ-an"走过来的道路，经历，人生"；

ramiʔ"根" > k-in-a-ramiʔ-an"起源，发祥地"；

raŋer"想" > k-in-a-raŋer-an"志向，意图，意愿"；

sabeḷaw"饥饿" > k-in-a-sabeḷaw-an"断炊时期，曾经挨饿的时期"；

sakedu"暖和" > k-in-a-sakedu-an"接收过温暖的部位，被加温过的地方"。

2. ki- + -in- + -an

只找到一例。

sali"田螺" > k-in-i-sali-an"捡过田螺的地方"。

3. pa- + -in- + -an

kalaŋ"路过" > p-in-a-kalaŋ-an"走过的路，为人之道"；

kipiŋ"衣服" > p-in-i-kipiŋ-an"穿过的上衣"；

kiruan"衣物" > p-in-i-kiruan-an"穿衣的模样儿"。

4. pu- + -in- + -an

daḷan"路" > p-in-u-daḷan-an"修过的路"。

5. ʔu- + -in- + -an

u-具有［移动］等语义特征，经整合后由 u- + -in- + -an 附加词根的派生词的词义为"曾经被移动到过的地方或留下的痕迹"。如：

isaṭ"上" > -in-u-isaṭ-an"上过的地方"；

paṭaran"外" > -in-u-paṭaran-an"籍贯，出处"；

rumaʔ"家" > -in-u-rumaʔ-an"回到家的，归来的"；

sabak"里" > -in-u-sabak-an"被进入过的地方"；

siwa"岔路" >-in-u-siwa-an"走过的岔路";
ṭekip"叠印" >-in-u-ṭekip-an"被折叠过的痕迹"。

5.3 本章小结

通过本章的分析和讨论,可以得到以下三点认识:

1. 在派生词内的各个词缀的顺序序列中,词缀的语义辖域、词缀和词根的语义紧密度和语法意义都对应于它所处位置与词根距离,距离越大,词缀的辖域越大,它与词根的语义关系紧密度越低,其语法意义所占的成分就越多,反之亦然。

2. 复杂派生词的派生过程总是在词根上逐层叠加词缀,若内层词缀和外层词缀之间的语义特征相互矛盾,则将内层词缀与之矛盾的语义特征项清除,最外层的词缀的性质和特征往往决定该派生词的词性地位和语法特征。

3. 复合词缀的结构模式有六: (1) 前缀+前缀: ka-ra-, kare-, ki-pa-, kure-, ma-ka-, ma-ra-, ma-re-, mu-tu-, pa-ka-, pa-ke-, pa-ki-, pa-ku-, pa-ra-, pa-re-和 pu-tu-; (2) 前缀+前缀+前缀: ki-re-pa-, ma-re-ka-和 ma-re-pa-; (3) 中缀+后缀: ka-+-em-, ki-+-em-, pa-+-en-, tara-+-em-, ka-+-in-, ki-+-in-, mi-+-in-, pa-+-in-, pi-+-in-, pu-+-in-; (4) 前缀+后缀的有 14 个: ka-+-an, ka-+-u, ka-+-i, ka-+-aw, ki-+-an, ki-+-aj, pa-+-aw, pa-+-anaj, pa-+-u, pu-+-u, pu-+-i, pu-+-aw 和 pu-+-aj; (5) 前缀+前缀+后缀: ku-re-+-aw, pa-ka-+-aw, pa-ka-+-aj 和 pu-tu-+-aw; (6) 前缀+中缀+后缀: ka-+-in-+-an, ki-+-in-+-an 和 u-+-in-+-an。

第六章 卑南语的重叠构词

  重叠构词是卑南语两种主要的构词法之一（见本书 2.2.2）。据笔者统计，《卑南语汉语词典》中与重叠有关的派生词就有 1012 个，占总数 4300 余条中的 1/4 稍强。不仅通过各种不同的词根重叠来派生出新词，而且还通过和其他词缀、复合词缀相结合而产生出大量的新词。本章拟就重叠所表达的意义、重叠与其他词缀的组合能力等有关方面进行探讨。重叠方式及其在派生过程中发生的各种语音变化，前文已讨论（见本书 2.2.3 和见本书 3.3.2），不再赘述。

6.1 重叠方式与语义特征

6.1.1 摹声拟态词的语义特征

  拟声拟态词大多数都摹仿动作的声音或情态，具有［重复］、［持续］、［情貌］等语义特征，有从模仿声音到模仿情态、朝动词方向发展的趋势。如：

  1. 模仿各种动作的声音或动物的声音。如：

  bekbek "鸟挣扎时发出的吧嗒吧嗒声"；

  besbes "吹拂的声音，吹拂"；

  berber "蜻蜓下行时翅膀的响声，蜻蜓向下飞行"；

  gasgas "动物在草丛里走路的刷刷声"；

  gurgur "野猪冲过来时发出的吼声"；

  ɖakɖak "牛马等走路貌，吧嗒吧嗒声响"。

2. 模仿各种动作的情态。如：
ḍaḍa "拍手貌"；
ḍeḍḍeḍ "快走貌"；
ḍeḍe "踩踏，踏践"；
gemgem "用力咀嚼貌"；
gilgil "小步急跑貌"；
ʔabʔab "狗舔水貌"。

3. 作为动词，但仍含有 [重复]、[持续]、[情貌] 等语义特征。如：
elʔel "咀嚼"；
bitbit "拔"；
guṭguṭ "搔"；
ketket "切割"；
etʔet "拥挤"；
laslas "按摩，抚摸"。

6.1.2 重叠第一式的语义特征及其构词

重叠第一式主要发生在动词根和名词根之间，单纯的形容词根重叠没有发现。

1. 动词根重叠第一式的语义特征及其派生词

动词根重叠第一式具有 [工具]、[原料]、[名物化]、[将行体] 等语义特征，动词根重叠后可以变成名词或动词的将行体，具体的语义将视其语境而定。

（1）动词根通过第一式重叠派生出表工具的名词，派生词作为执行动词根动作的专用工具。如：
iwas "划船" > a-iwas "橹，桨"；
iṭul "抹、拭" > a-iḍul "抹布"；
sait "挂、悬挂" > sa-sait "挂钩"；

siɭeb"昏" > sa-siɭeb"铁锹";
tukuɖ"支撑" > tatukuɖ"柱子";
tuus"啄" > ta-tuus"喙，鸟嘴"。

（2）动词根通过第一式重叠派生出表原料的名词，派生词作为执行动词根动作专用的原料。如：

runu"上色" > ra-runu"颜料";
siluk"腌卤" > sa-siluk"腌料";
renab"上漆" > ra-renab"漆料";
daus"润滑" > ɖa-daus"润滑油";
ɖaruk"肥沃" > ɖa-ɖaruk"肥料";
sikaw"背袋" > sa-sikaw"做网袋材料"。

（3）动词根通过重叠第一式来表示动词的将行体。如：

atek"砍" > a-atek"将要砍";
ɖua"来" > ɖa-ɖua"将要来";
kuatis"损坏" > ka-kuatis"要损坏";
sepad"分配" > sa-sepad"要分配";
sekiŋ"考试" > sa-sekiŋ"要考试"。

2. 名词根重叠第一式的语义特征及其派生词

（1）一般的名词根经过重叠第一式后派生出新的名词。派生词往往具有［泛化/抽象化］等语义特征，名词根的指称比较具体，派生名词的指称则比较宽泛。如：

tiɭu"猎鹿绳子" > ta-tiɭu"缰绳";
pana"箭" > pa-pana"弓箭";
suud"绳索" > sa-suud"圈套";
aʈab"盒盖" > a-aʈab"盖子";
ɖaya"西" > ɖa-ɖaja"西边、西侧";
dare"地，土" > da-dare"地下，地上"。

（2）有的名词根重叠第一式具有［每个］等语义特征，这些名词根常常是表示时间或人的。如：

ṭau "人" > ṭa-ṭau "每个人，人人"；
wari "天" > wa-wari "每一天，天天"。

6.1.3 重叠第二式的语义特征及其构词

重叠第二式发生动词根、形容词根和名词根上。

1. 动词根重叠第二式的语义特征及其派生词

动词根重叠第二式具有［反复］、［持续］、［强化］、［短暂］、［随意］、［描摹］等语义特征，其中、［持续］、［强化］和［短暂］、［随意］相互矛盾，具体的词义可能受到语境和词根语义的制约。

（1）有一些动词根经过第二式重叠之后派生出的新动词往往具有［反复］、［短暂］、［随意］等语义特征。如：

aip "念，数" > ai-aip "念一念，数一数"；
ilid "挪动" > ili-ilid "挪一挪，挪动挪动，挪动一下"；
talam "尝试" > tala-talam "尝试尝试，试一试"；
tapela "摔" > tapela-pela "摔一摔"。

（2）有一些动词根经过第二式重叠之后派生出的新动词往往具有［反复］、［持续］、［强化］等语义特征。如：

iruma? "在家" > iruma-ruma? "老在家"；
nekun "跳" > neku-nekun "蹦蹦跳跳"；
laŋuj "游泳" > laŋu-laŋuj "游啊游"；
saeru "笑" > saeru-eru "笑个不停"。

2. 形容词根重叠第二式的语义特征及其派生词

形容词根经过重叠第二式派生出的新词词性不变，常常具有［强化/深化］、［描摹］等语义特征。如：

asaṭ "高" > asa-asaṭ "高高的，极高的"；
beḷakas "长" > beḷaka-ḷakas "长长的，很长很长的"；

biʔas "热" > biʔa-biʔas "热热的,热乎乎的";
dilapi "扁" > dilapi-lapi "扁扁的";
iriŋ "倾斜" > iri-iriŋ "斜斜的";
tawar "慢" > tawa-tawar "慢慢地,慢腾腾的"。

3. 名词根重叠第二式的语义特征及其派生词

名词根重叠第二式具有 [众多]、[里面] 等语义特征,具体的派生词词义可能受到语境和词根意义的制约。

(1) 有的派生词具有 "众多" 等意义。如:
ami "年" > ami-ami "年年";
apuj "火" > apu-apuj "火焰";
aguŋ "牛" > agu-aguŋ "牛群";
ʈau "人" > ʈau-ʈau "众人,人群";
barasa "石" > barasa-rasa "石堆";
duli "狼" > duli-duli "狼群"。

(2) 而有的派生词则含有 "……里/中" 等意义。如:
bira "叶" > bira-bira "叶簇,在叶簇里";
budek "沙" > bude-budek "沙漠里";
daʟil "瓶子" > daʟi-daʟil "瓶子里";
kali "河" > kali-kali "河里";
kuʈem "云" > kuʈe-kuʈem "云间";
ʟima "手" > ʟima-ʟima "手中"。

6.2 单纯词缀附加重叠词根

6.2.1 前缀附加重叠第一式

重叠第一式能和前缀 ka-、ki-、ma-、mi-、mu-、pa-、pi-和

pu-组合在一起来派生出新词。

1.ka- 附加词根的重叠第一式

（1）ka-附加在形容词根重叠第一式上派生出新词，派生词的词性不变，但词义深化。如：

apel "温柔" > a-aple > ka-aapel "很温柔"；
asaț/asat "高" > a-asat > ka-aasat "很高"；
saɖu "多" > sa-saɖu > ka-sasaɖu "很多"；
saut "细长" > sa-saut > ka-sasaut "很细"；
saima "少" > sa-saima > ka-saaima "很少"。

（2）ka-附加形容词根或心理动词根的重叠第一式，使之变成动词，派生词往往具有［推测］、［将行］等意义。如：

kețeb "粗" > ka-keteb > ka-kakețeb "会变粗的"；
risan "同" > ra-risan > ka-rarisan "类似，相似"；
arua "够" > ara-rua > ka-rarua "能，受得住"；
țina "大" > ța-țina > ka-țațina "会大"；
amere "老实" > ama-mere > ka-amamere "可能老实"；
ulaja "有" > ula-laja > ka-ulalaja "会有"。

（3）前缀 ka-附加在形容词根的重叠第一式上派生出名词，整合后派生词的词义为"……的程度"。如：

beḷakas "长" > beḷa-ḷakas > ka-beḷaḷakas "长度"；
dalep "近" > ɖa-daḷep > ka-dadalep "近的程度"；
dawil "远" > ɖa-dawil > ka-dadawil "远的程度"；
kiteŋ "小" > ka-kiteŋ > ka-kakiteŋ "小的程度"；
litek "冷" > la-litek > ka-lalitek "冷的程度"；
sadeku "温暖" > sada-deku > ka-sadadeku "温度"。

2.ki- 附加重叠第一式

ki-附加名词根重叠第一式，使之变成动词，词义大多为"猎取、收集"等，名词根一般是表示可收集的、可砍伐的或可猎取的动植物，名词根是派生词的受事。

ḻaʈu"芒果" > ḻa-ḻaʈu > ki-lalaʈu "收芒果，摘芒果";
buir"芋头" > ba-buir > ki-babuir "采集芋头，收芋头";
buŋa"白薯" > ba-buŋa > ki-babuŋa "收白薯，挖白薯";
dawa"粟，小米" > da-dawa > ki-dadawa "收粟子，收小米";
siri"羊" > sa-siri > ki-sasiri "正在捕羊";
suan"狗" > sa-suan > ki-sasuan "正在打狗";
garaŋ"螃蟹" > ga-garaŋ > ki-gagaraŋ "捉螃蟹";
kuraw"鱼" > ki-kakurawka-kuraw > "捕鱼的，打鱼的"。

3. ma-附加重叠一式

（1）ma-附加在动词根的重叠一式，派生词的词性不变，经整合后，派生词具有［主动］、［状态］、［双方］、［互相］等语义特征。如：

rebu"摔跤" > ma-ra-rebu "摔跤";
reŋaj"说话" > ma-ra-reŋaj "交谈、对话";
supen"思念，怀念" > ma-sa-supen "相思，相敬";
surut"喷" > ma-sa-surut "互相喷水，对喷";
tilil"字，文章，纹样" > ma-ta-tilil "签订";
tubaŋ"回答，答应" > ma-ta-tubaŋ "对话，对谈"。

（2）ma-亦可附加在工具名词根重叠一式上，使之变成动词，派生词的词义具有［主动］、［静态］、［双方］、［互相］等语义特征。如：

tupi"黏液" > ma-ta-tupi "（两者）互相粘在一块";
sured"铲子" > ma-su-ra-red "（两者）互相铲";
suaŋ"牛、羊的角" > ma-sasuaŋ "（两个）动物互相角斗";
simuk"笑料，笑话" > ma-sa-simuk "彼此互相开玩笑、戏谑"。

（3）ma-附加在动词根的重叠一式上派生出新词，派生词的词性不变，经整合后，派生词具有［主动］、［状态］、［进行体］等语义特征。如：

ḻinaj"玩耍" > ma-la-linaj"正在玩耍";

tia"梦" > ma-ta-tia"正在做梦";

ṭupa"腐烂" > ma-ta-tupa"正在腐烂";

ṭina"大" > ma-ṭa-ṭina"正在生长着，正在长大，正发展着";

ṭimurmur"漱口" > ma-timu-a-rmur"在漱口";

sikasik"动身，出发，起程" > ma-si-a-kasik"正在出发"。

4. mi-附加重叠第一式

mi-附加数词根重叠第一式，使之变成表示人的数词："…个人"。

sa"一" > mi-sa-sa"一个人";

pitu"七" > mi-pa-pitu"七个人";

waḻu"八" > mi-wa-walu"八个人";

ḓua"二" > mi-ḓa-ḓua"两位";

tuḻu"三" > ta-tuḻ > atuḻ > mi-atuḻu"三个人";

pat"四" > pa-pat > apat > mi-apat"四个人"。

5. mu-附加重叠第一式

mu-附加在动词根重叠第一式派生出新词，派生词词性不变，经整合后，派生词具有［位移］、［趋向］、［主动］、［自动］、［进行体］等语义特征。如：

asal"迁移，挪动" > mu-a-asal"正在迁移，在挪动";

atel"扔" > mu-a-atel"正在降落，正在掉落";

laŋui"游泳" > mu-la-laŋui"正在游泳";

lemes"消失" > mu-la-lemes"正在消失，日暮，暮年";

ḓaŋi"行走" > mu-ḓa-ḓaŋi"正在行走，游玩";

biji"飞" > mu-ba-biji"刚刚飞，正在飞"。

6. pa-附加重叠第一式

(1) pa-附加在动词根的重叠第一式派生出新词，派生词词性未变，具有［主动］、［使役］、［互相］、［进行体］等语义特征。如：

ated "送，护送" > pa-a-ated "在邮寄，在邮送"；
buḷas "代替" > pa-ba-buḷas "使互相代替，转换，改换，调换"；
litek "凉、冷" > pa-la-litek "正在使东西变凉"；
nau "看" > pa-na-nau "表现、表达，（正在）让别人看"；
renab "上漆，油漆" > pa-ra-renab "正在油漆、正在上漆"；
sagar "喜欢，爱" > sa-sagar > pa-sasagar "给予奖励，正在促使喜欢"。

(2) pa-附加在动词根的重叠第一式，派生出名词，派生词是动词根的逻辑主事或施事。如：

takesi "读书，念书，学习" > pa-taka-kesi "使讲课、上课，教师，讲师"；
suruk "推举，指使，指派，代替" > pa-sa-suruk "指派去的办事人员"；
beḷias "倒逆，翻倒" > pa-ba-beḷias "找给的零钱"；
dawak "毒" > pa-da-dawak "毒药，鱼藤草"；
ṭumṭum "鼓声" > tuma-mṭum > tu-a-mṭum > paṭu-a-mṭum "打鼓订婚仪式"；
sata "税务，税收" > pa-sa-sada "正在交税，税款"；
ḷibun "工资，工钱" > pa-ḷa-ḷibun "使有工资，发工资，发工钱"；
ḷaŋal "双人杯" > pa-ḷa-ḷaŋal "用双人杯请人喝酒"。

7. pi-附加重叠第一式

pi-附加方位名词根重叠第一式，使之变成动词，派生词具有"朝、向"等意义。

　　isat/isat "上" > pi-a-isat "朝上";
　　timul "南" > pi-a-timul "向南";
　　ḷauɖ "东" > pi-a-ḷauɖ "向东";
　　ɖaja "西" > pi-a-ɖaja "向西";
　　ḷikud-an "后" > pi-a-ḷikud-an "向后";
　　ŋuŋuj-an "前" > pi-a-ŋuŋuj-an "向前"。

8. pu-附加重叠第一式

（1）pu-附加在动词根或名词根的重叠第一式上，使之变成动词，派生词的词义是[主事]、[趋向/移动]、[使动]、[及物]、[进行体]等语义特征跟词根意义的叠加与整合。

　　keɖaŋ "力量，力气" > pu-kakeɖaŋ "正在赋予神力，给人加油提精神" > puakeɖaŋ;
　　ruma "家，房子" > pu-ra-ruma "入赘，婚礼，新郎，结婚，成家" > puaruma;
　　imar "动物油，脂肪" > pu-a-imar "正在加油、上油、抹油";
　　kipiŋ "衣服，上衣" > pu-ka-kipiŋ "正在把衣服穿上，在给别人穿上衣服" > puakipiŋ;
　　ʔaḷak/alak "取，拿" > pu-ʔa-ʔaḷak "在（使）除掉，正在拿掉";
　　ɖaɲi "行走" > pu-ɖa-ɖaɲi "领人串门，引路（到别处），邀请"。

（2）pu-附加名词根重叠第一式，使之变成语义相关的名词。如：

　　asel "胳膊" > pua-asel "手镯，镯子" > puasel;
　　ḷima "手，五" > ḷa-ḷima > aḷima > pu-a-ḷima "手套"。

6.2.2 前缀附加重叠第二式

能和词根的重叠第二式结合构词的词缀主要有 ma-、ka-、pa- 和 pu- 等。

1. ma- 附加重叠第二式

（1）ma- 附加动词根或形容词根的重叠二式派生出新词，新词具有［主动］、［状态］、［多数］、［互相］等语义特征。如：

arii "快" > ma-ari-ari "多人互相之间比快，赛跑"；

buḷas "代替，替换" > ma-bula-bulas "大家轮班、轮流"；

ɖajar "商讨，商谈" > ma-ɖaja-ɖajar "（多人）商讨，商谈了又商谈"；

kitiŋ "拉手，牵手" > ma-kiti-kitiŋ "（多数之物或人）连接起来，连接着"；

ḷinaj "玩耍" > ma-ḷina-ḷinaj "连续或重复地玩耍，（多人）游艺、游戏"；

tupi "黏液" > ma-tupi-tupi "很多东西粘贴在一起"。

（2）ma- 附加动词根重叠第二式派生出新词，使新词具有［主事］、［状态］、［重复/持续］等语义特征：

ɖaŋis "哭" > ma-ɖaŋi-ɖaŋis "哭了又哭，哭啊哭"；

lebit "用细小的棍子抽打小孩" > ma-lebi-lebit "连续或重复地抽打小孩，十分气愤"；

lemes "消失" > ma-leme-lemes "消失殆尽，不断地消失"。

（3）ma- 附加形容词根重叠第二式派生出新词，派生词的词性不变，词义是［主事］、［一般体］、［状态］、［词义深化/强化］等语义特征和词根意义的叠加和整合。如：

ḷupaw "昏" > ma-ḷupa-ḷupaw "昏昏沉沉，迷迷糊糊"；

ʈina "大" > ma-ʈinaʈina "很大，最大，极大"；

kiteŋ "小" > ma-kite-kiteŋ "细微，极小，最小，微乎其微"；

ulaŋ"疯子，发疯" > ma-ulaulaŋ"愚蠢的，稀里糊涂的"。

2. ka-附加重叠第二式

ka-附加形容词根或动词根的重叠第二式，派生出形容词，经整合后派生词的词义一般是"令人……的"。如：

saeru"笑" > ka-saeru-eru"可笑的，好笑的"；

sagar"喜欢" > ka-saga-sagar"精彩的，有趣的"；

simuk"风趣，有趣" > ka-simu-simuk"滑稽，可笑"。

3. pa-附加重叠第二式

(1) 由 pa-附加到动词根重叠第二式派生出的新词词性未变，但使新词获得[主动]、[使役]、[反复]、[持续]等语义特征。如：

ḷinaj"玩耍" > pa-lina-lianaj"使玩耍，使游戏"；

rekep"安装，设置，栓" > pa-reke-rekep"安装、设置"。

(2) pa-附加到形容词根重叠第二式，使之变成动词，新词具有[主动]、[使役]、[深化]、[描摹]等语义特征。如：

tawar"慢，缓慢，迟缓" > pa-tawa-tawar"使慢慢地，使慢吞吞的"；

ḷupaw"昏" > pa-ḷupa-ḷupaw"使昏昏沉沉，使迷迷糊糊"。

4. pu-附加重叠第二式

pu-附加一些名词根重叠第二式，派生出动词，派生词一般具有"使不断地……"等意义。如：

dare"地下，地面，地上" > pu-dare-dare"(使)降低，使降落，使不断地向下移"；

isaṯ"上面" > pu-isa-isaṯ"使不断升高，不断提升"。

6.2.3 中缀附加重叠式

1. 中缀附加重叠第一式

在考察中，尚未发现中缀-in-（含前缀 ni-）附加重叠第一式，可能是-in-的语义特征和重叠第一式的语义特征不可兼容，具体情况，有待再考。

中缀-em-（含中缀-en-、前缀 me-等变体）附加动词根、名词根、形容词根重叠第一式，使之变成行为动词，一般具有［主动］、［行为］、［进行体］等语义特征。如：

baaw "活的，生的" ＞ ba-baaw ＞ b-en-a-baaw "救命，在拯救"；

bati "传说" ＞ ba-bati ＞ b-en-a-bati "正在讲话"；

beʈa "谎言" ＞ ba-beʈa ＞ b-en-a-beʈa "在说谎话"；

baʈekar "凝固" ＞ baʈa-ʈekar ＞ b-en-aʈa-ʈekar "正在凝固"；

tusuk "刺，捅，戳" ＞ ta-tusuk ＞ t-em-a-tusuk "正在刺"；

tenun "纺织，织布" ＞ ta-terun ＞ t-em-a-tenun "在纺织，在织布"；

saipu "菜萝卜" ＞ sa-a-ipu ＞ s-em-a-a-ipu "正在做干萝卜"；

redek "到达" ＞ ra-redek ＞ me-raredek "正在到达，刚到"；

ɭapus "脱（衣物）" ＞ ɭa-ɭapus ＞ me-ɭa-ɭapus "正在解开（衣物）"；

labat "渡（河），横穿（路）" ＞ la-labat ＞ me-la-labat "在横穿，穿过"；

ɭibun "报酬" ＞ ɭa-ɭibun ＞ me-ɭa-ɭibun "在出卖劳动力，当长工，在服劳役"。

2. 中缀附加重叠二式

（1）-em-（含-en-、me-等变体）附加形容词根重叠第二式，使之变成动词，新动词一般具有［主动］、［行为］、［深化］、［描摹］等语义特征。如：

buɭaj "漂亮" ＞ buɭa-buɭaj ＞ b-en-uɭa-buɭaj "漂亮起来，打扮得漂漂亮亮的"；

samek "痒" ＞ s-em-ame-samek "浑身发痒"。

tawar"慢" > t-em-awa-tawar"逐渐的，慢慢地做"；
biʔas"热" > b-en-iʔabiʔas"天气很闷热"；
me-ranak"浪费，奢侈" > me-rana-ranak"很奢侈，奢华"；
ḻaekel"高兴" > me-ḻaeke-ekel"高高兴兴"。

（2）-em-（含-en-、me-等变体）附加动词根重叠第二式，使之变成动词，派生词一般具有[主动]、[行为]、[反复]、[短暂]、[随意]等语义特征。具体词义依语境和词根意义而定。如：

pana"箭" > p-en-ana-pana"不停地放箭头"；
pasa"步伐，一步" > p-en-asa-pasa"一步一步地走"；
saḻaw"超越" > s-em-ala-saḻaw"超了又超"；
baṭekar"坚固，固体" > b-en-aṭeka-ṭekar"凝固"；
renad"锻炼" > me- rena-renad"锻炼锻炼"。

（3）-in-（含变体 ni-）
birua"鬼" > b-in-irua-rua"鬼不断出没过的"；
ḻaḏam"知道，熟悉" > ni-ḻaḏa-ḻaḏam"曾经多次练习而得的，习得"。

6.3 复合词缀附加重叠词根

通过复合词缀附加重叠词根来派生新词的方式主要有：1.复合前缀+重叠第一式，2.复合前缀+重叠第二式，3.前缀+后缀+重叠第一式，4.前缀+后缀+重叠第二式，5.前缀+后缀+重叠混合式等五种。

6.3.1 复合前缀附加重叠第一式

1.ma-re-附加重叠第一式
ma-re-附加动词根或形容词根的重叠第一式，变成动词，派生词一般具有［主动］、［状态］、［互相］等语义特征。如：
dawil "远" > ma-re-da-dawil "疏远，互相远离"；
pulaŋ "帮助，帮忙" > ma-re-pa-pulaŋ "互相帮助"。

2. ma-re-ka 附加重叠第一式

ma-re-ka-附加形容词或心理动词根重叠第一式，使之变成动词，其词义为"越来越……"。如：
saut "细长" > mare-ka-sa-saut "越来越细"；
ṭina "大" > mare-ka-ṭa-ṭina "越来越大"；
ulane "肥，胖" > mare-u-la-lane "越来越肥胖"；
inaba "好" > mare-ka-i-na-naba "越来越好"；
saḍu "多" > mare-ka-sa-saḍu "越来越多"；
dawil "远" > mare-ka-da-dawil "越来越远"。

3. pu-ka-附加重叠第一式

pu-ka-附加数词根重叠第一式，构成序数词。如：
ḍaḍua "两个" > pu-ka-ḍaḍua "第二个，第二名，第二的"；
enem "六个" > pu-ka-a-enem "第六，第六个，第六名" > pukaanem；
tuḷun "三" > pu-ka-ta-tuḷun "第三，第三个，第三名"；
ḷimaʔ "五" > puka-ḷa-limaʔ "第五，第五个，第五名"。

4. pa-ke 附加重叠第一式

pa-ke-附加动词根，使之变成语义相关的动词。只找到一例：
ladam "知道" > pa-ke-la-ladam "通信，信号，打暗号"。

6.3.2 复合前缀附加重叠第二式

1. ma-ka-附加重叠第二式

ma-ka-附加方向名词根重叠第二式，使词义深化。如：
timul "南" > maka-timutimul "极南，南极，最南边的"；
ḷaud "东" > mɑka-ḷauḷaud "东方，东方极远处"；

ami "北" > maka-amiami "极北，北极，最北边的";
daja "西" > makadajadaja-an "西方人";
daja "西" > maka-dajadaja "西方，西方极远处"。

2. ma-ra 附加重叠第二式

ma-ra-附加形容词根重叠第二式，使之变成形容词的最高级。如：

adare "低，矮" > ma-ra-adare-dare "最低的，最矮的，最下层的，最下等的";
asaṯ "高" > ma-ra-asa-asat "最高";
bekal "新" > ma-ra-beka-bekal "最新的";
inaba "好" > ma-ra-inaba-naba "最好的，最佳的，最优秀的";
maṯina "大" > ma-ra-matina-tina "最大的";
saima "少" > ma-ra-saima-ima "最少的";
bias "热" > ma-ra-bia-bias "最热的"。

3. ma-re 附加重叠第二式

ma-re-附加动词根重叠第二式派生出新的动词，新动词一般具有［主动］、［状态］、［互相］等语义特征。如：

buḷas "代替" > ma-re-bula-bulas "轮流";
paseki "固执己见" > ma-re-paseki-seki "互不相让";
nau "看" > ma-re-menau-nau "互相看";
kameli "不同" > ma-re-kameli-meli "各种各样"。

4. mu-附加重叠第二式

mu-附加动词根重叠第二式派生出新的动词，派生词词性不变，一般具有［主动］、［自动］、［位移］、［趋向］、［反复］、［持续］、［一般体］等语义特征。如：

daŋi "行走" > mu-daŋidaŋi "走来走去，散散步";
uisaṯ "上去，上来" > muisaisat "升级，升高，毕业";

rabak"怀抱" > mu-rabarabak"包括在里面";
linaw"盘旋" > mu-linalinaw"盘旋";
biji"飞" > mu-bijibiji"乱飞,飞来飞去";
ḷius"转,旋转" > mu-liulius"自动地不停地旋转"。

5. pa- re-附加重叠第二式

pa- re-附加动词或名词根重叠第二式,使之成为动词,派生词一般具有[主动]、[使役]、[互相]等语义特征。如:

ḍuma"别的,另外,其他" > pa-re-ḍuma-ḍuma"辨别,划分,分类";
sepi"撕,扯" > pa-re-sepi-sepi"扳开,分株,分兜,分棵";
simuk"笑,风趣,笑话" > pa-re-simu-simuk"互相开玩笑,互相取笑"。

6.3.3 前缀后缀附加重叠第一式

1. ka- + 重叠第一式 + -an

ka- + -an 附加形容词或心理动词根重叠第一式,使之变成名词,整合后派生词的词义一般是"……时间或处所"。如:

kuatis"坏" > ka-kuɑatis-an"坏处";
menin"干旱" > ka-a-min-an"旱季";
meli"不,有误" > ka-ma-meli-an"不同之处";
risan"相同" > ka-ra-risan-an"相似之处";
sikasik"出发,动身" > ka-si-a-kasik-an"出发时间"。

2. ka- + 重叠第一式 + -an

ka- + -an 附加形容词或心理动词重叠第一式,使之变成名词,词义一般为"……程度"等等。如:

ḍekan"宽" > ka-ḍaḍekan-an"宽度";
iḍiḍiw"瘦" > ka-iḍa-ḍiḍiw-an"瘦的程度,消瘦的样子";

inaba"好" > ka-ina-naba-an"好的程度，好的地方"。

3. ki- + 重叠第一式 + -an

ki- + -an 附加动词根或名词根重叠第一式，使变成处所名词或一般的名词。如：

geɬa"腼腆，含羞，客气" > ki-ageɬa-an"礼貌，礼节"；
gulgul"理发" > ki-gu-a-lgul-an"理发馆"；
taɲila"耳朵" > ki-taɲila-ɲila-an"采集木耳的地方"。

4. pa- + 重叠第一式 + -an

pa- + -an 附加动词根重叠第一式，变成名词，派生词或表示工具，或表示处所等等。如：

keɖeŋ"拉，牵" > pa-ka-keɖeŋ-an"橇（拉木柴的滑行工具）"；
kuatis"坏的" > pa-ka-kuatis-an"危害性"；
suruk"指派或指使去做" > pa-sa-suruk-an"办事员"；
susu"乳房" > pa-sa-susu-an"喂奶的地方"。

5. pu-a- + 重叠第一式 + -an

pu-a- + -an 附加名词根上，使之变成名词，该派生名词一般具有［被动］、［使役］、［受事］、［工具］、［处所］等语义特征，整合后的词义为"存放……的工具兼处所；关……的工具兼处所"。名词根为逻辑受事。

（1）一般名词根，如：

dare"地下" > pu-a-dare-an"卸货处"；
enaj"水" > pu-a-enaj-an"水池，水箱"；
iɖus"木勺" > pu-a-iɖus-an"木勺筐"；
imar"脂肪" > pu-a-imar-an"油罐"；
kipiŋ"上衣" > pu-a-kipiŋ-an"衣箱"；
kiruan"衣物" > pu-a-kiruan-an"衣柜"。

（2）表动物的名词根，如：

ʔajam"鸟" > puʔaʔajam-an"鸟笼";
siriʔ"羊" > puasiriʔ-an"羊圈";
guŋ"牛" > puaguaŋ-an"牛圈";
turkuk"鸡" > puaturkuk-an"鸡笼";
iuŋ"猪" > pualiuŋ-an"猪圈"。

6.3.4 前缀后缀附加重叠第二式

1. ka- + 重叠第二式 + -an

ka- + -an 附加形容词、心理动词或名词根重叠第二式，使之变成名词，一般具有［应该］、［反复］、［深化］、［时间］、［处所］等语义特征。如：

l̥inaj"玩耍" > ka-l̥ina-l̥inaj-an"运动场";
sel̥u"笋" > ka-sel̥u-sel̥u-an"（应该）出竹笋的季节";
sagar"喜欢，喜爱" > ka-saga-sagar-an"有趣的地方"。

2. ka- + 重叠第二式 + -aw

ka- + -aw 附加形容词或心理动词根重叠第二式，变成动词，具有［被动］、［反复］、［深化］等语义特征。

l̥inaj"玩耍" > ka-l̥ina-l̥inaj-aw"被玩弄了，遭多次玩弄"。

3. ka- + 重叠第二式 + -aj

ka- + -aj 形容词或心理动词根重叠第二式，变成动词，主要具有［被动］、［反复］、［深化］等语义特征。

saeru"笑" > ka-saeru-eru-aj"被嘲笑的"。

4. ki- + 重叠第二式 + -an

ki- + -an 附加名词根或动词根重叠第二式，变成名词，派生词主要具有［反复］、［向内］、［猎获/收集］、［处所］、［时间］等语义特征。

bul̥as"替代" > ki-bul̥a-bul̥as-an"经常借、租的方法或地方";

kuraw"鱼" > ki-kura-kuraw-an"渔场,经常捕鱼的地方"。

5. pa- + 重叠第二式 + -an

pa- + -an 附加动词根或名词根重叠第二式,使之变成名词,派生词主要具有［使役］、［反复］、［工具］、［处所］等语义特征。如:

lupe"闭眼" > pa-lupe-lupe-an"觉明草";

runi"声音" > pa-runi-runi-an"响声器";

sata"税务,税收" > pa-sata-sata-an"税务局、税务所、交税的地方";

suruk"推举,指派,指使" > pa-suru-suruk-an"办事处,办事的人多"。

6. pu- + 重叠第二式 + -aw

pu- + -aw 附加词根的第二重叠式,使之变成动词,派生词的词义为［使动］、［趋向/移动］、［被动］、［一般体/完成体］、［重复/持续］、［深化/强化］和词根的意义的叠加整合。如:

dare"地下,地面,地上" > pu-dare-dare-aw"降低,使降落,不断地向下移";

isaṭ"上面,上方" > pu-isa-isaṭ-aw"被提拔,被提级,被提高,被提升,被抬高";

sa"一" > pu-kasa-kasa-aw"合起来,综合起来,总共,总计"。

7. ra- + 重叠第二式 + -an

ra- + -an 附加名词根重叠二式,使之变成动词或名词,派生词往往具有并突显该名词根所表达的某种特征。如:

damuk"血" > ra-damu-damuk-an"血淋淋的,血迹斑斑,血很多";

dapal"脚" > ra-dapa-dapal-an"脚特大的,脚特长的";

ɖaŋuru"头,脑袋" > ra-ɖaŋuru-ŋuru-an"大脑袋,头特大,

大头儿";

gumul"毛，汗毛" > ra-gumu-gumul-an"毛茸茸的，毛多的，长很多汗毛的";

maţa"眼睛" > ra-maţa-maţa-an"大眼睛，眼珠突出";

suaŋ"（牛羊的）角" > ra-sua-suaŋ-an"大牛角，角特别大"。

6.3.5 前缀后缀附加重叠混合式

前缀 ma-附加在动词根的重叠第三式上，表示［主事］、［进行体/一般体］、［状态］、［多数］、［两者］、［互相］和词根意义的叠加和整合，即"多数之间两两互相……"。

keḍeŋ"拉，牵，拽" > ma-ka-kede-kedeŋ"（多人之间）互相拉、拔河";

sulud"推" > ma-sa-sulu-sulud"（多数之间两两）互相推动、推卸、推诿责任";

surut"喷" > ma-sa-suru-surut"（多数人之间两两互相）对喷";

tupi"黏液" > ma-ta-tupi-tupi"（很多东西之间两两）互相粘在一块";

araw"抢夺" > ma-a-ara-araw"（多人之间两两）互相抢夺、争夺";

ḍajar"商谈，商量，商讨" > ma-ḍaḍajaḍajar"（多人）互相商量、商讨、商谈"。

kiaŋer"想" > pa-ki-aŋ-aŋer-aw"被别人让想了又想、考虑考虑";

risan"同" > pa-risa-risan-aw"（很多东西）被弄成一样";

agel"焦急，快" > pa-ageagel-u"让别人走快点！让他快点走开！（祈使）" > pageagelu;

laman"同情，可怜，怜惜，可惜" > ka-lamalam-an"可怜

的，可惜的，穷态，穷困"。

6.4 本章小结

通过分析，我们认识到卑南语的重叠构词在派生新词中占有重要位置。三种重叠方式中，主要是用第一式和第二式重叠来构词和构形。

动词根重叠第一式一般具有［工具］、［原料］、［名物化］、［将行体］等语义特征。名词根重叠第一式一般具有［泛化/抽象化］、［每个］等语义特征。

动词根重叠第二式常常具有［反复］、［持续］、［短暂］、［随意］、［描摹］等语义特征；形容词根重叠第二式通常具有［深化］、［描摹］等语义特征；名词根重叠第二式一般具有［众多］、［处所］等语义特征。

重叠形式能被前缀、前缀+前缀、中缀、后缀等等所附加，派生出大量的新词。这些派生词的意义都是由词根意义、重叠形式的语义特征和所有参与派生的词缀的语义特征叠加整合而成。在派生词内词缀顺序序列中，重叠形式一般都比词缀处于内层。

第七章 结　　论

通过对卑南语构词法的结构模式及其语义特征描写和分析，对卑南语的构词法有以下几点粗浅的认识。

一、在构词过程中所叠加的音节因受词形模式、发音经济原则和不产生歧义原则的制约，一般要进行整合

通过考察分析得知，卑南语的词形模式为：[C+V]n+[C+V+(C)]。

从音节的角度来看，卑南语在构词过程中，不管是通过附加方式还是重叠方式，或者是通过附加兼重叠方式，都是在词根上叠加音节。为了遵循词形模式和发音的经济原则，对所叠加的音节进行调整，进而发生了增音、减音、变音等现象。具体如下：

如果词根是以元音作为开头，前缀是以元音结尾，那么在前缀和词根之间往往插入清喉塞音ʔ；再如果这个开头元音和前缀的元音相同，该词使用频率很高，这两个相同的元音往往合并成一个元音。

按第一方式进行重叠词根时，有时把重叠后的倒数第三个音节的辅音省去；这时，如果这个词根以 u 开头（含附加前缀 u-的派生词根），u 和 a 这两个元音再次进行整合而发生音变，位于前面的 u 变成半元音 w，使之成为 wa；按第二方式进行重叠时，如果词根最后的音素是辅音，一律把经过重叠后的词的倒数第三个音节的辅音去掉；摹声拟态词，有时在辅音丛之间嵌入元音 a、e 或 i；第二式重叠，如果词根里含有卷舌音 ḷ、ṭ 或 ḍ，那么重叠模式里第二个卷舌音往往发生去卷舌化现象。

当中缀-em-附加在以双唇塞音 p 和 b 为首的词根时，m 异化成 n；当中缀-em-及其变体-en-附加在词根上时，如果词根第一个音节的辅音是双唇塞音 b 和 p，元音是 u，那么 e 常同化成 u；如果词根第一个音节的元音是 i，则同化成 i（即-em- > -im-，或-em-有-en-、-un-、-um-和-im-变体）。

当后缀-an、-aw、-aj、-anaj、-u 或-i 附加在以元音 i 结尾的词根时，往往在 i 和后缀之间插入半元音 j；以元音 a 或 u 结尾的词根，被后缀-u 或以 a 开头的后缀所附加时，中间一般也要插入半元音 j，少数以元音 u 结尾的词根，当被附加上后缀-an、-aw、-aj、-anaj 时，在 u 和 a 之间插入半元音 w。

词根在重叠或被词缀所附加时，尤其是既重叠又附加词缀时，由于词内音节数目的剧增和发音要遵循经济的原则的要求，词根里发音较难的卷舌辅音 ḷ、ḍ 和 ṭ 尤其是 ḍ 常常发生松化，出现去卷舌化和浊音清化倾向。

词形是单音节时，无相对重音；附加词缀或重叠时，该词形自然获得重音并落在最后的音节上；多音节词形附加前缀和中缀时，重音无须调整；但附加后缀时，重音必须调整到最后的音节上。

二、卑南语派生层次的词缀数量少构词能力比较弱，但是屈折层次的词缀很活跃，很有生命力；派生词的产生要经过叠加整合的过程

和一些台湾南岛语相比，卑南语组词层次的前缀甚少，而且除了 i-和 u-外，其余的附加能力已经很弱，有的只能派生一两个词根，或许仅为卑南语古代构词之遗存。但 i-、ra-、re- 和 u-和其他词缀的组合能力仍很强。

卑南语形态兼组词层次和纯形态层次的词缀丰富，构词能力活跃。表示格位的前缀有三个：i- 附加在指示代词词根上，使之变成主格；kan- 附加在指示代词和人称代词词根上，使之变成宾格；nan- 附加在人称代词词根上，使之变成属格。

动词的词缀异常丰富繁杂。卑南语的许多语法范畴都通过这些词缀体现出来（具体情况，请参阅本书4.4）。

卑南语的中缀只有两个：-em-和-in-，并且分别跟前缀 me- 和 ni-互补分布，前缀附加在以流音和鼻音开头的词根而中缀则附加在以塞音（含擦音 s）开头的词根。

名词后缀-an 附加能力很强，能附加在名词根、指示代词根、动词根和形容词根上，使这些词根变成各种名词，具有［类化/抽象化］、［名词性］、［时间］、［处所/地方］、［工具］、［方法］、［方式/样子］等语义特征。

单纯词缀一般都具有许多语义特征，是多项语义特征的集合。从语义的角度来看，附加派生法就是在词根意义的基础上叠加这些语义特征。但在派生过程中，常常根据情况对集合中的语义特征项进行取舍，才能产生意义合格的派生词。取舍何项，往往受以下条件的制约：（1）词根的词义，如名词，可分工具、原料等等；（2）派生词和词根的语法逻辑关系，如逻辑主事、逻辑受事等；（3）派生词隐性的语义角色；（4）具体语境。简言之，派生词的产生要经过叠加整合的心理加工过程。

三、关于复合词缀，有以下的初步认识：

卑南语一般的复合词缀有六种结构模式：（1）前缀＋前缀，（2）前缀＋前缀＋前缀，（3）中缀＋后缀，（4）前缀＋后缀，（5）前缀＋前缀＋后缀和（6）前缀＋中缀＋后缀。其中（1）至（4）较多。

复合词缀派生新词是有序的，一般都由内向外逐层地派生。由复合词缀派生的单词，它的结构是有层次的，层次是由派生的顺序来决定，与空间分布无关。在派生词内的各个词缀的顺序序列中,词缀的语义辖域、包含的语法意义的分量跟它与词根所处的层次或位置成正比,越是处在外层,词缀的语义辖域就越大,语法意义所占的分量也越大;词缀和词根语义的紧密度跟它与词根所处的层次成反比,越是处在外层,它与词根的语义关系紧密度越小;反之亦然。

词的派生过程总是在词根上逐层叠加词缀,若内层词缀和外层词缀之间的某项语义特征相互矛盾,则将内层词缀与之矛盾的语义特征项清除,最外层词缀的性质和特征往往决定该派生词的词性地位和语法特征。

总之,附加复合词缀一般是一层一层地从内向外地进行,每增加一个层次一般都经过叠加整合的心理加工过程。

四、重叠构词是卑南语的主要构词法之一,重叠派生新词也经历叠加整合心理加工过程

卑南语有三种重叠模式:重叠第一式、第二式和混合式,但主要是用第一式和第二式重叠来构词。

动词根重叠第一式一般具有［工具］、［原料］、［名物化］、［将行体］等语义特征。名词根重叠第一式一般具有［泛化/抽象化］、［每个］等语义特征。

动词根重叠第二式常常具有［反复］、［持续］、［短暂］、［随意］、［描摹］等语义特征;形容词根重叠第二式通常具有［深化］、［描摹］等语义特征;名词根重叠第二式一般具有［众多］、［处所］等语义特征。

重叠形式能被前缀、前缀+前缀、中缀、后缀等等所附加,派生出大量的新词。这些派生词的意义都是由词根意义、重叠形式的语义特征和所有参与派生的词缀的语义特征叠加整合而成。在派生词内的词缀顺序序列中,重叠形式一般比词缀都处于内层。

综上所述，词根是卑南语的构词过程中必不可少的要素和进行构词的基础。从语义的角度来看，构词（不管是附加构词还是重叠构词）就是在词根的基本意义的基础上叠加一些表类别和表语法功能的附加意义，使之变成新词。由于每个词缀或每种重叠法的意义都是一组相关语义特征的集合，所以当这些语义特征跟具体的词根的基本意义结合时，必然要有所取舍，做适当的调整，使意义符合逻辑，最后才把意义合格的新词输出。

从语音的角度来看，构词就是在词根音节的基础上再叠加一些音节，然后对因叠加而产生的音节进行调整，使之符合卑南语的词形模式，同时遵循发音的经济原则不发生歧义原则，最后把理想的词形输出。

所以，无论是在语音还是在词义层面上，构词的过程都由输入、叠加、过滤、整合和输出五个环节构成。首先是输入，就是根据表达的需要在词根上附加相应的词缀或重叠词根，然后是对所叠加内容进行过滤，查看所输入的内容在和词根的内容是否兼容，之后便是将过滤过的内容进行整合（对候选语义特征进行舍取和调整），使之在语音和语义方面都符合卑南语的词形模式和语义组合规律，最后把经过整合过的符合规律的内容输出。这个过程可以写成：

输入—叠加—过滤—整合—输出

五、存在的主要问题和今后的主要工作

本文主要是根据现存的语料来展开研究的。主观而言，笔者是想竭力忠实原文，但毕竟不是母语，有的地方，理解可能有偏差。在目前无发音合作人的情况下，有些工作笔者虽然做了，但不敢贸然下笔。主要存在问题有：

还没有理清词缀之间的转换规律。词缀之间是可以转换的，这是语法范畴需要所致。如，表示主动的词缀就有 ma-, me-,

(-em-、-en-等)、pa-等，表示被动的词缀就有 -in-(ni-)、-aw、-aj、-an、-anaj，到底它们之间是怎样转换的？

有的词缀，特别是比较复杂的复合词缀的例词比较少。

针对以上问题，今后若条件允许，笔者将收集更多的材料，做更深入的实地调查，把以上问题解决，为以后从事卑南语的句法研究创造条件。

附录一 词缀构词汇编

中缀 -in-

baiṭ（baiṭ?）① "焦，烧，焚" > b-in-aiṭ "被焚烧过的" > binaiṭ-an/binaiṭ-aŋ "废墟"。

bali "天阴，阴凉，遮阴处" > b-in-ali "被遮阴的" > binali-an/binali-aŋ "树荫，荫凉处"。

baḷi "风" > b-in-aḷi "被风吹过的" > b-in-aḷi-an "被风吹过的地方"。

bariaw(?) "包" > b-in-ariaw "用丝瓜叶和甘蔗叶包的黏糕"。

barsukan "打桩" > b-in-arsukan "（被）打桩的"。

beras "粒（米）" > bera-beras "粒粒（米）" > b-in-eraberas "江米，糯米"。

bias/biʔas "热" > b-in-ias "（被）加热的，被烧热过的"。

birua "神，鬼，鬼神" > birua-rua "鬼（复数）" > b-in-iru-arua "被鬼怪光顾过的"。

dapal "脚" > d-in-apal "被脚踩过的" > dinapal-an "脚印，

---

① （?）表示存疑，词根是推测而来，因为在词典找不到相应的根词。如果括号内的问号之前写有单词，这个单词是从其他文献中找到的近似形式。例如 binaiṭ 一词，根据类推，其词根应该是 baiṭ，但是词典中找不到，但在其他文献中找到 bait。文中尽可能保留原书中的原始记录，以资研究与参考。

足迹"。

dares（?）"砸，压" > d-in-ares "被砸过的，被压过的"。

dawaj "制造，仿造，做" > d-in-awaj "（被）制作的，制造的"。

dikes "握住，拿住" > d-in-ikes "被拿住的，被把持或把握过的"。

ḍimut "抓，捕，捕获" > ḍ-in-imut "被抓来的，被捕捉的，捕获的"。

garetim "剪刀" > g-in-aretim "被剪掉的，被剪下的"。

garetim "剪刀" > g-in-aretim "被剪掉的，被剪下的" > ginaretim-an "被剪掉的东西，被剪下的东西"。

abalu（?）"忘记" > -in-abalu "被忘掉的，忘记的" > inabalu-an "忘掉，忘记的"。

aḍuk "收集，捡" > adu-aduk "捡了又捡" > -in-aduaduk "（被）采集的，（被）堆积的"。

aḍuk "收集，捡" > -in-aduk "拾到的，（被）拣的"。

atek "砍" > -in-atek "（被）砍下的、砍掉的"。

atek "砍" > -in-atek "（被）砍下的、砍掉的" > inatek-an/inatek-aŋ "被砍伤的疤痕"。

uisaṭ "上去，上来" > -in-uisaṭ "被上过的" > inuisaṭ -an "被上过的地方"。

uled "虫子" > -in-uled "被虫子蛀过的" > inuled-an "被虫子蛀过的地方，蛀痕"。

paṭaran "外表，外层" > u-paṭaran "出外" > -in-upaṭaran "出来的，出生的" > inupaṭaran-an "出来的地方，出生地，籍贯"（mupaṭaran "出生，外出"）。

uri "掺" > -in-uri "被掺杂过的"。

ruma "家，房子" > u-ruma "回家" > -in-uruma "回过家

的">inuruma-an/inuruma-aŋ"归家，回家，归来"。

sabak"里，内">u-sabak"进来，进去">-in-usabak"被进入过的">inusabak-an"被进入过的地方"。

usiwa"分岔">-in-usiwa"分岔过的">inusiwa-an"（被）走过的岔路"。

ţekip"（衣服）叠，叠印儿">u-ţekip"变成叠印儿">-in-uţekip"（衣服）被折叠过的">inuţekip-an/inuţekip-aŋ"（被叠过留下的）折痕，叠印"。

ţikel"折，弄断（树木）">u-ţikel>-in-uţikel"被折断过的">inuţikel-an/inuţikl-an"（树木）折断的地方"。

baaw"活的，生的">ka-baaw"活的状态">k-in-abaaw"出生过的，生活过的">kinabaaw-an"生活过的地方，出生地"。

kadaw"太阳">k-in-adaw"被太阳晒过的">kinadaw-an"被太阳晒过的地方，有阳光的地方"。

kalaŋ"过去，过路，让过去，让通过">ka-kalaŋ>k-in-akalaŋ"走过来的">kinakalaŋ-an"走过来之道，经历，一生"。

kalaŋ"过去，过路，让过去，让通过">k-in-alaŋ"（路被人）走过的、经历过的">kinalaŋ-an"通过或经历过的地方"。

karami(?)"发根">k-in-arami"发根的，发源的">kinarami-an"起源、起来的地方"。

maraŋer"想，有想法，有心思">karaŋer"想，有心思，有想法（名词）">k-in-araŋer"有想法的，">kinaraŋer-an"志向，意图，意愿"。

sabeḻaw"饥饿">ka-sabeḻaw"饿，饿的状况">k-in-asabeḻaw"被饥饿的">kinabeḻaw-an"断粮、断炊的时候"。

sadeku"温暖，暖和">ka-sadeku"温度，温暖（名词）">k-in-asadeku"被加热过的，被加温过的">kinasadeku-an"接受

温暖的部位、被加温过的地方"。

saḍu"多"＞ka-saḍu"多（名词）"＞k-in-asaḍu"增多的"＞kinasaḍu-an"想得到多的"。

saeru"笑"＞ka-saeru"笑（名词）"＞k-in-asaeru"可笑的，被别人笑过的"＞kinasaeru-an"被别人笑，被笑过的对象"。

sagar"喜欢，爱"＞ka-sagar"喜欢，爱（名词）"＞k-in-asagar"被爱上的对象，爱人，情人"。

sagar"喜欢，爱"＞ka-sagar"喜欢，爱（名词）"＞k-in-asagar"被爱上的"＞kinasagar-an"喜欢的地方，喜欢的"。

saima"少"＞ka-saima"少（名词）"＞k-in-asaima"被减少的"。

sajgu"会，聪明"＞ka-sajgu"会，聪明（名词）"＞k-in-asajgu"看得懂的，被领会的"。

sajgu"会，聪明"＞ka-sajgu"会，聪明（名词）"＞k-in-asajgu"看得懂的，被领会的"＞kinasajgu-an"被人领会的地方，熟悉的地方"。

seŋa（?）"腻，油腻"＞ka-seŋa"腻，油腻（名词）"＞k-in-aseŋa"腻味的"（maseŋa"腻，油腻"）。

sepel"忧伤"＞ka-sepel"忧伤（名词）"＞k-in-asepel"令人忧伤的"。

kasu"携带"＞k-in-asu"（被）带来的，携带的"。

supeŋ"想念，思念"＞ka-supeŋ"想念，思念（名词）"＞k-in-asupeŋ"被想念的"＞kinasupeŋ-an"被想念的对象"。

sali/saŋli/saŋeli"田螺"＞ki-sali"捡田螺"＞k-in-isali"被捡过的田螺"＞kinisali-an"捡过田螺的地方"。

sepad"分配"＞ki-sepad（?）"让或请第三者分配给（自己）"＞k-in-isepad"分来的，分得的"。

kuret"约定，限定，规定"＞k-in-uret"规定，固定，规则"。

apeteʔu（？）"收集，收回，收存" > pa-apetet "使收集，使收回，使收存" > p-in-aapet "被保存的，被储存的（钱物等）"。

ated "送，护送" > pa-ated "使护送，使送去" > p-in-aated "（被）寄送的，被寄来的"。

beraj "带来" > pa-beraj "使带来" > p-in-aberaj "请带来的，请捎来的"。

buḷas "代替" > pa-buḷas "使代替" > p-in-abuḷas "（被）借贷的，（被）借给的"。

ḍaŋal "贵重，珍贵" > pa-ḍaŋal "昂贵，使价钱贵" > p-in-aḍaŋal "被视为珍贵的"。

kalaŋ "让路，通过（路）" > pa-kalaŋ "使通过（路），让路" > p-in-akalaŋ "被通过的，让过路的" > pinakalaŋ-an "走过的路，为人之道"。

kasu "携带" > pa-kasu "使携带" > p-in-akasu "请捎来，托人捎去"。

ladam/laḍam "习惯，熟悉，知道，会，懂" > pa-ladam "使习惯，使熟悉，使知道，使会，使懂" > p-in-aladam "受过教育的，有教养的，驯服的，驯养的（动物）"。

pamili "挑选" > p-inamili "（被）挑选出来的，选择出来的，被选出来的"。

udal/ʔudal "雨" > pa-udal "使被淋" > p-in-audal "被雨淋过的，遇雨的"。

paragan "建立" > p-in-aragan "建立、树立起来的，建筑物"。

sabal "早，早起" > pa-sabal "使早，使早起" > p-in-asabal "被早早弄醒"。

sabuŋ "惩罚，刑罚，处分" > pa-sabuŋ "使处分，使惩罚"

> p-in-asabuŋ "被惩罚的"。

saŋa "制造，做" > pa-saŋa "使做，使制造" > p-in-asaŋa "请别人做过的，定做的"。

sata "税，税收" > pa-sata "使上税" > p-in-asata "收税"。

senan "光亮" > pa-senan "使光亮，照" > p-in-asenan "被照亮的"。

sikasik "出发，动身" > pa-sikasik "使出发，使动身" > p-in-asikasik "（我）被迫动身"。

susu "奶" > pa-susu "使吃奶，喂奶" > p-in-asusu "喂过奶的，吃奶长大的"。

teḍel "直的，正直的" > pa-tedel（？）"使直，使正直" > p-in-atedel "正直中肯的话，确实的（人）"。

tilil "字，画，文章，花纹" > pa-tilil "使写，使画" > p-in-atilil "请写过的字、信"。

pa-tuŋul（？）"接火" > p-in-atuŋul（？）"焊接过的" > pinatuŋul-an "接口或焊接，焊口的地方"。

pere（？）"拧干，勒紧" > p-in-ere "拧过的毛巾，被勒死的"。

sepad "分配" > pa-re-sepad "使处在分配状态" > p-in-are-sepad/pineresepad "被肢解"。

kipiŋ "衣服" > pi-kipiŋ "给…穿着衣服" > p-in-ikipiŋ "被穿过的，穿上的"。

kipiŋ "衣服" > pi-kipiŋ "给…穿着衣服" > p-in-ikipiŋ "被穿过的，穿上的" > pinikipiŋ-an "穿过的上衣"。

kiruan "衣服，衣物" > pi-kiruan "给…穿着衣服" > p-in-ikiruan "被穿上的" > pinikiruan-an "穿衣物的模样儿"。

pinaṭaj（？）"弄死" > p-in-inaṭaj "被杀害的，被打死的，被害死的"（minaṭaj "死了"）。

sikaw"网袋，背袋" > pi-sikaw"带网袋" > p-in-isikaw"使用过的网袋"。

siwgu"水牯，水牛" > pi-siwgu"牵水牛" > p-in-isiwgu"使用过的水牛"。

sukun"（女）裙子" > pi-sukun"给…穿裙子" > p-in-isukun"被穿过的裙子"。

daḷan"路" > u-daḷan"变成路" > p-udaḷan"使变成路" > p-in-udaḷan"被修成路的" > pinudaḷan-an"修过的路，家族名称"。

saṭ/saṭ"上面" > isaṭ/isaṭ"到上面，在上面" > u-isaṭ"移到上面" > p-uisaṭ"使移到上面" > p-in-uisaṭ"被弄上去，被移到上面"。

paṭaran"外表，外面" > u-paṭaran"向外移动" p-upaṭaran"使外移，掏出，取出" > p-in-upaṭaran"被掏出的，被取出的，支出的"。

sabak"里面" > u-sabak"往里移动，进入" > p-usabak"使进入，收入，存入" > p-in-usabak"被进入过的，所得的，被存入的"。

sabsab"洗" > s-in-absab"被洗涤过的"。

sabun"肥皂" > s-in-abun"被打上肥皂的" > sinabun-an"打上肥皂的地方"。

saer"插上" > s-in-aer"被插上的" > sinaer-an"被插上的地方"。

sait"挂" > s-in-ait"被挂上的" > sinait-an"挂过东西的地方"。

sakerup"铲" > s-in-akerup"被铲掉的，被铲过的"。

sakerup"铲" > s-in-akerup"被铲掉的，被铲过的" > sinakerup-an"被铲过的地方"。

saleked"门闩" > s-in-aleked"被闩的，门被闩上了"。

saḷem"种" > s-in-alem"被种上了，被种过的"。

saḷem"种" > s-in-alem/s-in-aḷem"被种上了，被种过的" > sinalem-an/sinaḷem-an"被种植过的地方，种植地"。

saliabuŋ"头巾" > s-in-aliabuŋ"包过的头巾"。

salsal"薄" > s-in-alsal"被弄薄了（的）"。

saḷaj"套绳" > s-in-aḷaj"被套上了（的）"。

saḷaj"套绳" > s-in-aḷaj"被套上了（的）" > sinaḷaj-an"被套绳套住的地方"。

sama"余留" > s-in-ama"被剩下的"。

samek"痒" > s-in-amek"被弄痒的" > sinamek-an"发痒的地方"。

samu"残废" > s-in-amu"被弄成残废（的）"。

saŋa"制造，做，仿造" > s-in-aŋa"被制造"。

saŋa"制造，做，仿造" > saŋa-saŋa"仿造了又仿造" > s-in-aŋasaŋa"（东西被）做成的模型，制成的原产品"。

saŋajaŋaj"凉棚" > s-in-aŋajaŋaj"（东西）被搭成凉棚（了）"。

saŋajaŋaj"凉棚" > s-in-aŋajaŋaj"（东西）被搭成凉棚（了）" > sinaŋajaŋaj-an"搭凉棚的地方"。

saʔadaŋ(?)"挂" > s-in-aʔadaŋ"给挂起来的"。

saresar"钻" > s-in-aresar"被钻破，被钻透的"。

saresar"钻" > s-in-aresar"被钻破，被钻透的" > sinaresar-an"被钻过的地方"。

sari"锉，刨" > s-in-ari"被锉过，被刨过"。

sari"锉，刨" > s-in-ari"被锉过，被刨过" > sinari-an"被锉过的地方，被锉过的痕迹"。

rubuŋ"刀鞘，剑套" > sa-rubuŋ"插刀，刀入鞘" > s-in-arubuŋ"被插的（刀）"。

salem "种" > sa-salem "种子，苗子" > s-in-asalem "被栽种过的种子或苗子，庄稼，农作物"。

sajda "苏打水，汽水" > s-in-ajda "（东西）被制成汽水"。

sajgu "师傅，会，聪明" > s-in-ajgu "被师傅做过的"。

sajna "菜篮" > s-in-ajna "被篮子装着的"。

sajtu "菜刀" > s-in-ajtu "被刀切过的" > sinajtu-an "被刀切过的地方，刀痕，刀疤"。

sebeŋ "墙壁，草墙，风障" > s-in-ebeŋ "被搭起的挡风屏障"。

sekaɖ/sekad "干完，完成，完毕" > s-in-ekaɖ "被完成的、被做好的工作"。

seki "指甲" > s-in-eki "被指甲抓过的，指痕"。

seki "指甲" > s-in-eki "被指甲抓过的，指痕" > sineki-an "被指甲抠过的地方，抓痕"。

seksek "塞，堵" > s-in-eksek "被塞紧，被堵塞，被塞住"。

sekut "弯曲" > s-in-ekut "被弄弯的"。

selap "扫" > s-in-elap "被扫掉的"。

sepad "分配" > s-in-epaɖ "被分给"。

sepu "用手掰" > s-in-epu "被掰断"。

sirep "吸" > s-in-irep "被吸进去"。

seksek "一角，一隅，角落" > s-in-eksek "围成一角"。

sibat "拦鬼路标，禁行路标，路标" > s-in-ibat "路标被插过的" > sinibat-an "过时的路标，不用的路标"。

sieḷas "小石子" > s-in-ieḷas "小石子被用过的、被铺过的" > sinieḷas-an "铺上石子的，铺上小石子的路"。

siesi "被风吹进屋里的雨水" > s-in-iesi "被吹进屋里的雨水打湿的" > siniesi-an "雨水刮进屋里而淤积的地方"。

siksik "劈竹声，把竹子劈成细条（做火把用）" > s-in-iksik

"竹子被劈成小条儿"。

siḻa"撕,撕裂"＞s-in-iḻa"被撕开"＞sinila-an"被撕开的"。

siluk"腌,卤"＞s-in-iluk"被用来作为腌或卤的东西(原料),(腌鱼的)盐水"。

siḻeb"舀"＞s-in-iḻeb"被舀上来"。

sipul"抹,拭"＞s-in-ipul"被抹过的"＞sinipul-an"被抹过的地方"。

sibuŋ"亏本,蚀本"＞s-in-ibuŋ"受亏损"。

siraw"(鱼肉)卤或腌"＞s-in-iraw"被卤过的食品"。

sirit"撕下"＞s-in-irit"被撕下来"。

sisip"吸,烟嘴"＞s-in-isip"被吸"。

sisip"吸,烟嘴"＞s-in-isip"被吸"＞sinisip-an"被吸的东西"。

siukuj"大木桶"＞s-in-iukuj"大木桶打来的水"。

suʔaŋ"牛羊的角"＞s-in-uaŋ"被(牛羊用角)撞过"。

suʔaŋ"牛羊的角"＞s-in-uaŋ/ s-in-uʔaŋ"被(牛羊用角)撞过"＞sinuʔaŋ-an"被(牛羊用角)撞过的地方"。

suʔaŋ"牛羊的角"＞sua-suaŋ"(牛羊用角)撞了又撞"＞s-in-uasuaŋ"被(牛羊用角)撞了又撞过的"＞sinuasuaŋ-an"多次被(牛羊用角)撞过的地方"。

suḍip/sudip"斧头"＞s-in-udip"被人用斧头砍过的"＞sin-udip-an"被斧头砍过的痕迹"。

sudsud/suḍsuḍ"刹草,除草,锄草"＞s-in-udsud"锄下来的草,草被锄下来"。

sukdal"捅,戳"＞s-in-ukdal"被捅,被戳"。

sukdal"捅,戳"＞s-in-ukdal"被捅,被戳"＞sinukdal-an"被捅或被戳过的地方"。

sukun"裙子" > s-in-ukun"被制成的裙子"。
sulud"推" > s-in-ulud"被推开,被推走"。
suɬut（seɬut?）① "点火,焚烧" > s-in-uɬut（s-in-eɬut?）"稻草被焚烧"。
suŋal"鞠躬,磕头,小腿" > s-in-uŋal"被鞠躬"。
supaj"磨" > s-in-upaj"被磨过"。
supaj"磨" > s-in-upaj"被磨过的" > sinupaj-an"被磨过的地方"。
sureda"铲子" > s-in-ureda"被铲除"。
suruk"指使,推举,指派,代替" > s-in-uruk"被指使的"。
surut"喷" > s-in-urut"被喷射"。
sursur（?）"冲" > s-in-ursur"被冲走"。
suud"绳套" > s-in-uud"被套住"。
tabaw"浮,上浮" > t-in-abaw（?）"被浮上来的" > tinabaw-an"灵魂,精灵,神灵,精神"（?）②。
takis"砍伤" > t-in-akis"被砍伤的"。
taktak"削砍之声,削,砍" > t-in-aktak"被削砍的,木屑"。
tariama"欺负,凌辱,侮辱" > t-in-ariama"受欺负、受侮辱的人"。
teɬu"加上,添上,增上,补充" > t-in-elu"被添上的,被加上的,被附加上的"。
tilil"字,画,文章,花纹" > t-in-ilil"写出来的（文书）"。
tusuk"刺,捅,扎,戳" > t-in-usuk"被刺着的,被捅了"。
tusuk"刺,捅,扎,戳" > t-in-usuk"被刺着的,被捅了" > tinusuk-an"被刺过的地方"。

---

① 材料只找到 seɬut,找不到 suɬut。
② 派生词的词义与词根的语义差别大,不知是否是有联系。

ṯakaw "偷，盗" > ṯ-in-akaw "偷来的，盗来的，被偷来的"。

ṯapan（?）"舂" > ṯ-in-apan "舂过的米"。

ṯaul（ḏaul?）"闻，嗅" > ṯ-in-aul "被嗅过，被闻过" > ṯinaul-an "闻到的，嗅得的"。

ṯepa "面对，冲向" > ṯ-in-epa "被面对的" > ṯinepa-an "方向，去向"。

ṯikeḷ "折断" > ṯ-in-ikeḷ "被折断的" > ṯinikeḷ-an "折断的地方，折痕"。

ṯimer "搅拌" > ṯ-in-imeru "搅拌过"。

前缀 ni-[①]

ekan "吃" > ni-ekan "吃到了的，被吃过的（东西）"。

ḷabat "渡，越过" > ni-ḷabat "曾经被度过的" > niḷabat-an "曾经被度过的地方"。

ḷadam（ladam/laḍam?）"熟悉，习惯，知道，懂，会" > ni-ḷaḍam "曾经熟悉的，熟悉而得的，习得的"。

ḷadam（ladam/laḍam?）"熟悉，习惯，知道，懂，会" > ḷaḍaḷadam "反复熟悉，很懂" > ni-ḷaḍaḷadam "曾经练习的，反复练习而得到的" > niḷaḍaḷadam-an "曾经反复练习而得到的东西，知识"。

ḷadip "削，削片" > ni-ḷadip "被削下来的片状物，削切过的"。

ḷajḷaj（?）"边缘" > ni-ḷajḷaj "镶边过" > niḷajḷaj-an "带边的"。

[①] ni-与-in-互补分布（见正文）

ḷeden"沉，下沉，沉没" > ni-ḷeden"曾经被沉没的"。
ḷeden"沉，下沉，沉没" > ni-ḷeden"曾经被沉没的" > niḷeden-an"曾经沉没的地方"。
ḷeḷep"追赶，追踪" > ni-ḷeḷep"被追踪过的，被追赶过的"。
ḷeḷep 追赶，追踪 > ni-ḷeḷep 被追踪过的，被追赶过的 > ni-ḷeḷep-an 曾经追踪的地方。
ḷeut/ḷeuṯ/ḷeuḏ"绣花，挑花" > ni-ḷeut/ni-ḷeuḏ"（布等）被锈上花的" > niḷeut-aŋ/niḷeuḏan"绣上花的（东西），绣好的（布）"。
ḷibat"过路，穿过" > ni-ḷibat"（路等）曾经被穿过的" > niḷibat-an"路过、度过、经过的地方"。
ḷibun"工资，报酬，反手，反抗" > ni-libun/ni-ḷibun"赚得的，挣得的" > nilibun-an/niḷibun-an"赚得的东西，挣得的"。
ḷima"手" > ni-lima/ni-ḷima"被手压过的" > nilima-jan/niḷima-jan"手印，手迹"。
ḷuḷun"卷" > ni-ḷuḷun"卷上的，被卷上的"。
nau"看" > ni-nau"曾经被看过的" > ninau-an"被看见的东西，看见过的（东西），发现（名词）"。
nau"看" > nau-nau"看了又看，看啊看，参观" > ni-nau-nau"被参观过的" > ninaunau-an"被参观过的地方，被参观过的东西"。
nau"看" > na-nau"?" > ni-nanau"被看见的，看见过的" > ninanau-an"被看见过的东西"。
rabi"刈，割草" > ni-rabi"曾经被割过的，曾经被伐过的" > ni-rabi-an"曾经采伐过的地方"。
rames"揉搓" > ni-rames"被揉搓过的，用盐配制的、腌好的咸菜"。
raŋer"想" > ni-raŋer"被想过的" > niraŋer-an"被想过的东

西，愿望，希望，向往，想法，打算，感觉，精神，心情"。

reŋaj"说，讲话" > ni-reŋaj"被说过的，被讲过的" > nireŋaj-an"说的东西，说的事，讲的，所说的"。

rawit"钩取悬挂之物" > ni-rawit"(被)刮到的，收割的"。

raik"铲，绞" > ni-raik"被铲过" > niraik-an"铲到的东西或地方"。

redek"搁（东西），到达" > ni-redek"搁到的，搁上的，被到达过的"。

reḍa"放下，搁下" > ni-reḍa"被搁下的，被放下的，被放置的"。

reḍa"放下，搁下" > ni-reḍa"被搁下的，被放下的，被放置的" > nireḍa-an"曾经搁置过东西的地方，放过东西的地方"。

renab"上漆，油漆" > ni-renab"被染着的，被上过漆的"。

renad"锻炼（身体）" > ni-renad"（身体）练好的，练成的"。

ritrit"割" > ni-ritrit"被割下来的"。

ruda"绞碎" > ni-ruda"被绞碎的，被压碎的"。

rukeḍaŋ"使劲，鼓劲，用力" > ni-rukeḍaŋ"实力"。

ruma"家，房子" > ruma-en(?) > ni-rumaen > nirumaen-an"亲戚，亲属，家族"。

wikwik(?)"编（东西）" > ni-wikwik"被编作的东西"。

ebʔeb"孵" > ni-ebeb(被孵过的) > niebeb-an"被孵过的蛋，孵过蛋的地方"。

elaj"舔" > ni-elaj"被舔过的" > nielaj-an"被舔过的地方，舔痕，被舔过的东西"。

elʔel"咀嚼" > ni-elʔel"被咀嚼过的" > nielel-an"被咀嚼过的东西"。

eŋad"呼吸" > ni-eŋad"被呼吸过的" > nieŋad-an"被呼吸过的气"。

laseḍ"藏，潜藏" > ni-laseḍ"被藏了的" > nilaseḍ-an"藏过东西的地方"。

leap"席子" > ni-leap"铺过席子的" > nileap-an"铺过席子的地方"。

leet"咬断（线）" > ni-leet"被咬断的" > nileet-an"被咬断的线"。

likeṭi"短" > ni-likeṭi"被弄短的，被剪短的" > nilikeṭi-an"被剪短的东西，被弄短的地方"。

liput/ḷiput"包，包装" > ni-liput"被包装的，包装好了" > niliput-an"被包装好了的东西"。

lisaw"刷洗（食器）" > ni-lisaw"被刷洗过的，刷洗好了的" > nilisaw-an"刷洗好的器皿"。

ḷapa"烫" > ni-ḷapa"被烫过的" > niḷapa-an"被烫过的地方，被烫过留下的伤疤"。

ḷapus"脱（衣物）" > ni-ḷapus"被脱下来的" > niḷapus-an"被脱下的衣物"。

ḷaus"吞" > ni-ḷaus"被吞下的" > niḷaus-an"被吞下的东西"。

ḷajat"拉长，拖长" > ni-ḷajat"被拉长的，被拖长的" > niḷajat-an"被拉长了的东西"。

ḷeḍḷeḍ"揉面（成圆柱形）" > ni-ḷeḍḷeḍ"揉好了的" > niḷeḍḷeḍ-an"揉好了的面"。

ḷees"偷，偷窃" > ni-ḷees"被偷的" > niḷees-an"被偷窃的财物"。

ḷeget"减，减少，损耗，扣除" > ni-ḷeget"被扣除的，被损耗的" > niḷeget-an"被扣除的东西，被损耗的地方"。

ḷekab"剜" > ni-ḷekab"被剜掉的" > niḷekab-an"被剜过的地方"。

ḷepa"嚼，咀嚼" > ni-ḷepa"被咀嚼过的" > niḷepa-an"被咀嚼过的地方"。

l̥etl̥et"揉眼" > ni-l̥etl̥et"（眼睛）被揉过的"。

l̥ikap"检查" > ni-l̥ikap"被检查过的，检查好的" > nil̥ikap-an"检查好的东西，检查好的地方"。

l̥ikaw"折成圈儿，弯曲" > ni-l̥ikaw"折好的（成圈儿）" > nil̥ikaw-an"被折成圈儿的东西"。

l̥inek"湿，潮湿" > ni-l̥inek"被弄湿的" > nil̥inek-an"弄湿的地方，被弄湿的东西"。

l̥ipl̥ip"缠绕，纠缠" > ni-l̥ipl̥ip"被纠缠的，被缠的" > nil̥ipl̥ip-an"被缠的地方，被缠绕的东西"。

l̥ius"转，旋转，扭曲" > ni-l̥ius"被转动过的" > nil̥ius-an"被转动过的东西"。

l̥ubis"挑拣" > ni-l̥ubis"被挑拣过的" > nil̥ubis-an"被挑拣过的东西"。

l̥ubuŋ"剥皮" > ni-l̥ubuŋ"被剥过皮的" > nil̥ubuŋ-an"被剥过皮的动物，被剥过皮的地方"。

l̥ubus"脱皮，脱壳" > ni-l̥ubus"脱过皮的，脱好壳的" > nil̥ubus-an"脱好皮的动物，脱过壳的东西"。

l̥uŋas"撩，掀" > ni-l̥uŋas"被撩开的，被掀翻的" > nil̥uŋas-an"被掀翻的地方，被撩开的东西"。

nana"病，疼痛" > ni-nana"发痛的，疼痛过的" > ni-nana-an"疼痛过的地方"。

ŋadir"念佛经，祈祷，诵经" > ni-ŋadir"祈祷过的" > niŋadir-an"祈祷过的地方"。

ŋitil"叼" > ni-ŋitil"被叼过动的" > niŋitil-an"被叼过的东西"。

ŋitil"（用手指甲）夹住" > ni-ŋitil"被人用指甲夹住的" > niŋitil-an"被指甲夹住的地方，被指甲夹过留下痕迹"。

rabas"多余，浮余" > ni-rabas"多余的，留下的" > nirabas-an"多余的东西"。

raik"铲，铰" > ni-raik"被铲下的，被铰掉的" > niraik-an"被铲掉的地方，被铰掉的东西"。

raip"撒种，播种" > ni-raip"播过种的" > niraip-an"播过种的地方"。

rakap"摸黑走路，摸索" > ni-rakap"？" > nirakap-an"被摸索走过的路或地方"。

ramet/ramet"腐朽，腐败" > ni-ramet"被弄朽的，被弄腐烂" > niramet-an"腐烂的地方"。

ramut"用手抓脸" > ni-ramut"(脸)被抓过的，被抓坏的" > niramut-an"(脸上)被抓过的地方，抓过留下的疤痕，抓印"。

rana"锈" > ni-rana"锈蚀的" > nirana-an"锈蚀的地方"。

ranak"浪费，奢侈" > ni-ranak"浪费掉的，奢侈的"。

rawak"除掉障碍物" > ni-rawak"(障碍物)被清除掉的" > nirawak-an"被清除的地方"。

reani"割下，割掉" > ni-reani"被割下的" > nireani-an"被割下的东西，被割下的地方"。

rebaj"除草" > ni-rebaj"被除过草的" > nirebaj-an"除过草的地方"。

rebe"倒下，推倒，弄倒" > ni-rebe"被弄倒的，被推倒的" > nirebe-an"被弄倒的东西，东西被弄倒过的地方"。

reere"拥抱" > ni-reere"被拥抱过的"。

rekep"安装，设置，拴" > ni-rekep"被安装上的，被拴住的" > nirekep-an"被安装上的东西，被拴住的东西"。

rekes"束，捆，束缚" > ni-rekes"被捆住的，被束缚的" > nirekes-an"被捆住的地方，被捆住留下的印迹"。

renaŋ"跟随，跟着" > ni-renaŋ"被跟随的，被跟踪的" > nirenaŋ-an"(动物或人)被跟踪过的地方，跟踪时留下的踪迹"。

reŋat"冻裂，干裂" > ni-reŋat"被冻裂的，被干裂过的" >

nireŋat-an"干裂的地方,(因干冷而皮肤上出现的)裂缝,裂痕,裂纹"。

reput"砍断,弄断,折断" > ni-reput"被弄断了的,砍断的,折断的" > nireput-an"被弄断的绳子,被砍断的东西"。

resep"渗,渗透,渗入" > ni-resep"被水渗透的" > niresep-an"被水渗透过的地方,被水渗透过而留下的印迹"。

resuk(?)"插入" > ni-resuk"被插入的(东西)" > niresuk-an"被插入过的地方"。

resi"喷出,散出,射出" > ni-resi"被喷出的,被射出的" > niresi-an"被喷湿过的地方"。

riama"欺负,侮辱,凌辱" > ni-riama"被欺侮的,被侮辱的" > niriama-an"被凌辱的人,被欺负过的人"。

riamal"又一次(回,趟),再次,又一会儿," > ni-riamal"再次的,被做过两次的" > niriamal-an"被做过两次的东西,再次做过的事情"。

riŋriŋ"炒" > ni-riŋriŋ"被炒的,炒好了的"。

riparup"涂掉,涂抹字迹" > ni-riparup"(字迹)被涂抹过的" > niriparup-an"曾经被涂抹过的地方,曾经被涂抹过而留下的痕迹"。

riwak"除障碍" > ni-riwak"除掉障碍的" > niriwak-an"除掉障碍的地方"。

rudrud"搓碎,揉碎" > ni-rudrud"被搓碎的,被揉碎的" > nirudrud-an"被揉碎的东西,被搓碎的东西,曾经把东西揉碎的地方"。

rueru"搓揉" > ni-rueru"搓揉过的,曾经被搓揉过的" > nirueru-an"被搓揉过的东西"。

rukuɖ"竿子" > ni-rukuɖ"被用竿子揍过的,被用竹竿捅过的" > nirukuɖ-an"被竹竿揍过的地方,被竿子揍而留下的痕迹,揍迹"。

runu"色，颜色" > ni-runu"上过色的，被染上了颜色的" > nirunu-an"被上过色的地方，被染上颜色的东西"。

rupaj"散开，铺开，耙开" > ni-rupaj"被铺开的，被耙开的" > nirupaj-an"被铺开的东西，被耙开的水田"。

rupu"堆，堆积" > ni-rupu"被堆积好的" > nirupu-an"堆积过东西的地方"。

rusrus"压碎，压扁"ni-rusrus"被压碎的，被压扁的" > nirusrus-an"被压碎的东西，被压扁的地方，曾经被压扁而留下的痕迹"。

中缀-em-(含-en-等变体)

(1) 形容词干 + -em- > 动词[具有该形容词特征，主事，一般体]。

aremeŋ"暗，天黑" > -em-aremeŋ"变阴，变暗"。
asat/asat"高，高的" > -em-asat"抬高价钱，提价"。
etʔet"拥挤" > -em-eteet"拥挤"。
kuatis"坏，恶劣，损坏" > k-em-uatis"变坏，损坏，破坏"。
sabal"早，早起" > s-em-abal"赶早，去早了"。
sadeku"温暖，暖和" > s-em-adeku"开暖气，加温"。
salsal"薄" > s-em-alsal"弄薄，削薄"。
uɖeuɖem"黑色，黑的" > -em-uɖeuɖem"变成黑色，变黑"。
samek"痒" > s-em-amek"挠痒，搔痒"。

(2) 名词干 + -em- > 动词[该名词所表达之事物作为实现该动作所凭据的工具或材料，主事，一般体]。

darulallal"蝉" > d-em-arulallal"蝉叫，下午四点钟(蝉叫时候)"。

iteŋ"草名，蔓草"> -em-iteŋ"妇女用蔓草嫩心染黑牙齿"。
saleked"门闩"> s-em-aleked"闩门"。
saliabu"头巾"> s-em-aliabun"带头巾，包头巾"。
saʟaj"绳套"> s-em-ʟaj"用绳套套上，套上"。
saŋajaŋaj"凉棚"> s-em-aŋajaŋaj"搭凉棚"。
sasiŋ"照片，相片"> s-em-asiŋ"照相，拍电影"。
saub"屋顶，盖屋顶"> s-em-aub"盖屋顶"。
sajpu"萝卜干"> s-em-ajpu"做萝卜干，晒制萝卜干"。
sajtu"菜刀"> s-em-ajtu"使用菜刀，操刀"。
senaj"歌曲，歌谣"> s-em-enaj"唱歌"。
tamaku"香烟，烟草"> t-em-amaku"吸烟，抽烟"。
tamina"船"> t-em-amina"划船，开船，用船运"。
sabun"肥皂"> s-em-abun"上肥皂，打肥皂，抹肥皂"。
suden/seden"眉毛"> s-em-uden(s-em-eden?)"画眉儿"。
supusepuj/sepusepuj"鸟"> s-em-upusepuj(s-em-epusepuj?)"鸟鸣，鸟啼"。
suʔaŋ"(牛羊等的)角"> s-em-uʔaŋ"牛、羊等用角撞人"。
tilil"字，画，花纹"> t-em-ilil"写字，写文章，画画儿"。
tarawalan"右"> t-em-arawalaŋ/-an"用右手"。
tarawiri"左"> t-em-arawiri"用左手"。
tupi"黏液，黏合剂"> t-em-upi"粘上，贴上，粘贴"。
ṭaeṭa"锁儿，上锁"> t-em-aeṭa"锁上，上锁"。
(3) 动词干加-em- >动词[主事，一般体]。
dawaj/ḍawaj"做，制造，制作"> d-em-awaj"制造，制作"。
dekil"踮脚，立脚尖"> d-em-ekil"踮脚站立，用脚尖站立"。
dirus"洗澡"> d-em-irus"洗澡，淋浴"。
ḍauŋ"呐喊，呼喊，大声斥骂"> ḍ-em-auŋ"呐喊，呼喊，大声斥骂"。

dẹḷi"婴儿吐奶" > ḍ-em-eḷi"吐出奶水，溢奶"。
ḍimuṭ"抓，捕，捕获" > ḍ-em-imuṭ"抓到，捕获"。
aḍas"抬" > -em-aḍas"抬了"。
rami"根" > ki-rami(?)"初始" > k-em-irami"开始"。
resi"喷出，散出，射出" > pa-resi"使喷出，使射出" > p-en-aresi"(水)外喷"。
reḍel"直，直的，正直" > pa-teḍel"使直，使正直" > p-en-aḍekel"弄直；确定"。
eŋaḍ"呼吸，吸气，喘息" > -em-eŋaḍ"呼吸，喘息，吸气"。
saeru"笑" > s-em-aeru"发笑"。
araw"抢夺，争夺" > -em-araw"争夺，抢夺，夺取"。
saer"插" > s-em-aer"插上" > s-em-aer-u"把…插上！（祈使式）"。
sagar"喜欢" > s-em-agar"爱上，喜欢上"。
sait"挂" > s-em-ait"挂上"。
sakerup"铲" > s-em-akerup"铲掉"。
salap/selap"扫" > s-em-alap"扫地"。
saḷaw"超，越过，超过" > s-em-alaw/s-em-aḷaw"超过去，超越，超过"。
lebak"地垄，畦" > salebak(?)"培垄，整垄" > s-em-alebak"培垄，整垄"。
salepad"踢" > s-em-alepad"踢"。
saleteuk"碰上，撞上" > s-em-aleṭuk"撞上，冲撞"。
saḷama(?)"粗心，马虎" > s-em-ḷama"做事马虎，粗心大意"。
saḷem"种植" > s-em-aḷem"种，栽，种植"。
sanan"迷途，流浪" > s-em-anan/semanaŋ"迷失，迷路，迷途，迷失方向"。
saŋa"修，做，制造" > s-em-aŋa"做，制造"。

saŋaḻ(?)"喜欢" > s-em-aŋaḻ"喜欢" > semaŋaḻ-an"可喜的，可贺的，吉庆的，高兴的，欢喜的"。

sede"休息" > s-em-ede"矿工，旷课，缺席"。

segiw"擦" > s-em-egiw"摩擦，蹭"。

sekad/sekaḏ"完成，完毕，干完" > s-em-ekad"干完，做完"。

sekiŋ"考试" > s-em-ekiŋ"投考"。

seḻa"冒出，溢出" > s-em-eḻa"冒出，溢出来"。

seḻet"烙，用火烫" > s-em-eḻet"用烙铁烙人，打烙印"。

seḻut"点火，烧火" > s-em-eḻut"点火，点燃"。

senan"光亮" > s-em-enan/s-em-enaŋ"发光，发亮"。

sepad"分配" > s-em-epad"均分，分份儿"。

suŋaḻ"鞠躬，磕头，小腿" > s-em-uŋaḻ/s-em-uŋaḻ"磕头鞠躬"。

supen"想念，留念，怀念" > s-em-upen"吻手"。

suruk"推举，指使，指派，替代" > s-em-uruk"推举，指使，指派，替代"。

surut"喷" > s-em-urut"喷水"。

suud"绳套" > s-em-uud"用套绳套上，用套绳套住"。

tabaŋ"眺望" > t-em-abaŋ"眺望，观看"。

taes"佩带" > t-em-aes"佩带着"。

takesi(taksi?)"学习，读书" > t-em-akesi"去念书，去上学"。

takis"砍伤" > t-em-akis"砍伤"。

talam"尝试，品尝，实验" > t-em-alam"试着吃，尝"。

taḻauḻep"歇息（以恢复体力）" > t-em-aḻauḻep"休息，歇息（以解疲劳）"。

tariama"欺负，侮辱，凌辱" > t-em-ariama"欺负人"。

teaŋ/teʔaŋ"昂扬，仰起来，上翘" > t-em-eaŋ"仰面躺着，仰着"。

tenun"纺织，织布" > t-em-enun"织布，纺织"。

tika"命中，打中" > t-em-ika"打中，高中，考上，及格"。
ṭakaw"偷，盗" > ṭ-em-akaw"偷了，盗窃了"。
ṭepa"面对，冲向" > ṭ-em-epa"向对，面对"。
ṭerab"嗳气，打嗝" > ṭ-em-erab"嗳气，打嗝"。
ṭiur"搅动" > ṭ-em-iur"搅拌，搅乱"。

(4) 全部重叠的拟声拟态动词干 + -em- > 动词[发出该声态的动作或行为，主事，一般体]。如：
akak(?)"乌鸦的叫声" > -em-akak"乌鸦叫"。
silgil"小步地跑，用力向前拉" > g-em-ilgil"小步急跑"。
siŋgiŋ"摇动，摇晃" > g-em-iŋgiŋ"地震"。
sabsab"洗" > sabasab"洗" > s-em-abasab"洗，洗涤，洗刷"。
sudsud"刹草，走路的声音" > s-em-udsud"蹭着脚走路"。
sudsud"刹草，走路的声音" > s-em-udsud"锄草，除草"。
sursur(?)"冲" > s-em-ursur"逆着上，冲锋，冲上去，闯进，闯入"。
susu"吃奶，乳房" > s-em-usu"吃奶"。
tuktuk"锤子的锤打声" > t-em-uktuk"锤打"。
ṭukṭuk(tuktuk?)"锤子锤打的响声" > ṭ-em-ukṭuk"敲打"。

(5) 宾格指示词 + -em- 或 -en- > 动词 > 连词。如：
kaḍi"这(宾格，仅有者)" > k-em-aḍi"这样做，这样"。
kaḍini"这(宾格，多数之一)" > k-em-aḍini"这样一来，于是，这样做"。
kaḍu"那(宾格，仅有者)" > k-em-aḍu"那样做，那样"。
kaḍunu"那(宾格，多数之一)" > k-em-aḍunu"那样一来，那样，那样做"。

(6) 重叠Ⅰ + 中缀-em-
dare"泥土，地面" > da-dare"地下，地上" > d-em-adare"在地上施工，给路铺上泥土"。

daus"润滑，上油" > da-daus"润滑油" > d-em-adaus"上油，搽油，抹油（使润滑）"。
deel"踩" > da-deel > d-em-adeel"即将踏上，就要踏上"。
deru"煮熟" > da-deru > d-em-aderu"煮东西"。
dirus"洗藻" > da-dirus > d-em-adirus"正在洗澡"。
dikdik(?)"跳跃貌" > d-al-ikdik"跳跃啊跳跃" > d-em-alikdik"跳跃"。
ɖaruk"肥沃" > ɖa-ɖaruk"肥料" > ɖ-em-aruk"在施肥，在上肥"。
sabsab"洗" > saba-bsab > saabsab-s-em-aabsab"正在洗涤，在洗刷"。
sajpu"萝卜干" > saja-jpu > s-em-ajajpu"正在做萝卜干"。
saʟem"种植" > sa-salem/sa-saʟem > s-em-asalem/s-em-asaʟem"正在播种，在插秧，在栽树"。
sanan"迷途，迷路" > sa-sanan > s-em-asanan"流浪汉，流浪者"。
saŋa"修，做，制造" > sa-saŋa > s-em-asaŋa"在做，正在制造，操作，制造，在修建"。
saub"屋顶" > sa-saub > s-em-asaub"在盖房子"。
sebeŋ"墙壁，草墙，风障" > sa-sebeŋ > s-em-asebeŋ"在搭风障，在做屏障，制屏风"。
sede"休息" > sa-sede > s-em-asede"正在休息"。
sekiŋ"考试" > sa-sekiŋ > s-em-asekiŋ"在考试，在测验"。
selap"扫地" > sa-selap > s-em-aselap"正在扫地"。
selet"烙，用火烫" > sa-selet > s-em-aselet"正在烫人，正在刺人，正在烙人"。
seʟa"冒出，溢出" > sa-seʟa > s-em-aseʟa"正要往外流溢、正要溢出"。

seḷut"点火，烧火" > sa-seḷut > s-em-aseḷut"正在点火"。
senaj"歌曲，歌谣" > sa-senaj > s-em-asenaj"正在唱歌"。
sepu"用手掰" > sa-sepu > s-em-asepu"正在折东西"。
sibat"拦鬼路标，禁止通行的路标，路标" > sa-sibat"（进行体，将行体）" > s-em-asibat"在制造路标"。
siraw"卤或腌（肉或鱼）" > sa-siraw > s-em-asiraw"正在腌制"。
suŋal/suŋaḷ"鞠躬，磕头，小腿" > sa-suŋaḷ > s-em-asuŋaḷ"正在参拜神灵，佛等"。
supaj"磨" > sa-supaj > s-em-asupaj"正在磨刀，在擦亮"。
susu"吃奶，乳房" > sa-susu > s-em-asusu"正在吃奶"。
suud"绳套" > sa-suud > s-em-asuud"正在用绳套套住"。
suḍsuḍ"刈草，除草" > su-a-ḍsuḍ > s-em-uaḍsuḍ"正在除草"。
taksi/takesi"念书，读书，学习" > taka-kesi > t-em-akakesi"在学习，在上学，学生"。
nau"看" > tarana-nau > t-em-arananau"护士，警卫，保卫"。
riama"欺负，侮辱，凌辱" > tara-riama > t-em-arariama"在欺负人"。
tenun"纺织，织布" > ta-tenun > t-em-atenun"在纺织，在织布"。
teŋer"熬，炖" > ta-teŋer > t-em-eŋer"正在熬，正在炖"。
teŋis"叼" > ta-teŋis > t-em-ateŋis"正在叼"。
tilil"字，画，花纹，文章" > ta-tilil > t-em-atilil"在写字，在写文章"。
tusuk"刺，扎，捅，戳" > ta-tusuk > t-em-atusuk"正在刺"。
ṭuraj(?)"胡闹，捣乱" > ṭa-ṭuraj > t-em-aṭuraj"正在胡闹，正在捣乱"。
ḍapaŋ"缝补，修补" > ṭa-ṭapaŋ > t-em-aṭapaŋ"在修补，在修理，正在修缮"。

ṭima"买，卖" > ṭa-ṭima > ṭ-em-aṭima"正在卖，正在买"。

(7) 重叠Ⅱ + 中缀-em-

daḷus"滑" > daḷu-dalus > d-em-aḷudulas"滑冰，滑雪"。

darumanan"地衣" > d-em-arumanan"地面生苔，地面生地衣"。

dawaj"制造，仿造，做" > dawaj-dawaj > d-em-awajdawaj"制作者，制造者，仿造者"。

derukuŋ(?) > deru-derukuŋ > d-em-eruderukuŋ"凸凹不平"。

aremeŋ"暗，天黑" > areme-remeŋ > -em-aremeremeŋ"变成阴沉沉的，阴影"。

asaṭ/asat"高，高的" > asa-asat > -em-asaasat"自高自大"。

kiaŋer"想" > kiaŋ-aŋer > k-em-iaŋaŋer"想了又想，想啊想"。

kuaŋ"枪，枪声" > kua-kuaŋ > k-em-uakuaŋ"打枪，打靶，射击"。

salaw/saḷaw"超过，超越" > sala-salaw > s-em-alasalaw"超了又超、多次超越"。

saḷama(?)"粗心" > saḷama-ḷama > s-em-aḷamaḷama"马马虎虎、粗心大意"。

samek"痒" > same-samek > s-em-amesamek"浑身发痒、一阵阵地发痒"。

saŋa"做，制造，" > saŋa-saŋa > s-em-aŋaŋa"经常制造，手工艺者，制造者"。

saŋal"高兴，喜欢" > saŋa-saŋal > s-em-aŋasaŋal"高高兴兴，欢欢喜喜"。

senan"光亮" > sena-senan > s-em-enasenan"明晃晃，亮堂堂"。

simuk"风趣，笑话，笑料" > simu-simuk > s-em-imusimuk"说笑话，逗乐"。

suruk"指派，推举，指使，替代" > suru-suruk > s-em-urusuruk"经常推举、指派、指使"。

talam"品尝，尝试，实验" > tala-talam > t-em-alamtalam"试验，试看"。

tamina"船" > tamina-mina > t-em-aminamina"玩具船"。

ta-ra-muka(ʔ)"去" > taramuka-muka > t-em-aramukamuka"好容易去，煞费苦心去"。

ta-ra-rua"够" > tararua-rua > t-em-araruarua"好容易来，特意来"。

tariama"欺负，侮辱，凌辱" > tariam-ama > t-em-ariamaama"经常欺负人，老凌辱人"。

tawar"慢" > tawa-tawar > t-em-atawar"逐渐，渐渐"。

teaŋ"仰起来，上翘" > tea-teaŋ > t-em-eateʔaŋ"翘起来"。

tikuras(ʔ) > tikura-kuras(ʔ)"山鸡名" > t-em-ikurakuras"山鸡鸣叫"。

ʈele"慢" > ʈele-ʈele > ʈ-em-eleʈele"慢腾腾，犹豫不决"。

ʈukul(ʔ) > ʈuku-ʈukul > ʈ-em-ukuʈukul"弯下腰去向前探身"。

(8) 中缀 -en-

baaw"生的，活的" > b-en-aaw"救命，救活，救济"。

baŋabaŋ"忙，繁忙，麻烦" > b-en-aŋabaŋ"使麻烦，使捣乱"。

bare"肿" > b-en-are"变肿，发肿，肿起来"。

buḷaj"美丽，好看，漂亮" > b-en-uḷaj"变得美丽，变得漂亮" > b-en-uḷaj-an"漂亮，恢复原先美丽的样子"。

padaŋal"贵重，珍贵" > p-en-adaŋal"价格高，升值"。

panaan"真的，真实，实际" > p-em-anaan"承认，坦白"。

pana"箭" > p-en-ana"放箭，射箭"。

pasa"步，走步，一步" > p-en-asa"迈步，迈过去，迈挨了一步"。

pati"话，传说" > b-en-ati"说话，讲传说"。

peʈa"谎言" > b-en-eʈa"说假话，撒谎，说谎话"。

pakesiw"尺子，测量" > b-en-kesiw"测量"。
pariw"台风，暴风雨" > b-en-ariw"起台风，刮暴风雨" > b-en-ariw-an"暴力，暴躁"。
baṭekar"坚固，坚固的物体" > b-en-ṭekar"凝固"。
bira"叶子" > b-en-ira"冒叶子，发芽"。
belias"倒逆，翻倒" > b-en-elias"翻倒，颠倒，反对，相反"。
palu"到…为此，到达" > p-en-aḷu"到此为止，到头，结束"。
peṭik"弹" > p-en-eṭik"弹了，弹蹦"。
pia(?)"齐" > p-en-ia"全部，全都"（mupia"到齐"）。
pirat"拉开，分开，撒开" > p-en-irat"（用手扒下眼皮）做鬼脸"。
puar"逃跑，逃避" > p-en-uar"逃跑，逃避"。
pulat"干完，弄完" > p-en-ulat"全部，完全，完成，完结"。
bekbek"鸟在沙滩上发出的响声" > b-en-ekbek"鸡、鸟在沙土上做窝"。

（9）重叠Ⅰ + 中缀-en-
baaw"或的，生的" > ba-baaw > b-en-baaw"正在救命，救活"。
bati"话，传说" > ba-bati > b-en-bati"在讲话，在说话"。
beṭa"谎言" > ba-beṭa > b-en-beṭa"在说假话，在说谎话"。
buraw"放跑，放飞" > ba-buraw > b-en-aburaw"征服，讨伐，征讨"。
baṭekar"坚固，坚硬的物体" > ba-taṭekar > b-en-ataṭekar"将要凝固"。
paḷidiŋ"车" > paḷa-ḷidiŋ > p-en-aḷaḷidiŋ"正在用车搬运东西"。

（10）重叠Ⅱ + 中缀-en-
baṭekar"坚固，坚硬的物体" > baṭeka-ṭekar > b-en-aṭekaṭekar"凝固"。
bekas"跑，长跑" > beka-bekas > b-en-ekabekas"一阵一阵地

跑"。

bira"叶子" > bira-bira"很多叶子,叶子里" > b-en-irabira"绿叶茂盛"。

buḻaj"漂亮,美丽,好看" > buḻa-bulaj > b-en-uḻabulaj"正在打扮"。

pasa"走步,一步" > pasa-pasa > p-en-asapasa"迈了一步又一步,一步一步地走"。

pulat"干完,弄完" > pula-pulat > p-en-ulapulat"完完全全地,所有的,一切的"。

puarii"慢,迟缓" > puari-ari > p-en-uariari"慢悠悠地做,呆滞的"。

(11) 中缀-im-

saḻem"种植" > s-im-alem"种植"。

sajgu"师傅,会,聪明" > sajgu-igu"很聪明" > s-im-ajguigu"骄傲,佯装什么都懂"。

sibat"拦鬼的路标,禁行的路标,路标" > s-im-ibat"插路标"。

siesi"被风刮进屋里的雨水" > s-im-iesi"风把雨水刮进屋里"。

siḻa"撕" > siḻa-siḻa"撕了又撕" > s-im-iḻasiḻa"撕了又撕,撕了多次"。

sipul"抹,拭" > s-im-ipul"抹,拭"。

sirep"吸" > s-im-irep"吸进"。

sirut"一种候鸟,白鸽鸟,这种鸟的叫声" > siru-sirut"白鸽鸟群,白鸽鸟群的叫声" > s-im-irusirut"白鸽鸟群鸣叫"。

siltil"紫红色" > s-im-iltil"变紫红色,发紫"。

前缀 me-

(1) me- + 名词根 > 动词[主事,一般体]。

labu(?)"烟雾" > me-labu"冒烟雾，起烟雾，白雾色"。
labu(?)"烟雾" > labu-labu"很多烟雾" > me-labulabu"烟雾弥漫，烟雾腾腾"。
lˌibun"工资，报酬，反对，动手" > me-lˌibun"还手，报复，报仇"。
lˌibun"工资，报酬，反对，动手" > me-lˌibun"得到工资" > me-laˌibun/me-laˌibuŋ"出卖劳动力、当长工、服劳役"。
liakedaŋ"灶，灶房" > me-liakeda"建灶，成家，成家立业"。
lanub"被邀请赴宴或参赛的朋友" > me-ranub"加邀请赛" > me-raranub"参加邀请赛，赴宴"。
laput"秧子" > me-laput"蔓延"。

(2) me- + 动词根 > 动词［主事，一般体］。

ekan"吃" > me-ekan"吃" > mekan。
eŋad/eŋad"呼吸，喘气" > me-eŋad"呼吸，吸气" > meŋad。
elaj"舔" > me-elaj"舔" > melaj。
eres"光吃饭，不吃菜" > me-eres"不吃菜" > meres。
etul"勃起" > me-etul"勃起" > me-tul。
lajuan"快乐" > me-lajuan"快乐"。
laplap(?)"泛滥" > me-laplap"泛滥"。
latuɖ"间苗" > me-latuɖ"除草"。
lˌekip"眨眼" > me-lekip"闪" > me-lkip。
libak"突然，忽然" > me-libak"突然"。
libat(lˌibat?)"路过，穿过" > me-libat"通过"。
lˌibun"报酬，反手" > me-libun"抵抗"。
iketˌi"短" > me-liketi"弄短，剪短，缩短"。
lini(?)"光滑" > me-lini"光滑"。
liŋit"瞄，瞄准" > me-liŋit"眯着"。
liput/lˌiput"包装" > me-liput"包"。

lisau(lisaw?)"刷,洗" > me-lisau"刷洗食器"。
lius(ḻius?)"转,旋转" > me-lius"一转"。
lualu"模仿,手势" > me-lualu"模仿"。
luluj"追赶,追捕" > me-luluj"追赶,追捕"。
laman"同情,可怜,怜惜,可惜" > me-laman"同情,可怜,怜惜,可惜"。
laseḍ"藏,潜藏" > me-laseḍ"藏,潜藏"。
laslas"按摩,抚摸" > me-laslas"按摩,抚摸"。
laud"按摩,抚摸" > me-laud"按摩,抚摸"。
lemes"消失" > me-lemes"消失"。
leʔlet"咬断(线)" > me-leʔlet"咬断(线)"。
litek"冷" > me-litek"变冷"。
luḍa"减少" > me-luḍa"减少"。
lupe"闭目,闭眼" > me-lupe"闭上眼睛"。
ḻabat"渡,越过" > me-ḻabat"越发"。
ḻajap(?)"伸" > me-ḻajap"伸"。
ḻajat"拉长,拖长" > me-ḻajat"伸出"。
ḻeḍaw(?)"吞,咽" > me-ḻeḍaw"吞食"。
ḻekal(?)"嚷" > me-ḻekal"嚷道"。
ḻekaw(?)"越过" > me-ḻekaw"拔腿就跑貌,越过去"。
ḻeḻep"追上,赶上" > me-ḻeḻep"赶上,追上"。
ḻida"伸出舌头" > me-ḻida"舌头伸出外面"。
ḻipḻip"缠绕,纠缠" > me-ḻipḻip"绊上,缠上"。
ḻisḻis"衣服的边儿" > me-ḻisḻis"沿着,顺着,紧靠着"。
ḻamu"(生长)快" > me-ḻamu"(生长)快"。
ḻapa"烫" > me-ḻapa"烫"。
ḻaʔus"吞下,吞,吞食" > me-ḻaʔus"吞下,吞,吞食"。
ḻatak"胆小,胆怯" > me-ḻatak"胆小,胆怯"。

lati"光泽，光亮，光润" > me-lati"光泽，光亮，光润"。
leden/leden"沉，沉下去" > me-leden"沉，沉下去"。
ledled"揉面（成圆柱形）" > me-ledled"揉面（成圆柱形）"。
leget"减，损耗，减耗，扣" > me-leget"减，损耗，减耗，扣"。
lekab"剜" > me-lekab"剜"。
lenak"繁殖" > me-lenak"繁殖"。
lepa"嚼，嚼碎" > me-lepa"嚼，嚼碎"。
letlet"用旋转刀削铅笔" > me-le(elt"用旋转刀削铅笔"。
leut/leut"绣花，挑花" > me-leut/me-lut"绣花，挑花"。
liaj"酒醉" > me-liaj"酒醉"。
likaw"折成圈儿，弯曲" > me-likaw"折成圈儿，弯曲"。
likut"围住，包围" > me-likut"围住，包围"。
linaj"玩，耍，玩耍" > me-linaj"玩，耍，玩耍"。
linek"潮湿，湿" > me-linek"潮湿，湿"。
linik"不辞而行，溜走" > me-linik"不辞而行，溜走"。
liped"盘绕，盘成一团" > me-liped"盘绕，盘成一团"。
liplip/lipelip"缠绕，纠缠" > me-liplip/me-lipelip"缠绕，纠缠"。
lubis"挑拣" > me-lubis"挑拣"。
lubuŋ"剥皮" > me-lubuŋ"剥皮"。
lubus"脱皮，脱壳" > me-lubus"脱皮，脱壳"。
lulun"卷，卷起来" > me-lulun"卷，卷起来"。
lumek"殴打，敲打" > me-lumek"殴打，敲打"。
luŋas"撩，掀" > me-luŋas"撩，掀"。
nana"病，疼痛" > me-nana"发痛"。
nau"看" > na-nau"看了又看" > me-naunau"参观，参照"。
nau"看" > me-nau"看见，瞧见"。

nekun"跳，跳跃" > me-nekun/me-nekuŋ"跳，跳跃，蹦上去"。
naŋan"仰着" > me-naŋan"仰着"。
negneg"澄碧，清澈" > me-negneg"澄碧，清澈"。
niwan"卖，出售，销售" > me-niwan"卖，出售，销售"。
ŋara"等待" > me-ŋara"等待，等"。
ŋadir"念佛经，诵祷，祈祷" > me-ŋadir"念经"。
ŋala"张嘴" > me-ŋalaŋala"张嘴"。
ŋalŋal"咬（狗咬链子）" > me-ŋalŋal"咬（狗咬链子）"。
ŋitil"叼" > me-ŋitil"叼"。
ŋitiḷ"（用指甲）夹住" > me-ŋitiḷ"（用指甲）夹住"。
ŋiṭu"掉牙，脱牙齿" > me-ŋiṭu"掉牙，脱牙齿"。
ŋudŋud"牢骚" > me-ŋudŋud"牢骚"。
ŋusŋus"抽泣，哭啼貌" > me-ŋusŋus"抽泣，哭啼貌"。
rabaŋ(rabak?)"怀抱" > me-rabaŋ"抱"。
rabas"多余，浮余" > me-rabas"过多的，多余的，充斥，多余。增加"。
ranak"浪费，奢侈" > me-ranak"浪费，破费"。
rebak"肚子胀，发胀" > me-rebak"发胀，膨胀"。
redek"到达" > me-redek"到达，（从上而下的）勾到，抵达"。
rekep"安装，设置，拴" > me-rekep"安装"。
remut(ramut?)"抓" > me-remut"抓起"。
renab"上漆，油漆" > me-renab"上漆，涂漆，油漆"。
renad/renaḍ(?)"锻炼（身体）" > me-renad/me-renaḍ"锻炼（身体）"。
reŋit > me-reŋit"管住"。
reput"断儿，砍断，斩断" > me-reput"砍断"。
resi"喷出，散出，射出" > me-resi"（米从臼往外）溢出，（水）溅出"。

resis"扩散,四散" > me-resis"(东西蹦出来)散落一地"。

reţa/reţa"搁下,放下,退学" > me-reţa"放下,摆动"。

retuţ"(指尖状物)凸出,凸现" > me-retuţ"鼓出"。

riasal"又一次(回,趟),又一会儿" > me-riasal"又一下"。

riasal"又一次(回,趟),又一会儿" > me-riasal"又一下" > meriasal-an"一下子"。

riasal"又一次(回,趟),又一会儿" > riasa-sa-sal > me-riasal"每次"(meriasasasalan"每次")。

rimat"光亮" > me-rimat"发光,发亮"。

riŋit"往后看,向后瞧" > me-riŋit"回顾,回头"。

rukeɖaŋ"使劲,鼓劲,用力" > me-rukeɖaŋ"使劲,用力"。

rabak"怀抱" > me-rabak"抱,抱住"。

raik"铲,绞" > me-raik"铲,绞"。

raip"撒播,播种" > me-raip"撒播,播种"。

rakap"摸黑走路,摸索" > me-rakap"摸黑走路,摸索"。

rames"揉搓,软" > me-rames"揉搓,软"。

rameţ"腐朽,腐败" > me-rameţ"腐朽,腐败"。

ramut"用手抓脸" > me-ramet"用手抓脸"。

ranak"浪费,奢侈" > me-ranak"浪费,奢侈"。

rapi"疲劳,劳累,吃力,费劲" > me-rapi"疲劳,劳累,吃力,费劲"。

rasras"凋谢,凋零,(谷子)一粒一粒地撒落在地上" > me-rasras"凋谢,凋落"。

rawak"除掉障碍物" > me-rawak"除掉障碍物"。

rawit"钩取悬挂的东西" > me-rawit"钩取悬挂的东西"。

reani"割下,刈下" > me-reani"割下,刈下"。

rebaj"除草" > me-rebaj"除草"。

rebe"倒下,推倒,弄倒" > me-rebe"倒下,推倒,弄倒"。

rebu"摔跤" > me-rebu"摔跤"。
reere"抱，拥抱" > me-reere"抱，拥抱"。
rekes"束，捆" > me-rekes"束，捆"。
renaŋ"跟随，跟从" > me-renaŋ"跟随，跟从"。
reneŋ"呻吟" > me-reneŋ"呻吟"。
reɲat"冻裂，干裂" > me-reɲat"冻裂，干裂"。
reŋaj"讲，说话" > me-reŋaj"讲，说话"。
resap"无拘无束地到处游荡" > me-resap"无拘无束地到处游荡"。
resep"渗，渗透，渗入" > me-resep"渗，渗透，渗入"。
resres"搓（绳子）" > me-resres"搓（绳子）"。
rriama"欺负，侮辱，凌辱" > me-riama"欺负，侮辱，凌辱"。
riaw"沙哑，喧闹，喧嚣" > me-riaw"沙哑，喧闹，喧嚣"。
riŋet"勇敢，胆大" > me-riŋet"勇敢，胆大"。
riŋriŋ"炒" > me-riŋriŋ"炒"。
riwak"除障碍，障碍" > me-riwak"除障碍，障碍"。
ruda"绞碎" > me-ruda"绞碎"。
rudrud"搓碎，揉碎" > me-rudrud"搓碎，揉碎"。
rukruk"水沸腾貌" > me-rukruk"水沸腾貌"。
rukuɖ"竿子，用竿子揍" > me-rukeɖ"竿子，用竿子揍"。
runu"颜色，染色" > me-runu"颜色，染色"。
rupaj"散开，铺开，耙开" > me-rupu"散开，铺开，耙开"。
rusrus"压碎，压扁" > me-rusrus"压碎，压扁"。
(3) me- + 动词根的重叠第一式 > 动词[主事，进行体]。
elʔel"嚼，咀嚼" > me-elʔel"正在咀嚼" > me-lalʔel。
ladam/laɖam"熟悉，习惯，知道，会，懂" > la-ladam > me-laladam"学徒，徒弟"。
laŋuj"游泳" > la-laŋuj"要游泳" > me-lalaŋuj"正在游泳"。

latud"间苗" > me-latud"间苗" > me-lalatud"在除草的同时间苗"。

l̦ibu(?)"吊丧,吊孝" > me-l̦ibu"吊丧,吊孝" > mela-libu"正在吊丧,吊孝"。

l̦abat"渡,越过" > me-labat"越过" > me-lalabat"(正在)横过、穿过、越过(河、路)"。

l̦apus"脱(衣,鞋等)" > me-lapus"脱" > me-lalapus"(正在)解开,打开(衣物)"。

l̦ebu(?)"烧" > me-l̦ebu > me-l̦al̦ebu"烧成炭,烧成灰"。

rabi"割草,刈" > me-rabi"割草" > me-rarabi"开荒时割草"。

rapiŋ(? rapi)"疲劳,劳累,吃力,费劲" > me-rarapiŋ"疾病,疼痛"。

rarubu(?)"筑窝" > me-rarubu"筑窝"。

redek"到达" > ra-redek"即将到达" > me-raredek"正在到达,刚到,初来乍到"。

reta/reṭa"搁下,放下,退学" > ra-reta"即将放下,即将退学" > me-rareta"正在搁,正在放置,正在退学"。

riŋit"往后看,向后瞧" > ra-riŋit"即将回头看" > me-rariŋit"正在往后看,正在回头"。

l̦ikap"检查" > me-l̦ikap/me-likap"检查" > me-l̦al̦ikap/me-lalikap"审查,检查,审订,视察"。

ŋara"等待" > me-ŋara"等待" > me-ŋaŋara"正在等待,等待着"。

(4) me- + 动词根的重叠第二式 > 动词[主事,一般体,重复貌]

l̦aŋuj"游泳" > laŋu-l̦al̦uj"游啊游(游泳)" > me-laŋulaŋuj"游泳(游着玩)"。

l̦adam"熟悉,习惯,会,知道,懂" > l̦ada-l̦adam"熟悉" > me-l̦adal̦adam"(重复)练习"。

ḻaekel"高兴" > laeke-ekel"很高兴" > me-laekeekel"高高兴兴,兴高采烈"。

ḻakuit(?)"越过" > ḻakui-kuit"多次越过" > me-ḻakuikuit"越过几次"。

ḻiap"闪光" > lia-liap"闪烁" > me-lialiap"闪闪发光,发亮"。

ḻida"伸出舌头" > lida-lida"反复伸出舌头" > me-lidalida"反复伸出舌头"。

mali"(外)球" > mali-mali"球(复数)" > me-malimali"打球(动作重复)"。

nau"看" > nau-nau"看了又看" > me-naunau"观看,游览,参观"。

nekun"跳,跳跃" > neku-nekun"跳来跳去,跳了又跳" > me-nekunekun/me-nekuneku ŋ"跳来跳去,跳了又跳"。

ranak"浪费,奢侈" > rana-ranak"很奢侈" > me-ranaranak"奢华,铺张浪费"。

renaḍ/renaḍ(?)"锻炼(身体)" > rena-renad"不断地锻炼" > me-renarenad"锻炼锻炼(身体)"。

前缀 ka-

(1)前缀 ka- + 形容词/静动词根 > 动词[推测]。

adi(aḍi?)"不,不是,不要,没有" > ka-adi"一定不,必须不"(adiaw 拒绝)。

aḍu/ʔaḍu"当时,那时,在那时" > kaʔaḍu"居住" > kaḍu。

agel"紧急,急忙" > ka-agel"急忙"。

nana"疼,痛,辣" > a-nana"疼的,辣的" > ka-anana"疼,辣"。

daleʔu"甜" > ka-daleʔu"使变甜"。
daŋa"停止" > ka-daŋa"停止，止步"。
inaba"好" > ka-inaba"会变好"。
kuatis"坏，损坏" > ka-kuatis"会损坏"。
teŋaḷaw"坐下" > ka-teŋaḷaw"请坐下"。
ŋaḷu"当时" > ka-ŋaḷu"住在"。
meḷamu"（生长）快" > ka-meḷamu"赶快，快"。
parabait"起火，火灾" > ka-parabait"会即将起火，会即将发生火灾"。
ʔarum(?)"干涸" > ka-ʔarum"会干"（marum"干涸"，maruarum"陆地，旱田"）。
arau"够" > ka-arua"可能够，够了"。

(2) 前缀 ka-形容词/静动词的重叠第一式 > 形容词和动词[词义加深或强化]。

apel"软，温柔，软弱" > a-apel > ka-aapel"很软，很温柔"。
asat/asat"高" > a-asat > ka-aasat"很高，高极了"。
saḍu"多" > sa-saḍu > ka-sasaḍu"很多"。
saut"细长" > sa-saut > ka-sasaut"很细"。
saima"少" > sa-aima > ka-saaima"很少"。

(3) 前缀 ka- + 形容词/静动词的重叠第一式 > 动词[推测]。

amere"老实" > ma-mere > ka-a-mamere"可能会老实"。
ʔudal"雨" > a-ʔudal > ka-ʔaʔudal"即将下雨，要下雨"。
keṭeb"粗" > ka-keṭeb > ka-kakeṭeb"会变粗的"。
mames"土地松软，柔软，容易" > ma-mames > ka-mamames"会变软，会变弱"。
meli"不，不对，有误" > ma-meli > ka-mameli"（两者）不同，互相差异，不同的表现"。
risan"一样，同类，一类的" > ra-risan > ka-rarisan/ka-rarisaŋ

"(两者)类似的，相似的"。

rua(arua?)"够，行" > ra-rua > ka-rarua"能，受得住，赶得上"。

seŋa(?)"腻，油腻" > sa-seŋa > ka-saseŋa"会腻味，可能会腻味"(maseŋa"油腻")。

sipuŋ"蚀本" > sa-sebuŋ > ka-sasebuŋ"(可能会)赔钱的，亏损的"。

saigu"会，聪明，有技能的" > sa-aigu > ka-sajaigu"会娴熟，会熟练"。

siḷamu"猛长，长得快，长势旺盛" > siḷa-ḷamu > ka-siḷaḷamu"能长得快，会长的快"。

tina"大" > ta-tina > ka-tatina"会(变)大"。

ulaja"有，存在" > ula-laja > ka-ulalaja"会有，可能有，会存在，可能出现"。

unian"无，没有" > una-nian > ka-unanian"可能没有，会没有，可能不存在"。

wai"同意，愿意" > wa-wai > ka-wawai"可能同意，可能愿意，可能赞同"。

(4) 前缀 ka- + 形容词/静动词的重叠第二式 > 动词[推测]。

saeru"笑" > saeru-eru"笑了又笑" > ka-saerueru"可笑的，好笑的"。

sagar"喜欢" > saga-sagar"很喜欢" > ka-sagasagar"精彩的，有趣的"。

simuk"风趣，有趣" > simu-simuk"很风趣，很有趣" > ka-simusimuk"滑稽，可笑"。

laman"同情，可怜，怜惜，可惜" > lama-laman"很可怜，很同情，很可惜" > ka-lamalaman/ka-lamalamaŋ"可怜的，可惜的，穷态，穷困"。

(5) 前缀 ka- + 形容词/静动词根 + 后缀-an > 名词[主事，受事]。

agel(?)"急，紧急" > ka-agel"催促" > kaagel-an"紧急，危急"（ageagel"催促"）。

aareger"惊奇，奇怪" > ka-gareger"使人奇怪" > kagareger-an"珍奇的东西"。

ḻudus"末尾，末梢" > ka-ḻudus > kaḻudus-an"末尾，后辈，年纪小的人"。

nana"疼，辣" > ka-nana"会疼的" > kanana-an"疼的，辣的"。

sabeḻaw"饥饿，饥渴，饿" > ka-sabelaw"可能会饥饿" > kasabelaw-an"饥饿"。

sadeku"温暖，暖和" > ka-sadeku > kasadeku-an"令人感到温暖的(东西)，暖和的"。

saeru"笑" > ka-saeru > kasaeru-an"令人发笑的事情"。

(6) 前缀 ka- + 形容词/静动词根 + 后缀-an > 名词[处所或时间]。

aḓu"那时，那地" > ka-aḓu"居住" > kaaḓu-an"住处，居住的地方"。

gulu(?) > ka-gulu > kagulu-an"冬季，冬天"。

laman"同情，可怜，怜惜，可惜" > ka-laman > kalaman-an"发生悲剧的原因或地方"。

meli"不，不对，有误" > ka-meli > kameli-an"不同点"。

ranam"早饭" > ka-ranam"吃早饭" > karanam-an"吃早饭的时间"。

sabeḻaw"饥饿，饥渴，饿" > ka-sabelaw > kasabelaw-an"该饿的时候，挨饿的时候"。

sede"休息" > ka-sede > kasede-an"休息的日子，节假日，周末"。

semagal"喜欢，高兴" > ka-semagal > kasemagal-an"令人高兴的日子，节日"。

teŋadٟaw"坐下" > ka-teŋadٟaw > kateŋadٟaw-an"坐下的地方，座位，位置，椅子"。

(7) 前缀 ka- + 形容词/静动词根的重叠第一式 + 后缀-an > 名词[处所或时间]。

kuatis"坏，恶" > ka-kuatis"坏的" > kakuatis-an"缺点，坏处"。

meli"不，不对，有误" > ma-meli > ka-mameli > kamameli-an"（两者互相）不同的地方"。

menin/meniŋ"干旱" > ma-menin"很干旱" > amenin > ka-amenin > kaamin-an"旱季"。

risan"相同，一样" > ra-risan"（两者）相同" > ka-rarisan > kararisan-an"相似之处"。

sepel"忧伤" > sa-sepel > ka-sasepel"令人忧伤的" > kasasepel-an"令人悲伤之处或事情"。

sikasik"出发，动身" > siakasik > ka-siakasik"会动身" > kasiakasik-an"出发的时间"。

(8) 前缀 ka- + 形容词/静动词/名词根的重叠第二式 + 后缀-an > 名词[处所或时间]。

linaj/lٟinaj"玩耍" > lina-linaj"玩啊玩" > ka-linalinaj > kalinalinaj-an"运动场"。

selٟu"笋" > selٟu-selٟu"（复数）" > ka-selٟuselٟu"长笋" > kaselٟuselٟu-an"出竹笋季节"。

sagar"喜欢，喜爱" > saga-sagar"很喜欢" > ka-sagasagar > kasagasagar-an"有趣的地方"。

(9) 前缀 ka- + 形容词/静动词 + 后缀-aw > 动词[受事，完成体]。

sat"上" > asat"高的" > ka-asat"变高" > kaasat-aw"被提高了，

被提升了"。

dare"地下" > adare"低，矮" > ka-adare"变低，变矮" > kadare > kadare-aw"被减低了"。

deki(?) > ka-deki > ka-deki-aw"遭到申斥，挨骂"。

ladam"会（做），知道，熟悉" > ka-ladam > kaladam-aw"被发觉，被注意到，理会到"。

laɖam"会（做），知道，熟悉" > ka-laɖam > kalaɖam-aw"被知道了，被发觉了"。

sagar"喜欢" > ka-sagar > kasagar-aw"被喜欢，（已经）被爱"。

semagaḷ"喜欢，高兴" > ka-semagal > kasemagal-aw"被别人喜欢的，叫别人高兴"。

（10）前缀 ka- + 形容词/静动词的重叠第二式 + 后缀 -aw > 动词[受事，完成体]。

ḷinaj"玩耍" > ḷina-ḷinaj"玩啊玩" > ka-ḷina-ḷinaj > kaḷinaḷinaj-aw"被玩弄了，遭玩弄"。

（11）前缀 ka- + 形容词和静动词的重叠第二式 + 后缀 -aj > 动词[受事，进行体]。

saeru"笑" > saeru-eru"笑啊笑，嘲笑" > ka-saerueru > kasaerueru-aj"正在被嘲笑的"。

（12）前缀 ka- + 形容词/静动词 + 后缀 -u/i > 动词[受事，命令式]。

saima"少" > ka-saima"" > kasaimaju"弄少一点！减下来！"（命令）。

arii"快的" > ka-arii"加快" > kaarii-u"加快！"（命令）。

daleʔu"甜的" > ka-daleʔu"使甜" > kadaleʔuju"使变甜！"（命令）。

ɖekan"宽的" > ka-ɖekan"加宽" > kaɖekan-u"加宽，使变宽！"（命令）。

teŋaɖaw"坐下" > ka-teŋaɖaw"请坐下" > kateŋaɖaw-i"坐下！"（建

(13) 前缀 ka-附加形容词或静动词的重叠第一式 > 名词[表示程度]。

beḷakas"长的" > beḷa-ḷakas"长长的" > ka-beḷaḷakas"长短,长度"。

dalep"近的" > da-dalep > ka-dadalep"近的程度"。

dare"地下,低,矮" > da-dare > ka-dadare"低的程度,矮的程度"。

dawil"远的" > dadawil > ka-dadawil"远的程度"。

keser"强势" > ka-keser > ka-kakeser"强势的程度,优胜的程度"。

kiteŋ"小的" > ka-kiteŋ > ka-kakiteŋ"小的程度"。

litek"冷,冰凉" > la-litek > ka-lalitek"冷的程度,会(变)冷"。

ḷabeni(?)"咸" > ḷaba-beni > ka-ḷababeni"咸的程度,可能会(变)咸"。

ḷuḍun(?)"重" > ḷa-ḷuḍun > ka-ḷaLuḍun"重的程度,可能会(变)重"。

ḷiketi(liketi?)"短" > ḷika-keti > ka-ḷikaketi"短的程度,可能会(变)短"。

apataran"浅的" > kapapataran"浅的程度,浅显的"①。

peap(?)"轻" > pa-peap > ka-papeap"轻的程度,可能会(变)轻"。

pelil(?)"苦" > pa-pelil > ka-papelil"苦的程度,可能会(变)苦"。

puari"慢,缓慢" > pua-ari > ka-puaari"慢的程度,可能会(变)

---

① 重叠的音节位置不符合,可能有误,按照一般规律,其重叠第一式应该是 kaapatataran。

慢"。

remeŋ/aremeŋ"黑暗" > ra-remeŋ > ka-raremeŋ"黑暗的程度,明暗度"。

rii/arii"(运动)快" > ra-rii > ka-rarii"快的程度,速度"。

sadeku"温暖,暖和" > sada-deku > ka-sadadeku"温暖的程度,温度"。

sabak/asabak"深的" > sa-sabak > ka-sasabak"深的程度,深度"。

(14) 前缀 ka- + 形容词/静动词的重叠第一式 + 后缀-an > 名词[表示程度]。

ḍekan"宽" > kaḍekan-an"宽度"。

iḍiḍiw"瘦" > iḍa-ḍiḍiw > ka-iḍaḍiḍiw > kaiḍaḍiḍiw-an"瘦的程度,消瘦的样子"。

inaba"好" > ina-naba > ka-inanaba > kainanaba-an"好的程度,好的地方"。

(15) 前缀 ka- + 名词根 + 后缀-an > 名词[原本的…,真正的…]。

aguŋ"牛" > ka-aguŋ > kakaguŋ-an"黄牛,家牛"(aguaguan"许多牛,牛群")。

ami"年" > ka-ami > kaami-an"本年,本命年"。

dekal"国家,村庄,农村,社" > ka-dekal > kadekal-an"本国,本乡,故乡"。

ḍaḍek"身体" > ka-ḍaḍek > kaḍaḍek-an"主体,身体本身的"。

inaj"男子汉" > a-inaj"有男子汉气概的" > ka-ainaj-an"真正的男子汉,荣誉"。

keḍaŋ"力气,力量" > ka-keḍaŋ > kakeḍaŋ-an"依靠的力量,根本的力量"。

kuret"规定,限定,纪律" > ka-kuret > kakuret-an"本规定,本限度"。

ḷumaj"水稻" > ka-ḷumaj > kaḷumaj-an"本稻①，籼"。
rami"根" > ka-rami > karami-an/karamiaŋ"本根，根源"。
ruma"家" > ka-ruma > karuma-an"本家，老家，宗族的"。
runu"颜色" > ra-runu > ka-rarunu-an"本色，原本的色调"。
saigu"技能，能干，师傅" > ka-saigu-an"本领，真正的能力"。
siri"羊" > ka-siri > kasiri-an"家羊，本地的羊"。
siwgu"水牛，水牯" > ka-siwgu > kasiwgu-an"能耕田的水牛"。
（16）前缀 ka- + 名词根 + 后缀-an > 名词[嗜好…（的人）]。
eraw"酒" > ka-eraw > kaeraw-an"酒鬼，嗜好喝酒"。

前缀 kara-

（17）前缀 kara-表示二人以及二人以上参加的共同行为。
abak"装进" > kara-abak"共同把东西装进"。
keḍeŋ"拉，牵、扯" > kara-keḍeŋ"多数人拉扯" > karakeḍeŋ-an"多数人拉扯的"。
sa"一" > kara-sa"（多数人）共有一只，只有一个"。
（18）前缀 kare-，目前只发现两个例证，即
belias"倒，返" > kare-belias"使返回，得回来"。
uden"娇气，娇嫩" > kare-uden/kare-udeŋ"撒娇，妩媚可爱的"。

---

① 可能是"本地品种的水稻的意思"。

前缀 ki-

(1) 前缀 ki- + 名词根[表示可猎取的、可采集的] > 动词[表示猎取(动物)、采集到(植物)并带回家使用等意义]。

belabel/belbel"香蕉" > ki-belabel"收香蕉，摘香蕉"。
kulaŋ/kuḷaŋ"青菜" > ki-kulaŋ"摘菜"。
leŋaw"声音，回音" > kileŋaw"收集到声音，听见"。
saŋli"田螺" > ki-saŋli"捡田螺"。
sema"舌头" > ki-sema"割舌头，闭嘴"。
tabilaela"田鸡，青蛙" > ki-tabilaela"在捕青蛙"。

(2) 前缀 ki- + 名词根[可猎取的、可采集的] + 被动后缀-aj > 动词[表示正在被猎取(动物)、采集到(植物)并带回家使用等意义]。

kulaŋ/kuḷaŋ"青菜" > ki-kulaŋ"摘菜" > kikulaŋ-aj"(菜地)正在被摘菜"。
sema"舌头" > ki-sema"割舌头" > kisema-aj"(人或动物)正在被割舌头"。

(3) 前缀 ki- + 名词根[可猎取的，可采集的]的重叠第一式 > 动词[表示猎取(动物)、收集(植物)并带回家里使用等意义]。

adaŋ"种子，粒儿，苗种" > a-adaŋ > ki-aadaŋ"采集种子，采(甘蔗)苗"。
alad"树枝，竹子" > a-alad > ki-aalad"采伐做篱笆用的材料，采伐树枝、竹子(做篱笆)"。
uwai"藤子" > a-uwai > ki-auwai"采集藤子"。
asipaŋ/asepaŋ"甘蔗" > asa-sepaŋ > ki-asasepaŋ"采甘蔗，收甘蔗"。

asiru(?)"柑橘" > asa-siru > ki-asasiru"摘柑橘，收柑橘"。

uʈuʈ(?)"芝麻" > a-uʈuʈ > ki-auʈuʈ"收芝麻，拔芝麻"(uʈuʈ"啃")。

baliw"一种大蘑菇" > ba-baliw > ki-babaliw"采集蘑菇"。

buaw"木豆" > ba-buaw > ki-babuaw"采木豆，收木豆"。

buir"芋头" > ba-buir > ki-babuir"采集芋头，收芋头"。

bulu/buḷeʔu"一种细长的竹子" > ba-bulu > ki-babulu"采集细竹子(做篱笆用)"。

buŋa"白薯" > ba-buŋa > ki-babuŋa"收白薯，挖白薯"。

balatuŋ"豆角，豇豆" > bala-latuŋ > ki-balalatuŋ"摘豆角，收豆角"。

balajsaŋ(?)"高粱" > bala-lajsaŋ > ki-balalajsaŋ"收高粱，(用刀)摘高粱"。

bariaw"一种叶宽有刺的茅草" > bara-riaw > ki-barariaw"采茅草，收茅草"。

basikaw"竹子" > basa-sikaw > ki-basasikaw"采伐竹子，砍伐竹子并带回使用"。

dawa"粟，小米" > da-dawa > ki-dadawa"收粟子，收小米"。

garaŋ"螃蟹" > ga-garaŋ > ki-gagaraŋ"捉螃蟹"。

giŋgiŋ"桂圆，龙眼" > gi-aŋgiŋ > ki-giaŋgiŋ"收龙眼，摘龙眼"。

kadumu"玉米" > kada-dumu > ki-kadadumu"采玉米，扳玉米，收玉米"。

kawi"木柴" > ka-kawi > ki-kakawi"采集木柴，砍柴，捡木柴"。

kenaw"葱，葱头" > ka-kenaw > ki-kakenaw"收葱头，拔葱头"。

keriw(?)"苎麻" > ka-keriw > ki-kakeriw"采收苎麻，拔苎麻"。

kubaj(?)"扁豆" > ka-kubaj > ki-kakubaj"收扁豆，摘扁豆"。

kulaŋ(? kuḷaŋ)"青菜" > ka-kulaŋ > ki-kakulaŋ"采野菜，摘青菜"。

kuraw"鱼" > ka-kuraw > ki-kakuraw"捕鱼的，打鱼的"。

kamuraw(？kamulaw)"柚子" > kama-mulaw > ki-kamamulaw"摘柚子"。

karidaŋ(？kariɖaŋ)"黑豆，黄豆" > kara-ridaŋ > ki-kararidaŋ"收黑豆，摘黑豆"。

katawa"木瓜" > kata-tawa > ki-katatawa"采木瓜，收木瓜"。

kuliabes(？)"野石榴" > kulia-abes > ki-kuliaabes"采集野石榴，摘野石榴"。

ḷaput"秧苗，秧子" > la-laput > ki-lalaput"采或挖白薯秧苗"。

laṭu/ḷaṭu"芒果" > la-laṭu > ki-lalaṭu"收芒果，摘芒果"。

lumaj/ḷumaj"水稻" > la-lumaj > ki-lalumaj"收水稻，摘稻穗"。

mua(？)"青麻" > ma-mua > ki-mamua"收青麻，拔青麻"。

paŋudal(？)"菠萝" > paŋa-ŋudal > ki-paŋaŋudal"收菠萝，摘菠萝"。

penu"海龟" > pa-penu > ki-papenu"在抓海龟，捕海龟，捉海龟"。

puran"槟榔树，槟榔果" > pa-puran > ki-papuran"采槟榔，摘槟榔果"。

paṭemel"草药" > paṭa-ṭemel > ki-paṭaṭemel"采草药，挖草药，收集草药"。

rabut"一种茅草" > ra-rabut > ki-rarabut"采集茅草"。

reŋas(？)"月藤蕉" > ra-reŋas > ki-rareŋas"采集月藤蕉，摘月藤蕉"。

rugu(？)"刺竹尾" > ra-rugu > ki-rarugu"采集刺竹尾"。

saŋeli/saŋli"田螺" > saŋa-ŋeli > ki-saŋaŋeli"采田螺，捡田螺"。

saŋeliw/saŋliu"一种小树" > saŋa-ŋeliw > ki-saŋaŋeliw"采集细木棍(做篱笆用)"。

sema"舌头" > sa-sema > ki-sasema"割舌头，闭嘴，不准讲话"。

siak"南瓜" > sa-siak > ki-sasiak"采南瓜，收南瓜"。
siri"羊" > sa-siri > ki-sasiri"正在捕羊"。
suan"狗" > sa-suan > ki-sasuan"正在打狗"。
suana"大蒜" > sa-suana(?) > ki-sa-suana"收大蒜，拔大蒜"。①
sieḻas"鹅卵石，小石子" > sia-eḻas > ki-siaeḻas"正在采集小石子"。
tauper"地皮（雨后出现，皮青色、似木耳，可食用）" > taa-uper > ki-taauper"采集地皮"。
tamaku"烟叶，土烟" > tama-maku > ki-tamamaku"采集烟叶，收烟叶，扳烟叶"。
takumul"棉花" > ta-takumul > ki-tatakumul"采集棉花，摘棉花"。②
teŋad/teŋaq"打仗，打群架，战斗" > ta-teŋad > ki-tateŋad"武器，装备"。
tuɲa(?)"生姜" > ta-tuɲa > ki-taɲuɲa"收生姜，拔生姜"。
（4）前缀 ki- + 动词根 > 动词[表示索取、获得等意义]。
aŋer"思考，心思" > ki-aŋer"想，想起，想到"。
beraj"给，提供，供给" > ki-beraj"要（东西），领得，领取"。
bulas(buŋas)"代替，代" > ki-bulas"借"。
karun"工作" > ki-karun/ki-karuŋ"去上班，去工作"。
naŋan"仰着，昂头" > ki-naŋan"让别人（为自己）抬头"。
paladam"使会，教，训练，教育" > ki-paladam"请教，受教育"。
pananau"使互相看" > ki-pananau"接受检阅，让别人看自己"。

---

① 不符合重叠第一式的一般规律，按重叠第一式应为 sua-ana，该词可能应当记录为 suwana。
② 按重叠第一式的一般规律，其重叠形式应为 taka-kumul。

sepad"分配" > ki-sepad(?)"分给，分得"(kinisepad"（东西被）分得的，分来的"）。

pusaŋ"白给，免费给，不要钱" > ki-pusaŋ"得便宜，白得，不付钱就得到"。

repanau(?)"互相观看，彼此观望，对视，相见" > ki-repanau"得到别人看自己，谒见，接见，探望，问候"（marepanau"互相观看，彼此观望，对视，相见"）。

reṭebuŋ/retebuŋ(?)"相遇，碰到" > ki-reṭebuŋ"遇到，碰见，相遇"（maretebuŋ"相遇，碰到"）。

sagar"喜欢，爱" > ki-sagar"爱好，喜好，嗜好"。

saḷaw"超过" > ki-saḷaw"让别人超过自己，被超过过去"。

selet"烙，用火烫" > ki-selet"让别人烙自己，被灼伤，被电击"。

tariama"欺负，侮辱，凌辱" > ki-tariama"让别人欺负自己，受污辱，受侮辱"。

动词根附加表示使动意义的前缀 pa-，再附加前缀 ki- > 动词[使…给自己（说话者）做某事]。

ladam"会（做），知道，习惯，熟悉" > pa-ladam"使会，使知道，使习惯，使熟悉，教育，训练，教会（做）" > ki-paladam"请教，受教育"。

nau"看" > na-nau"（两者）互相看" > pa-nanau"使互相看，（安排两人）会面" > ki-pananau"主动让别人看自己，接受检阅"。

sirit"撕下" > pa-sirit"使撕下" > ki-pasirit"请别人（给自己）撕下"。

(5) 前缀 ki- + 动词根 + 完成、被动的中缀-in- > 动词[表示已经或曾经被索取、获得等意义]。

sepad"分配" > ki-sepad"分配给，分给" > k-in-isepad"分来的，

分得的"。

(6) 前缀 ki- + 动词根的重叠第二式 > 动词[表示经常索取、获得等意义]

buɭas"代替" > buɭa-buɭas"（动作重复）" > ki-buɭabuɭas"经常借用或租用"。

(7) 前缀 ki- + 名词根[表示可猎取的、可采集的] + 处所或时间的后缀-an > 名词[表示猎取动物或采集植物的地方等意义]。

sangli"田螺" > ki-saŋli"捡田螺" > kisaŋli-an"捡田螺的地方"。

(8) 前缀 ki- + 名词根[表示可猎取的、可采集的]/动词根的重叠第二式，+ 表示处所或时间的后缀-an > 名词[表示经常猎取动物或采集植物的地方等意义]。

kibuɭabuɭas-an"（经常）借、租的方法或地方"。

kikurakuraw-an"渔场，（经常）捕鱼的地方"。

(9) 名词根[可以猎取，收获，采集] + 前缀 ki- + 表示完成、被动的中缀-in- + 表示处所或时间的后缀-an > 名词[曾经或已经被…过的地方]。

sali"田螺" > ki-sali"捡田螺" > k-in-isali"被捡过田螺" > kinisali-an"捡过田螺的地方"。

(10) 前缀 ki- + 动词根 > 动词 + 被动、完成后缀 aw[表示已经或曾经被索取、获得等意义]。

buɭas"代替" > ki-buɭas"借" > kibuɭas-aw"已经被借用、租用"。

karun"工作" > ki-karun"去上班" > kikarun-aw"把…做了，被做了"。

tuɭud"伸手把东西提给人家" > ki-tuɭud"接受，接收，承受" > kituɭud-aw"已经被接受，被接收了"。

(11) 前缀 ki- + 动词根重叠第一式 + 表示处所或时间的后缀-an > 名词。

geɭa"腼腆，含羞，客气" > ga-geɭa"很客气" > ageɭa > ki-ageɭa

"让别人对自己客气" > kiageḷa-an"礼貌，礼节"。

gulgul/guḷgul"理发" > gu-algul > ki-gualgul"让别人给自己理发" > kigualgul-an"让别人给自己理发的地方，理发馆"。

taŋila"耳朵" > taŋila-ŋila > taŋilaŋila-an"木耳" > ki-taŋilaŋilaan"采集木耳"。

前缀 kure-

rabak"怀抱" > ku-rabak"同胞"。
renaŋ"跟随，跟着" > ku-renaŋ"跟随，跟着"。
bali"风" > kure-bali"乘凉，让风吹凉"。
bali"天阴，阴凉，遮阴处" > ba-bali"" > kure-babali"躲凉，躲避太阳"。
nau"看" > kure-nau"出现，发现，清楚"。
nau"看" > kure-nau"出现，发现，清楚" > kurenau-aw"被显示出来，表现出来"。
nau"看" > kure-nau"出现，发现，清楚" > kurenau-aj"被发现，被暴露"。
padek"背，负着" > kure-padek"骑（马等）"。
nana"伤，病，疼" > pa-nana"使病，使疼" > kure-panana"受伤"。
tinuas"分手，离别，离婚" > kure-tinuas"脱离，离开，分开"。
nau"看" > kure-nau"出现，发现，清楚" > k-um-urenau"明显，显露，呈现"。

前缀 ma-

(1) ma- + 动词根 > 静态动词(含形容词)，词义为表示[主事]、[静态]、[一般体]和词根意义的叠加与整合。

alep"关门" > ma-alep"门关着"。
atel"扔" > ma-atel"丢失，遗失"。
aja"寻找" > ma-aja"寻找"。
lees"偷，偷窃" > ma-lees"偷东西"。
luluj"追赶" > ma-luluj"追赶"。
remeŋ"" > ma-remeŋ"默，默默"。
taŋut"骄傲" > ma-taŋut"骄傲"。
teŋaḍaw"坐" > ma-teŋaḍaw"坐着"。
iṭiḷ"吝啬" > ma-iṭiḷ"刻薄" > maṭiḷ。
ṭinapan"舂米" > ma-ṭinapan"舂着米"。
ulaŋ"疯子" > ma-ulaŋ"违法乱纪"。
uka"去" > ma-uka"去，开往，前往"。
iriŋ"歪，斜，倾斜" > ma-iriŋ"歪，歪倒的"。
rebuṭel"起床" > ma-rebuṭel"起来，起床"。
arep"漏" > ma-arep"漏水"。
biŋa"讨厌" > ma-biŋa"讨厌"。
ḷemes"消失" > ma-ḷḷemes"消失的"。
ṭius"转，旋转" > ma-ṭius"转过来"。
atel"扔" > ma-atel"丢失" > matel。
temuj"满" > ma-temuj"满着"。
tupa"腐烂" > ma-tupa"腐烂"。
ṭina"大" > ma-ṭina"大的"。

ţipu"瘸子" > ma-ţipu"瘸着"。
was"嘶哑" > ma-uwas"嘶哑"。
ula(?)"轻佻" > ma-ula"轻佻"。
iţiţ"吝啬" > ma-iţiţ"小气，吝啬"。
puni"烂，腐烂" > ma-puni"腐烂，烂"。
aip"念，读，算，数" > ma-aip"念着，读着，算着，数着"。
akut(akuɖ?)"搬运" > ma-akut"搬运着"。
apeteu"收回，收存，收集" > ma-apet"收藏，收存，整理"。
aruŋ"打呼噜，鼾声" > ma-aruŋ"打呼噜"。
ated"砍(东西)" > ma-ated"用刀砍东西"。
biriŋ"关切，嫉妒" > ma-biriŋ"留念，怀念，想念"。
buti/buţi"闭眼" > ma-buti"盲目，瞎眼"。
daŋa/ɖaŋa"停止" > ma-daŋa"停止"。
deru"煮熟" > ma-deru"(米饭或其他谷类)煮熟的"。
ɖajar"商谈" > ma-ɖajar"商谈，洽谈"。
ɖeki(?)"责骂" > ma-ɖeki"责备，骂人"。
agel"紧急，急躁" > ma-agel"急躁，焦急" > magel。
iɖaŋ/idaŋ"老" > ma-idaŋ/ma-iɖaŋ"变老，衰老，老人，长老，头目"。
keser-an"强壮，有实力，有势力" > ma-keseran"强壮"。
keter(?)"生气，发脾气" > ma-keter"生气，发脾气"。
kuda"干，做" > ma-kuda"为什么，什么事儿，戏弄，调戏"。
ladam/laɖam/ḻadam"习惯，会，知道" > ma-ladam"知道，会，驯服的"。
ḻatak"胆怯，胆小" > ma-latak"胆怯，无勇气，怕死"。
lemaj(?)"伤愈" > ma-lemaj"痊愈，伤愈，愈合"。
ḻemus"未驯服的，凶恶的" > ma-lemus/ma-ḻemus"狡猾的，狡诈的，凶恶的"。

liaj/ḷiaj"醉，酒醉" > ma-liaj"喝醉，酒醉"。

ḷadam/ ḷadam/laḍam"熟悉，习惯，知道，会" > ma-ḷadam"习惯，驯服了"。

ḷaŋut"漂亮貌，爱漂亮的人" > ma-ḷaŋut"讲究打扮，爱装饰，奢侈"。

ḷikaw"折成圈儿，弯曲" > ma-ḷikaw"弯曲的"。

ḷudu(?)"老" > ma-ḷadu"老迈，老态龙钟"。

ḷulu"黄色" > ma-ḷulu"(庄稼)成熟，呈黄色"。

nuden(?)"幼嫩" > ma-nuden"嫩，幼，幼嫩"。

rajas"经常，平常，平平的" > ma-rajas"平衡，平常，平坦"。

reani"割下(谷类)" > ma-reani"收成，收获，收割"。

arua"够了，行了，作罢" > ma-arua"够了，好了，可以了，满足" > marua。

resiuk(?) > ma-resiuk / ma-resiʔuk"做饭，烧饭"。

rukeḍaŋ"使劲，用力" > ma-rukeḍaŋ"健壮"。

arum(?)"干涸" > ma-arum"干，干涸" > marum。

runi"声音" > ma-runi"鸣叫，发出声音"。

sepel"忧伤" > ma-sepel"悲伤，悲戚，忧郁，伤心"。

sepi"撕，扯，缺乏，缺欠" > ma-sepi"缺少(一个)"。

sipuŋ"蚀本，亏本" > ma-sipuŋ"吃亏了的，蚀本的"。

ṣupen/supeŋ"思念，想念，怀念" > ma-supen / ma-supeŋ"想念"。

tulas(?)"淘气，顽皮" > ma-tulas"淘气，顽皮"。

ṭekup"(牛、羊的角)向内弯曲" > ma-ṭekup"(牛、羊的角)弯曲的"。

ṭele"慢，缓慢" > ma-ṭele"(牛等)缓慢，走得慢"。

uden/uden"娇气" > ma-uden"娇气的，娇生惯养的，娇嫩的"。

ukut(?)"冻" > ma-ukut"因受雨淋而冻着"。

ulep/uɭep"累" > ma-ulep"劳苦，辛苦，艰辛，疲劳"。

（2）前缀 ma- + 名词根 > 动词，词义为[主事]、[一般体]、[静态]与词根意义的叠加整合。

apian"鸦片" > ma-apian"颓丧的，萎靡不振，颓废，像吃鸦片状"。

beta/beʈa"谎言" > ma-beta"假的，不真实"。

dawak"毒，毒药" > ma-dawak"中毒，吃毒药"。

inaj"男子汉" > ma-inaj"能干的，像男子汉的，积极的"。

kudid"不下蛋的家禽，不产崽的家畜" > ma-kudid"（家禽）不下蛋的，（家畜）不产崽的"。

kuris"癣" > ma-kuris"生疥癣，有疥癣的"。

ɭabi(?)"晚饭" > ma-ɭabi"吃晚饭"。

ɭauk(?)"午饭" > ma-ɭauk"吃午饭"。

ranam"早饭" > ma-ranam"吃早饭"。

raŋer"思想，精神" > ma-raŋer"想，有心思"。

ŋgaj"话，话语" > ma-ŋaj"饶舌的，爱唠叨的，多嘴"。

samu"残废，故障" > ma-samu"残废的，发生故障的"。

simuk"笑料，笑话" > ma-simuk"爱说笑话的，风趣的，有趣的"。

tia"梦" > ma-tia"做梦"。

tuka"懒汉" > ma-tuka"懒惰，消极，像懒汉的"。

ulaŋ"疯子" > ma-ulaŋ"发疯的，糊涂的"。

ulid"笨蛋，傻瓜" > ma-ulid"像傻瓜的，无知，不会"。

upis(?)"湿" > ma-upis"湿透、湿漉漉的"。

（3）前缀 ma- + 摹声拟态词根 > 动词，词义为[主事]、[状态]、[一般体]等语义特征和词根意义的叠加与整合。

etet"拥挤" > ma-etet"挤，拥挤"。

baŋabaŋ"忙" > ma-baŋabaŋ"繁忙，忙碌"。

benben"燃烧" > ma-benben"着火，燃烧，起火"。
bikabik"嬉戏，打闹，喧闹" > ma-bikabik"打闹，撒酒疯"。
ɖimurmur/ʈimurmur"漱口" > ma-ɖimurmur"漱口"。
timurmur/ʈimurmur"漱口" > ma-timurmur"漱口"。
galagal(？)"蹲" > ma-galagal"蹲着，蹲踞貌"。
agel(？)"紧急" > ma-gelagel"(步行)快，快貌"。
genegen/geneɡeŋ"哆嗦，发抖，打战" > ma-genegen/geneɡeŋ"哆嗦，发抖，打战"。
gerger"惊奇，惊讶" > ma-gerger"惊奇，惊讶"。
gerger"惊奇，惊讶" > ger-ar-ger"(即将)惊奇，惊讶" > ma-ger-arger"在惊恐，在吃惊"。
giŋagiŋ(giŋgiŋ？)"摇动" > ma-giŋagiŋ"摇动，摇晃，震撼"。
gunugun/gunuɡuŋ"弯腰，曲身" > ma-gunugun/ma-gunuɡuŋ"弯腰低头"。
ɭuaɭu"裸体" > ma-ɭuaɭu"裸体，一丝不挂"。
pakpak"翅膀，翅膀起飞时的拍打声" > ma-pakpak"张开翅膀"。
pakepak(？)"飘动" > ma-pakepak"飘动"。
petpet(？)"停息，安定，平定" > ma-petpet"停息，安定，平定"。
asas/asʔas"摩擦而发出的吱吱声" > ma-asas"摩擦而发出的吱吱声" > masas/maʔas。
selsel"嗞嗞响声" > ma-selsel"嗞嗞地响"。
seŋseŋ"耳鸣声" > ma-seŋseŋ"耳鸣"。
sikasik"动身，出发" > ma-sikasik"动身，起程，出发"。
tiwatiw"悬挂" > ma-tiwatiw"悬挂着"。
tuetu"滴淌" > ma-tuetu"滴水"。
(4) 前缀 ma- + 动词根的重叠一式，词义为[主事]、[静态]、

[进行体/一般体]、[双方]、[互相]等语义特征和词根意义的叠加整合。

araw"抢夺，夺，争夺" > ma-a-araw"（双方）互相抢夺、争夺"。

ari"快" > a-ari > ma-aari"（二人）互相赛跑、竞走"。

besab(?)"洗" > ma-ba-besab"（两人）互相洗、对洗"。

bies"扳，掰手腕" > ma-ba-bies"（两人）互相掰手腕"。

bulas(buḷas)"代替" > ma-ba-bulas"（两人）调换（座位），互相换，互相调换"。

dalum/daḷum"合作，合并，杂交" > ma-da-dalum"（两者）互相合并、合作、合在一起"。

dipaw(?)"性交" > ma-da-dipaw"（两者）交媾、发生性关系"。

dulun/ḍaḷun"换" > ma-da-dulun/-luŋ"（两者）交换，互换"。

ḍayar"相商、相谈、洽谈、商谈" > ma-ḍa-ḍayar"（双方）相商、相谈、洽谈、商谈"。

ḍekes/dikes"握住，拿住" > ma-ḍa-ḍekes"（两人）彼此握手，手牵着手"。

ḍeki(?)"骂人、责备" > ma-ḍa-ḍekes"正在生气；（双方）互相责备，互相骂"。maḍeki"骂人，责备"。

kedeŋ(keḍeŋ)"拉，牵" > ma-ka-kedeŋ"（双方）互相拉"。

etet"拥挤" > at-etet > ma-atetet"（多人）拥挤着"。

keser(?)"力量" > ma-ka-keser-an"（这些人）多有力量"。

kitiŋ"拉手，牵手" > kakitiŋ"要拉手" > ma-kakitiŋ"（双方）互相接连、连接"。

kuret"约定、规定、限定" > ma-kakuret"（两者）互相比量、计较，互相限制、制约"。

lelep/ḷeḷep"赶，追赶" > ma-la-lelep"（双方）追赶上去"。

lius/ḷius"转，旋转" > ma-la-lius"（双方）互相推卸，互相转来

转去"。

piŋit(?)"抓住头发摔跤" > ma-pa-piŋit"(双方)互相抓住对方的头发摔跤"。

rebu"摔跤" > ma-ra-rebu"(双方)摔跤；正在摔跤"。

reŋaj"说话" > ma-ra-reŋaj"(双方)交谈、对话"。

risan"一样、同类、一类" > ma-ra-risan/-aŋ"(两者)彼此相似、相像、相同，属于同类"。

salaw/saḻaw"超越" > ma-sa-salaw"(两者)互相超越"。

seneŋ"隔离，隔开" > ma-sa-seŋ"(两者)彼此分开，分手，各奔东西，分道扬镳"。

simuk"笑料，笑话" > ma-sa-simuk"彼此互相开玩笑、戏谑"。

suaŋ/suʔaŋ"牛、羊的角" > sa-suaŋ > ma-sasuaŋ"(两个)动物互相角斗"。

sulud"推" > ma-sa-sulud"(两者)互相推来推去，互相推动、推卸"。

supeŋ/supen"想念，思念，怀念" > ma-sa-supeŋ"(两人)互相想念、思念，相亲相爱，相敬"。

suruk"指派，指使" > ma-sa-suruk"互相反对，互相推诿"。

surut"喷" > ma-sa-surut"(两者)互相喷水，对喷"。

sured"铲子" > ma-su-ra-red"(两者)互相铲"。

takis"砍伤" > ma-ta-takis"(二人)挥刀互相砍、交锋"。

talam"尝试，品尝，比试，试验" > ma-ta-talam"(二人)互相比试、竞赛"。

teŋed"战斗，打仗" > ma-ta-teŋed"(双方)交战，互相开战，互相打仗"。

tilil"字，文章，纹样" > ma-ta-tilil"(双方互相)签订"。

tubaŋ"回答，答应" > ma-ta-tubaŋ"(双方之间)对话，对谈"。

tupi"黏液" > ma-ta-tupi"(两者)互相粘在一块"。

turu(?)"批评" > ma-ta-turu"(两者之间)彼此批评,互相批评"。

tusuk"刺,捅,扎" > ma-ta-tusuk"(两者)互相刺杀"。

ʈaep(?)"靠,挨" > ma-ʈa-ʈaep"(两者)挨着睡"。

(5)前缀 ma- +动词根的重叠一式 > 动词,派生词词义为[主事]、[状态]、[进行体]语义特征和词根意义的叠加整合。

arum"干枯" > ma-a-arum"正在干枯" > marum。

aɖas"抬" > ma-a-aɖas"正在抬" > maaɖas。

araw"夺,抢" > ma-a-araw"抢夺,正在夺去" > maaraw。

aret"刹住,刹车,上发条,拉紧" > ma-a-aret"在刹车" > maaret。

ulaŋ"疯子" > ma-a-ulaŋ"正在发疯、发狂,正在患精神病"。

bikabik"嬉闹,打闹,喧闹" > ma-bi-a-kabik"在撒酒疯、胡闹"。

ɖaŋis"哭" > ma-ɖa-ɖaŋis"正在哭"。

ekan"吃" > ma-a-ekan"正在吃" > maekaŋ/maekan。

linaj/ḷinaj"玩耍" > ma-la-linaj"正在玩耍"。

tia"梦" > ma-ta-tia"正在做梦"。

tupa"腐烂" > ma-ta-tupa"正在腐烂"。

ʈina "大" > ma-ʈa-ʈina"正在生长着,正在长大,正发展着"。

bikabik"嬉戏,打闹,喧闹" > bi-a-kabik > ma-bi-a-kbik"在胡闹,在撒酒疯"。

timurmur/ṭimurmur"漱口" > ma-timu-a-rmur"在漱口"。

sikasik"动身,出发,起程" > si-a-ksik > ma-si-a-kasik"正在出发"。

(6)前缀 ma- +动词根或形容词根的重叠二式 > 动词,派生词词义为[主事]、[状态]、[进行体]、[多数]、[互相]语义特征和词根意义的叠加整合。

arii"快" > ma-ari-ari"多人互相之间比快，赛跑"。
bulas/buḷas"代替，替换" > ma-bula-bulas"大家轮班、轮流"。
ḍajar"商讨，商谈" > ma-ḍaja-ḍajar"（多人）商讨，商谈了又商谈"。
kitiŋ"拉手，牵手" > ma-kiti-kitiŋ"（多数之物或人）连接起来、连接着"。
ḷinaj"玩耍" > ma-ḷina-ḷinaj"连续或重复地玩耍，（多人）游艺、游戏"。
risan"相同，一样" > ma-risa-risan/-aŋ"（多个东西）相似，类似"。
talam"尝试，品尝，试验" > ma-tala-talam"（多人之间）比试、竞赛"。
teŋeḍ"打仗，战斗" > teŋe-teŋeḍ"不停地打仗" > ma-teŋeteŋeḍ"打群架，战争、战役"。
tupi"黏液" > ma-tupi-tupi"很多东西粘贴一起"。

（7）前缀 ma- + 动词根的重叠二式 > 动词，派生词词义为[主事]、[进行体]、[状态]、[重复/持续]语义特征和词根意义的叠加整合。

ḍaɲis"哭" > ma-ḍaɲi-ḍaɲis"哭了又哭，哭啊哭"。
kiteŋ"小" > ma-kite-kiteŋ"细微，极小，最小，微乎其微"。
lebit"用细小的棍子抽打小孩" > ma-lebi-lebit"连续或重复地抽打小孩，十分气愤，怒不可遏"。
lemes"消失" > ma-leme-lemes"消失殆尽，不断地消失"。

（8）前缀 ma-附加在形容词根的重叠二式上 > 动词，派生词词义为[主事]、[一般体]、[状态]、[词义深化/强化]语义特征和词根意义的叠加整合。

ḷupaw(?)"昏" > ma-ḷupa-ḷupaw"昏昏沉沉，密密糊糊"。
ʈina"大" > ma-ʈina-ʈina"很大，最大，极大"。

ulaŋ"疯子，发疯"＞ma-ulaulaŋ"愚蠢的，稀里糊涂的"。

（9）前缀 ma-附加在动词根的重叠第三式上＞动词，派生词词义为［主事］、［进行体／一般体］、［状态］、［多数］、［两者］、［互相］语义特征和词根意义的叠加整合，即"多数之间两两互相……"。

kedeŋ"拉，牵，拽"＞ma-ka-kede-kedeŋ"（多人之间）互相拉、拔河"。

sulud"推"＞ma-sa-sulu-sulud"（多数之间两两）互相推动、推卸、推诿责任"。

surut"喷"＞ma-sa-suru-surut"（多数人之间两两互相）对喷"。

tupi"黏液"＞ma-ta-tupi-tupi"（很多东西之间两两）互相粘在一块"。

araw"抢夺"＞ma-a-ara-araw"（多人之间两两）互相抢夺、争夺"。

arii"快走"＞ ma-a-ari-ari"（多数人之间）互相竞走、赛跑"。

aja"寻找"＞ma-a-aja-aja"（多数之间）互相寻找"。

bies"掰手腕"＞ma-babiebies"（多人）互相掰手腕"。

bulas/buḷas"替换，替代"＞ ma-ba-bula-bulas"（多人）互相调换（座位等等）"。

dipaw(?)"性交"＞ma-da-dipa-dipaw"多人之间互相性交，乱交，乱伦"。

dikul"吵"＞ma-diku-dikul ＞ ma-di-a-ku-dikul"争吵、争论、辩论"。

ḍajar"商谈，商量，商讨"＞ma-ḍa-ḍaja-ḍajar"（多人）互相商量、商讨、商谈"。

ḍekes(dikes?)"握住，拿住"＞ma-ḍa-ḍeke-ḍekes"（多人）互相握手，手牵手"。

piŋit(?)"抓住头发摔跤"＞ma-pa-piŋi-piŋit"（多人）互相抓住

对方的头发摔跤"。

risan"一样，同" > ma-ra-risa-risan"（多数）相同"。

seneŋ"隔离，分开" > ma-sa-sene-seneŋ"四分五裂，分散，（多人）互相分手"。

simuk"笑料，笑话，开玩笑" > ma-sa-simu-simuk"（多人）互相开玩笑"。

suʔaŋ"牛羊的角" > ma-sa-sua-suaŋ"（很多动物）互相角斗"。

supen"思念，想念" > ma-sa-supe-supen"（多数）相亲相爱，相互关爱"。

takis"砍伤" > taki-takis > ma-ta-taki-takis"（多人）互相乱砍，交锋"。

talam"尝试，比试，试验" > ma-ta-tala-talam"（多人）互相比试，竞赛"。

teŋeɖ"战斗，打仗" > ma-ta-teŋe-teŋeɖ"混战，多人互相交战"。

turu(?)"批评" > ma-ta-turu-turu"多人两两互相批评"。

tusuk"捅，刺" > ma-ta-tusu-tusuk"多人两两互相刺杀"。

ʈepuk(?)"棍打" > ma-ta-ʈepu-ʈepuk"多人两两用棍子互相打，对打"。

前缀 maka-

(10) 前缀 maka- + 名词[方位，方向] > 动词[表示经由、处在该名词所表达的方位或处所]。

ami"北" > ami-ami"更北" > maka-amiami"极北，北极，最北边的"。

daja"西" > maka-daja"西边，西方"。

ṯaḻun"草" > ṯaḻu-ṯaḻun"草地" > maka-ṯaḻuṯaḻun"经过草地"。
ami"北" > maka-ami"北部"。
timul"南" > maka-timul"南部"。
daja"西" > daja-daja"" > maka-dajadaja"西方，西方极远处"。
daja"西" > daja-daja"" > maka-dajadaja"西方，西方极远处" > makadajadaja-an"西方人"。
dare"地下" > maka-dare"下面，底下"。
sat/isaṯ"上" > maka-sat"上边，上级"。
ḻaud"东" > maka-ḻaud"东面，东部"。
timul"南" > timu-timul"更南" > maka-timutimul"极南，南极，最南边的"。
ḻaud"东" > ḻau-ḻaud"更东" > mka-ḻauḻaud"东方，东方极远处"。

(11) 前缀 maka- + 数词根，表示几十之意。

maka-ḻuat"五十"。　　　　maka-teḻun"三十"。
maka-beṯaan"二十"。　　　maka-petel"四十"。

前缀 ma-ra-

(12) 前缀 ma-ra- + 形容词根 > 形容词的比较级。

adare"低，矮" > mara-adare"比较矮，比较低，比…矮，比…低"。
asat/asaṯ"高" > mara-asaṯ"比较高，比…高"。
dawan"老，大" > mara-dawan"比较老，比较大，男性年龄组织中少年组的上级组织"。
inaba"好" > mara-inaba"比较好，比…好"。
maiḍaŋ"老，大" > mara-maiḍaŋ"比较大(年龄)，比较老，比

…大或老"。

makiteŋ"小" > mara-makiteŋ"比较小，比…小"。
maṭina"大" > mara-maṭina"比较大，比…大"。
nak(?)"年幼" > mara-nak"年纪较小"。
nak(?)"年幼" > mara-nak"年纪较小" > mara-nak-an"年幼者，男性年龄组织中少年组的下级组织"。

（13）前缀 ma-ra-加形容词根的重叠二式 > 形容词的最高级。

adare"低，矮" > adare-dare"低低的，矮矮的" > mara-adaredare"最低的，最矮的，最下层的，最下等的"。

asat/asaṭ"高" > asa-asat"高高的" > mara-asaasat"最高的，极高的，最高级的"。

bekal"新" > beka-bekal"新崭崭的" > mara-bekabekal"最新的，最新鲜的"。

inaba"好" > inaba-naba"好好的" > mara-inabanaba"最好的，最佳的，最优秀的"。

makiteŋ"小" > makite-kiteŋ"小小的" > mara-makitekiteŋ"最小的，最末尾的"。

maṭina"大" > matina-tina"大大的" > mara-matinatina"最大的，极大了"。

saima"少" > saima-ima"少少的" > mara-saimaima"最少的，极少了"。

saut"细长" > sau-saut"细细的" > mara-sausaut"最细的，细极了"。

bias"热" > bia-bias"热热的" > mara-biabias"最热的，热极了"。

ɖekan"宽" > ɖeka-ɖekan"宽宽的" > mara-ɖekaɖekan"最宽的，宽广极了"。

adalep"近" > adale-dalep"近近的" > mara-adaledalep"最近的"。
likeṭi"短" > likeṭi-keṭi"短短的" > mara-likiṭikeṭi"最短的"。

前缀 ma-re-

(14) 前缀 ma-re- + 名词根[表示社会角色的名词] > 名词[表示互相形成的社会关系]。

ala"敌人，陌生人" > mare-ala"敌对关系，互相敌视"。
aḷi"男性之间的朋友" > mare-aḷi"(男性之间的)朋友关系"。
anai"女性之间的朋友" > mare-anai"(女性之间的)朋友关系"。
kataguin"配偶" > mare-kataguin"配偶关系，夫妻关系，结婚"。
kiaraɖak"恋人，对象" > mare-kiaraɖak"恋爱关系，恋爱对象"。
kurabak"同胞" > mare-kurabak"姐妹夫和姐妹的兄弟之间的关系"。
taina"母亲" > mare-taina"母子关系"。
teamu/amu"祖父" > mare-teamu"祖孙关系"mareteamu-an"祖孙关系"。
temama/mama"父亲" > mare-temama"父子关系"。
ţau"人" > ţau-ţau"人人" > mare-ţauţau"亲戚关系"。
kasaţ"楼层" > mare-kasaţ"双层"。

(15) 前缀 ma-re- + 动词根 > 动词[互动关系之动作]。

belias"翻倒，倒逆" > mare-belias"复原，恢复原状；返回，往回走"。
ḷadam"知道，习惯，会，熟悉，懂" > mare-ladam"苏醒，觉醒，领悟"。
paua"正好，恰好" > mare-paua"相互吻合"。
tebuŋ"遇到，碰到" > mare-tebuŋ"相碰到，相遇到"。
tinuas"分手，离别" > mare-tinuas"分离，分开，分别"。

turus"追，跟随，次序，顺序" > mare-turus"相随，随后"。
padaŋ"准备，预备" > p-en-adaŋ"准备" > mare-penadaŋa"各自准备"。

（16）前缀 ma-re- + 动词根的重叠第一式 > 动词[互动关系之动作]。

dawil"远" > da-dawil > mare-dadawil"疏远，互相远离"。
pulaŋ"帮助，帮忙" > pa-pulaŋ > mare-papulaŋ"互相帮助"。

（17）前缀 ma-re- + 动词根的重叠第二式 > 动词[互动关系之动作]。

buḷas"代替" > bula-bulas > mare-bulabulas"轮流"。
paseki"固执己见" > paseki-seki > mare-pasekiseki"互不相让"。
nau"看" > nau-nau > me-naunau"看了又看" > mare-menaunau"互相看"。
kameli"不同" > kameli-meli > mare-kamelimeli"各种各样"。
laḍek" " > laḍe-laḍek" " > mare-laḍelaḍek"一身大汗，大汗淋淋"。

（18）前缀 ma-re- + 名词根 > 动词[互动关系之动作]。

mata"眼睛" > mare-mata"睁眼，刚开眼"。
ŋaj"话" > mare-ŋaj"说话，讲话"。
siwa"岔口，岔路，分岔" > mare-siwa"岔开，衣服裂开"。

（19）前缀 ma-re-ka- + 形容词/静动词 > 动词[互动关系之动作]。

inaba"好" > ka-inaba > mare-kainaba"相亲，亲善，和平共处，和好，互相友好"。
ladam"认识，知道，熟悉" > ma-ladam"知道" > mare-kaladam"结识，相识"。
ameli"不对，错" > ka-meli > mare-kameli"交错，各不相同，相反"。

sagar"喜欢" > ka-sagar > mare-kasgar"互相友好，和好，彼此相互仰慕"。

（20）前缀 ma-re-ka- + 形容词/静动词之重叠第一式 > 动词[越来越……]。

kiteŋ"小" > ka-kiteŋ > ka-kakiteŋ > mare-kakakiteŋ"越来越小"。

saut/saut̪"细长" > sa-saut > ka-sasaut > mare-kasasaut"越来越细"。

t̪ebe(?)"粗" > t̪a-t̪ebe > ka-t̪at̪ebe > mare-kat̪at̪ebe"越来越粗"。

t̪ina"大" > mare-ka-t̪a-t̪ina"越来越大"。

ulane"肥，胖" > mare-u-la-lane"越来越肥胖"。

inaba"好" > i-na-naba > ka-inainaba > mare-ka-i-na-naba"越来越好"。

sad̪u"多" > sa-sad̪u > ka-sasad̪u > mare-kasasad̪u"越来越多"。

dawil"远" > da-dawil > ka-dadawil > mare-kadadawil"越来越远"。

saima"少" > sa-a-ima > ka-saaima > mare-kasaaima"越来越少"。

maid̪aŋ"大，老" > ma-a-id̪aŋ > ka-maaid̪aŋ > mare-imaaid̪aŋ"越来越大，越来越老"。

id̪aŋ"大，老" > a-id̪aŋ > ka-aid̪aŋ > mare-kaid̪aŋ"越来越大，越来越老"。

sagar"喜欢" > sa-sagar > ka-sasagar > mare-kasasagar"越来越喜欢"。

l̪atak"胆怯" > l̪a-l̪atak > ka-l̪al̪atak > mare-kal̪al̪atak"越来越大胆怯"。

baŋaban"忙" > ba-a-ŋaban > ka-baaŋaban > mare-kabaaŋaban"越来越忙"。

tupa"腐烂" > ta-tupa > ka-tatupa > mare-katatupa"越来越腐烂"。

ulaŋ"疯子，疯" > a-ulaŋ > ka-aulaŋ > mare-kaaulaŋ"越来越疯狂，越来越糊涂"。

asaʈ"高" > a-asaʈ > ka-aasaʈ > mare-kaaasaʈ"越来越高"。
adare"矮，低" > a-adare > ka-aadare > mare-kaaadare"越来越矮，越来越低"。
arii"快" > a-arii > ka-aarii > mare-kaaarii"越来越快"。
asepa"涩" > a-asa-sepa > ka-aasasepa > mare-kaaasasepa"越来越涩"。
bias"热" > ba-bias > ka-babias > mare-kababias"越来越热"。
sadeku"暖和" > sa-sadeku > ka-sasadeku > mare-kasasadeku"越来越暖和"。
ajaw"凉快" > a-ajaw > ka-aajaw > mare-kaaajaw"越来越凉快"。
alemek"细小" > a-la-lemek > ka-alalemek > mare-alalemek"越来越细小"。
ɖekan"宽" > ɖa-ɖekan > ka-ɖaɖekan > mare-kaɖaɖekan"越来越宽"。
adalep"近" > a-da-dalep > ka-adadalep > mare-kaadadalep"越来越近"。
uden"娇气" > a-uden > ka-auden" " > mare-kaauden"越来越娇气"。

（21）前缀 ma-re-pa- + 动词根 > 动词[互动关系之动作]。
diŋwa"电话" > pa-diŋwa"打电话" > mare-padiŋwa"互相通话"。
elibat"通过" > pa-elibat"使通过" > mare-paelibat"交错"。
ameli"错，不是" > pa-ameli"犯错误，弄错" > pameli > mare-pameli"相互弄错"。
nau"看" > pa-nau"使看见" > mare-panau"互相观看，见面，会面"。
ʈepa"面对" > pa-ʈepa"使面对" > mare-paʈepa"面对面，相对"。
tilil"写，字，文章，花纹" > pa-tilil"通信，使写" > mare-

patilil"互相通信"。

前缀 mi-

(1) 前缀 mi- + 数词根重叠第一式 > "…个人"。
sa"一" > sa-sa > mi-sasa"一个人,单个人"。
dua/dua"二" > da-dua > mi-dadua"两个人"。
tuḷu/tulu"三" > ta-tuḷu/ta-tulu > mi-tatuḷu/mi-tatulu"三个人"。
ḷuat/luat"五" > ḷuat/luat"" > mi-ḷuat/mi-luat"五个人"。
pitu"七" > pa-pitu > mi-papitu"七个人"。
waḷu"八" > wa-walu > mi-wawalu"八个人"。
dua/dua"二" > dua-dua > da-duadua > mi-daduadua"两位两位的"。
dua/dua"二" > da-dua > mi-dadua"双方"。
pat"四" > pa-pat > mi-papat"四个人"。
nem/enem"六" > na-nem/a-enem > mi-nanem/mi-aenem"六个人"。
iwa/siwa"九" > a-iwa/sa-siwa > mi-aiwa/mi-sasiwa"九个人"。
ketep(?)"十" > ka-ketep > mi-kaketep"十个人"。
在数词根前 + a- + 前缀 mi- > "…个人"。
sasa"一" > a-sasa > mi-asasa"一个人"。
dua/dua"二" > a-dua > mi-adua"两个人"。
tuḷu/tulu"三" > a-tuḷu/a-tulu > mi-atuḷu/mi-atulu"三个人"。
pat"四" > a-pat > mi-apat"四个人"。
ḷuat/luat"五" > a-ḷuat/a-luat > mi-aḷuat/mi-aluat"五个人"。
enem/nem"六" > a-enem > mi-aenem"六个人"。
pitu"七" > apitu > mi-apitu"七个人"。

waḷu"八" > a-waḷu/a-walu > mi-awaḷu/mi-awalu"八个人"。
iwa/siwa"九" > a-iwa/a-siwa > mi-aiwa/mi-asiwa"九个人"。
keṭep(?)"十" > a-keṭep > mi-akeṭep"十个人"。
asama"?" > mi-asama"几个人"。

(2) 名词根 + 前缀 mi- > 动词[表示拥有，附着]

aekan"食物" > mi-aekan"有吃的；富裕之家，家族名称"。

aekan"食物" > mi-aekan"有吃，食物丰富" > miaekan-an"有粮食，富饶"。

ḷiḷiw"盖房子时的帮工" > la-liliw > mi-laliliw"轮流帮工盖房子" > mialiliw。

suta"耙田器" > sa-suta > mi-sasuta"在耙水田" > miasuta。

ḷigaw/ligaw"刺儿" > a-ligaw > mi-aligaw"（树等）有刺，带刺"。

urip"鳞" > a-urip > mi-aurip"（鱼，蛇等）有鳞，带鳞；带鳞的鱼类"。

(3) 名词根 + 前缀 mi- > 动词[附上，有]。

asebaŋ"烟" > mi-asebaŋ"（房子等）冒烟，有烟；火车"。
bakia(?)"眼镜" > mi-bakia"戴眼镜"。
gumul"汗毛" > mi-gumul"带毛，长毛"。
banaŋ"伤口糜烂" > mi-banaŋ"带着伤疤"。
dare"地，泥土" > da-dare > mi-dadare"带泥垢，肮脏，污秽"。
kalipaŋ"伞" > mi-kalipaŋ"带伞，撑着伞"。
kiam"债" > mi-kiam"负债，欠债"。
kim"金" > mi-kim"携带金子，带金牙"。
kipiŋ"衣服" > mi-kipiŋ"穿着衣服"。
laŋ"伙伴" > mi-laŋ"跟随"。
liŋa"黑痣" > mi-liŋa"长着黑痣"。
ḷuum"护身符" > mi-ḷuum"佩带护身符"。
ḷidiŋ"耳环" > mi-ḷidiŋ"戴耳环"。

ŋaḷad"名字" > mi-ŋaḷad"有名的"。
sema"舌" > mi-sema"戴鸭舌的帽子"。
sikaw"网袋" > mi-sikaw"带着网袋"。
sieḷas"小石子，鹅卵石" > mi-sieḷas"铺上小石；铺上小石子的路"。
siminṭu"水泥" > mi-siminṭu"铺上水泥；铺上水泥的路"。
siŋsiŋan"铃铛" > mi-siŋsiŋan"戴着铃铛，系着铃铛"。
sukun"围裙" > mi-sukun"穿着围裙"。
țebi"缺口，掰块儿" > mi-țebi"带缺口"。
țumi"卵" > mi-țumi"带卵鱼"。
walak"孩子" > mi-walak"有、生孩子"。
walak"孩子" > wa-walak > mi-wa-walak"即将或正在生孩子，正在或就要分娩"。
bira"叶子" > mi-bira"（树、树枝等）带、有叶的"。
takumul"棉" > mi-takumul"带棉的"。
ikur"尾巴" > mi-ikur"（动物等）有尾的"。
bua"果囊" > mi-bua"有、结着果"。
aput"花" > mi-aput"（植物等）开着花，有花"。
kiruan"服装" > mi-kiruan"穿服装"。
keḍaŋ"力气" > mi-keḍaŋ"有劲"。
rami"根" > mi-rami"带根，长根"。
ligian"迷信" > mi-ligian"有迷信的"。
wara"猎物" > mi-wara"带猎物，猎获"。
kaḷeŋan"病" > mi-kaḷeŋan"有病"。
ukak"骨" > mi-ukak"带骨，有骨的"。
damuk"血" ▷ da-damuk" > mi-dadamuk"流血，血淋淋"。
enaj"水" > mi-enaj"有水" > mi-enaj-an"有水的地方"。
bitenun"蛋" > mi-bitenun"生蛋"。

ḻudus"梢，尖端" > mi-ḻudus"尖的"。
maṭa"眼睛" > mi-maṭa"有眼的"。
tabu"干粮" > mi-tabu"带干粮"。
libun"工资" > mi-libun"有工资"。
liliw"帮工" > la-liliw > mi-laliliw"帮建房"。
katakat"裤子" > mi-katakat"穿裤子"。
kuse"鞋" > mi-kese"穿鞋"。
ṭukap"自制皮鞋" > mi-ṭukap"穿皮鞋"。
ɖana"项链" > mi-ɖana"戴项链"。
puasel"手镯" > mi-pausel"戴手镯"。
wali"牙齿" > mi-wali"长牙的"。
arebu"头发" > mi-arebu"长发，有发"。
taŋila"耳" > mi-taŋila"长耳，有耳"。
tiŋeran"鼻" > mi-tiŋeran"长鼻的"。
dapal"脚" > mi-dapal"有脚，长脚"。
ḻima"手" > mi-ḻima"有手，长手"。
seden"眉毛" > mi-seden"长眉毛的"。
taŋuru"头" > mi-taŋuru"有头脑"。
"胡子" > mi-"长胡子的"。
suʔaŋ"角" > mi-suʔaŋ"长角的"。
pakapak"翅膀" > mi-pakapak"长翅膀"。
tatuus"喙" > mi-tatuus"长喙的"。

(4) 名词根[表颜色的] + 前缀 mi- > 动词[呈现……颜色，发……颜色]。

runu"颜色" > mi-runu"带色的，彩色的，着色的"。
ɖaraŋ"发热，红" > mi-ɖaraŋ"红的，发红"。
raat"青" > mi-raat"青色的，发青"。
ḻanaŋ"黄色" > mi-ḻanaŋ"黄色的，呈现黄色，发黄"。

daraŋ"发热，火光，红" > dara-daraŋ"红红的" > mi-daradaraŋ"红红的，红得发紫，鲜红鲜红的，深红的"。

raat"青" > raa-raat"青青" > mi-raaraat"青青的，绿绿的，碧绿，青翠"。

（5）前缀 mi- + 动词根 > 动词。

abak"装上，装入" > mi-abak"（容器里）装有东西"。

ṭepa"面对，冲向" > mi-ṭepa"充任，担任"

ṭepa"面对，冲向" > ta-ṭepa"担任，任职" > mi-aṭepa。

ḍeeḍe(?)"踩踏?" > mi-ḍeeḍe"（热水）滚开，沸腾"。

kupa"趴" > ka-kupa > mi-kakupa"面朝下"。

naŋan"仰着" > mi-naŋan/mi-naŋan"仰首，昂首"。

rukruk"水沸腾貌" > mi-rukruk"滚开的，沸腾"。

isais"摩擦" > mi-isais"擦着，摩擦" > misais。

sama"留下" > mi-sama"多余的，余数，有余额"。

iṭil"小气，吝啬" > iṭi-iṭil"小气兮兮" > mi-iṭiiṭil"气量狭小，小气貌" > miṭiiṭil。

（6）动词根 + 中缀-in-/前缀 ni- + 前缀 mi- > 动词。

kasu"携带" > k-in-asu"被携带的" > mi-kinasu"携带着，带着被携带的东西"。

kuḍekuḍ(?)"背" > k-in-uḍekuḍ"被背的" > mi-kinuḍekuḍ"背着，带着被背的东西"。

dikes"握住，拿住" > d-in-ikes"被拿住的" > mi-dinikes"揣着，带着被握住的东西"。

basak"扛，挑" > b-in-asak"被扛的" > mi-binasak"扛着，带着被扛的东西"。

tabukul"渔网" > t-in-abukul"被网住" > mi-tinabukul"打倒，带着被网住的东西"。

前缀 mu-

(1) 前缀 mu- + 动词根 > 动词[主事，自动，一般体，位移，趋向]。

aretˍ"刹住，弄紧" > mu-aretˍ"紧缩"。
asal"迁移，挪动" > mu-asal"搬迁"。
atel"扔" > mu-atel"掉落，降落"。
aʔi"许诺" > mu-ai"同意，愿意"。
bakbak"解开，松开" > mu-bakbak"松开"。
buret"离开，回去" > mu-buret"走开"。
duaduk"聚集，聚积" > mu-duaduk"积压"。
ɖaɲi"行走" > mu-ɖaɲi"行走"。
kawil"挂，钩" > mu-kawil"钩住，钩到"。
laŋui"游泳" > mu-laŋui"游泳"。
lemes"消失" > mu-lemes"消失"。
laud"流动" > mu-laud"淹没，淹死"。
leget"减，耗损" > mu-leget"缩减"。
rabak"怀抱" > mu-rabak"包含"。
rebe"倒，弄倒" > mu-rebe"倒塌"。
resi"散，扩散" > mu-resi"分散"。
retinuas"分手" > mu-retinuas"散开"。
sait"挂" > mu-sait"挂上，挂住"。
saŋa"做，制" > mu-saŋa"做好"。
sari"锉，刨" > mu-sari"锉过，刨过"。
seksek"堵塞" > mu-seksek"塞满，充满"。
selet"烙，用火烫" > mu-selet"触电"。

seneŋ"隔开" > mu-seneŋ"分家，分离"。
sepu"扳" > mu-sepu"脱落"。
sepad"分配" > mu-sepad"分给，配给"。
siluk"腌卤" > mu-siluk"腌好，卤就"。
siḻa"撕裂" > mu-siḻa"撕裂，撕开"。
siḻeb"舀" > mu-siḻeb"舀起来"。
sipul"抹，拭" > mu-sipul"抹掉"。
sipuŋ"亏本" > mu-sipuŋ"蚀本"。
sirep"吸" > mu-sirep"吸住"。
sirit"撕下" > mu-sirit"撕掉"。
sisip"吸" > mu-sisip"吮吸"。
sudsud"剁草" > mu-sudsud"除草铲出"。
sulud"推" > mu-sulud"推开，推走"。
supaj"磨" > mu-supaj"在磨"。
surut"喷" > mu-surut"喷水"。
tusuk"刺，捅，戳" > mu-tusuk"插入"。
ṭekip"叠" > mu-ṭekip"重叠，叠合"。
ṭepar"塌" > mu-ṭepar"自动倒塌"。
ṭikel"折断" > mu-ṭikel"（自己）断"。
ṭiles"挟" > mu-ṭiles"挟着"。
ṭuraj"摊，铺，散" > mu-ṭuraj"铺开，摊开"。
ulak"松" > mu-ulak"松弛，松懈"。
rawit"钩取悬挂之物" > mu-rawit"被带刺的东西划破或划伤"。
uisat"上去，上来" > mu-uisat"上去" > muisat。
baḻuk(?)"醒" > mu-baḻuk"醒，起来"。
uka"去" > mu-uka"去" > muka。
terag(?)"落" > mu-terag"落下"。
biji(?)"飞" > mu-biji"飞翔"。

kaɖu/kaɖu"在那里" > mu-kaɖu"发生"。
balis"变色，褪色" > mu-balis"变"。
kuru"拉绳" > mu-kuru"拖着"。
laseɖ"藏" > mu-laseɖ"躲藏"。
bait"焦，焚烧" > mu-bait"烤，焦"。
sabsab"洗" > mu-sabsab"（洗）掉"。
reŋat"冻裂，干裂" > mu-reŋat"破裂"。
l̠apus"脱" > mu-l̠apus"脱离"。
ɖimut"捕获" > mu-ɖimut"抓住"。
dalas(?)"溜走" > mu-dalas"溜走"。
kiretinuas"离开" > mu-kiretinuas"脱离"。
reput"弄断" > mu-reput"自己断"。
ɖuaɖuk"聚" > mu-ɖuaɖuk"聚集，聚积"。
leden"沉" > mu-leden"自己沉下"。
kuret"规定，约定" > mu-kuret"决定"。
atut"堵，盖" > mu-atut"堵住"。
timurmur/timurmur"漱口" > mu-timurmur"消化"。
seket(?) > mu-seket"整齐"。
l̠enak"繁殖" > mu-l̠enak"自个儿繁殖"。
pajas"立刻" > mu-pajas"突然，忽然"。
kemaɖu > mu-kemaɖu"造成，结果"。
pia(?)"齐" > mu-pia"到齐"。
pulat"搞完，弄完" > mu-pulat"周到，用完"。
usaninin"移到一边" > mu-usaninin"自己移到一边，闪开，让开" > musaninin。
depedep(depdep?)"用手压" > mu-depedep"自个儿压住"。
parekaɖua"分两半" > mu-parekaɖua"自己分离成两半"。
saeluŋ(?)"穿" > mu-saeluŋ"穿上"。

sunuŋ(sununaŋ?)"装进，放进，搁进" > mu-sunun"自己进入，套进"。

ajar(?) > mu-ajar"排成"。

(2) 前缀 mu- + 动词根重叠第一式 > 动词[主事，自动，进行体，位移，趋向]。

asal"迁移，挪动" > a-asal"即将迁移，要挪动" > mu-aasal"正在迁移，在挪动"。

atel"扔" > a-atel"要扔掉，即将扔" > mu-aatel"正在降落，正在掉落"。

ɖaŋi"行走" > ɖa-ɖaŋi"将要散步，要去游玩" > mu-ɖaɖaŋi"在走路、步行，拜访"。

laŋui"游泳" > la-laŋui"要游泳，即将游泳" > mu-lalaŋui"正在游泳"。

lemes"消失" > la-lemes"即将消失" > mu-lalemes"正在消失，日暮，暮年"。

sabak"里面，屋里" > sa-sabak > asabak > mu-asabak"将入赘，正在进入屋里"。

ɖaŋi"行走" > ɖa-ɖaŋi"即将行走" > mu-ɖaɖaŋi"正在行走，游玩"。

lemes"消失" > la-lemes"即将消失" > alemes > mu-alemes"正在消失，终没"。

biji"飞" > ba-biji"即将飞" > mu-babiji"刚刚飞，正在飞"。

(3) 前缀 mu- + 动词根重叠第二式 > 动词[主事，自动，一般体，重复或持续貌，位移，趋向]。

ɖaŋi"行走" > ɖaŋi-ɖaŋi"走啊走" > mu-ɖaŋiɖaŋi"走来走去，散散步"。

ibat(?)"游玩" > iba-ibat"游玩又游玩" > mu-ibaibat"逍遥自在"。

uisat/uisaʈ"上去，上来" > uisa-isat"上啊上" > mu-uisaisat"升级，升高，毕业" > muisaisat。

kuɭuŋ"重物滚动貌" > kuɭu-kuɭuŋ"滚啊滚" > mu-kuɭukuɭuŋ"重复地滚动"。

rabak"怀抱" > raba-rabak"抱呀抱" > mu-rabarabak"包括在里面"。

linaw(?)"盘旋" > lina-linaw"动作重复或同时发生貌" > mu-linalinaw"盘旋"。

biji"飞" > biji-biji"飞呀飞，很多飞的样子" > mu-bijibiji"乱飞，飞来飞去"。

ɭabaj(?)"滚" > ɭaba-ɭabaj"（在地上）滚动（扁、长物体）" > mu-ɭabaɭabaj"乱滚"。

ɭius"转，旋转" > ɭiu-ɭius"转啊转，不停地旋转" > mu-liulius"自动地不停地旋转"。

(4) 前缀 mu- + 名词根[表地方] > 动词[主事，自动，一般体，移动、趋向该名此干所表达的地方]。

dare"地下，泥土" > mu-dare"落地，着陆，下去，下来"。
ɖekal"家乡，农村，国家" > mu-ɖekal"回国，回故乡"。
isat/isaʈ"上面" > mu-isat/mu-isaʈ"上去，上来，升级，上车"。
ruma"家" > mu-ruma"回家，回到部落"。
sabak"屋里，内部" > mu-sabak"进屋里，入内，入赘"。
paʈaran"外面，外表" > mu-pataran"外出，出生，向外走"。
sabak"里，屋里" > sa-sabak > asabak > mu-asabak"即将入赘，即将进入屋里"。

dare"地下，泥土" > dare-dare > mu-daredare"降低，低落，跌落，下落"。

isat/isaʈ"上面" > isa-isat > mu-isaisat"升级，升高，毕业典礼"。

uma"田" > mu-uma"去田里，劳动"。
kajsua > mu-kajsua"上那里"。
kisaʈan(？)"岸" > mu-kisaʈan"上岸"。
teŋal"山" > mu-teŋal"上山"。
ŋuŋuajan"前" > mu-ŋuŋuajan"前进"。
likuɖan"后" > mu-likuɖan"退却"。
uma"田" > a-uma"即将劳动，劳动的" > mu-auma"正在劳动，农业"。
uma"田" > a-uma"劳动的" > mu-auma a ʈaw"农民"。
kujsaʈan"岸" > mu-kujsaʈan"上岸，登上河岸"。
kaɖu"在，那里" > mu-kadu"自己移到那里，出现，发生"。
saninin"一边" > mu-saninin"自己移动到一边，让开，闪开"。
saliki"大门" > saliki-liki"大门口上" > mu-salikiliki"走到大门口上"。

（5）前缀 mu- + 名词根［表工具］> 动词［主事，自动，趋向，移位，名词根所表达的地方］。

kumut"蜘蛛，蛛网" > mu-kumut"（自己）移到蛛网，触到蛛网，被蜘蛛网粘住"。
rebuŋ"洞穴，坑儿" > mu-rebuŋ"（自己）掉进洞里，陷入坑里，掉进深渊"。
runu"颜色" > mu-runu"（东西自个儿）移到颜色里，粘上颜色，染上颜色"。
saleked"门闩" > mu-saleked"（门）移到门闩里，被闩住"。
saḷaj"套绳" > mu-saḷaj"（动物，人等）移向套绳里，被套绳套住"。
saresar"手钻" > mu-sare"（东西）移向钻子，钻"。
sajna"菜篮子" > mu-sajna"（东西）进到篮子里，菜篮里有东西"。

sibat"拦鬼路标，禁止通行的路标" > mu-sibat"路被拦住"。
suud"绳套" > mu-suud"(自己)移到绳套里，被套住"。
tiḻu"猎小鹿的网、绳" > mu-tiḻu"自缢，移到圈套里，被圈套套上"。
sikaw"网袋" > mu-sikaw"进到网袋里"。
eleŋ"闸" > mu-eleŋ"堵塞"。
sudip/ suḍip"斧头" > mu-sudip"自己移到斧头上，被砍"。
tiḻu"粘网" > mu-tiḻu"自己走进粘网里，被网住"。

(6) 前缀 mu- + 名词根[表材料] > 动词[变成该名词根所表达的质料]。

asi"果汁，树液，液体" > mu-asi"变成汁，变成液体，溶化，熔化"。
garaŋ"螃蟹" > gara-garaŋ > mu-garagaraŋ"比喻像螃蟹一样横着爬行"。
kasa"一" > mu-kasa"变成一个，合并，合起来"。
rega"裂缝，裂痕" > mu-rega"变成裂缝，裂开，破裂，开花"。
ripus(?)"三角形" > mu-ripus"变成三角形，成为三角形的形状"。
saḻaj"套绳" > mu-saḻaj"变成套绳"。
samu"残废" > mu-samu"变成残废"。
sawju"红布" > mu-sawju"变成红布"。
sajda"汽水" > mu-sajda"变成汽水"。
sajtu"菜刀" > mu-sajtu"变成菜刀"。
sajna"菜篮" > mu-sajna"变成菜篮"。
sajpu"萝卜" > mu-sajpu"成萝卜干"。
seksek"角落" > mu-seksek"自成角落"。
sikaw"网袋" > mu-sikaw"变成网袋"。

siwa"岔口" > mu-siwa"变岔口，分岔"。
sudip"斧头" > mu-sudip"变成斧头"。
sakerup"门闩" > mu-sakerup"成门闩"。
suud"绳套" > mu-suud"变成绳套"。
pasiut"刨子" > mu-pasiut"变成刨子"。
baba"瓣" > mu-baba"变成花瓣，开花"。
kasa(?)"一个" > kasa-kasa"一个又一个" > mu-kasakasa"变成一个，团聚，团圆"。
saŋajaŋaj"凉棚" > mu-saŋajaŋaj"变成凉棚"。
seki"指甲" > mu-seki"比喻东西成指甲的形状"。
siɭe"眼睛里的细沙、灰尘" > mu-siɭe"细沙、灰尘飞进眼睛里"。

(7) 前缀 mu- + 名词根[受事] > 动词[主事，自动，趋向和移动该名词根所表达的物体]。

enaj"水" > mu-enaj"打水"。
enaj"水" > a-enaj > mu-aenaj"在打水"。
damuk"血" > mu-damuk"血流出"。
ʈai"屎，大便" > mu-ʈai"拉屎"。
damuk"血" > da-damuk > mu-dadamuk"血液正在流出"。
ʈalun(ʈaluʈalun"草丛"?)"草" > ʈaʈalun > aʈalun > mu-aʈalun"出草"。
bilin(?) > mu-bilin"掉队"。

(8) 前缀 mu- + 形容词根 > 动词[主事，自动，移动、趋向、变成该形容词所表达的性质或状态]。

aresem"酸" > mu-aresem"变酸"。
dalep"近" > mu-dalep"靠近，接近"。
dawil"远" > mu-dawil"远离，走远"。
kuatis"坏" > mu-kuatis"变坏"。

iriŋ"倾斜貌" > mu-iriŋ"蹒跚"。
sadeku"温暖" > mu-sadeku"变温暖"。
saima"少" > mu-saima"减少，自减"。
salsal"薄" > mu-salsal"变薄的"。
saut"细长" > mu-saut"变成细长"。
sekad"干" > mu-sekad"干枯，干涸"。
sekut"弯曲" > mu-sekut"变成弯曲"。
ţiri"歪，斜" > mu-ţini"变歪，斜的"。
dawil"远" > dawi-dawil"远远的" > mu-dawidawil"远离，疏远"。
uḍeuḍem"黑色" > mu-uḍeuḍem"发黑，变成黑色，带黑色，有黑色的" > muḍeuḍem。
baaw"活的，生的" > mu-baaw"逃生，获救，变成活的"。
baaw"活的" > ba-baaw > abaaw > mu-abaaw"生活，野兽" > muabaaw-an"野兽们"。
liiţ"硬" > mu-liiţ"变硬，固执，顽固"。
liiţ"硬" > mu-liiţ"变硬" > mu-liiţ-an"变硬的东西，固执"。
（9）前缀 mutu- + 名词根 > 动词。
enaj"水" > a-enaj > mutu-aenaj"变成水，溶化成水"。
simiŋtu"水泥" > mutu-simiŋtu"变成水泥"。
siŋsi"先生，老师" > mutu-siŋsi"当老师，成为先生"。
siruruidu"塑料" > mutu-siruruidu"变成塑料"。
siubugumi"消防队员" > mutu-siubumi"当消防队员，成为消防队员"。
siwsiwan"小鸡" > mutu-siwsiwan"变成小鸡，孵化出小鸡"。
urela"雪，冰" > mutu-urela"变成冰，变成雪，结冰"。
garasegas"耗子" > mutu-garasegas"变成耗子"。
ḷaḷiban"海滨，大海" > mutu-ḷaḷiban"变成大海"。
huŋti"（外）皇帝" > mutu-huŋti"当上皇帝"。

babajan"女人" > mutu-babajan"变成女人"。
barasa"石头" > mutu-barasa"变成石头"。
barasa"石头" > bara-rasa > baarasa > mu-baarasa"变成石头"。
miɖaraŋ"红色，红" > mu-miɖaraŋ"变成红色，变红"。
danaw"池子，湖泊" > da-danaw > mutu-dadaw"变成湖泊，变成池子"。
ragan"祭司" > ra-ragan > mutu-raragan"充当祭司"。
ɖekal"社(一个社会组织单位)" > ɖa-ɖekal > mutu-ɖaɖekal"变成社"。
manaj"谁" > ma-manaj > mutu-mamanaj"当任什么，充当什么职务"。
maʈina"大的" > mutu-maʈina"变大"。
abai"饼子" > mutu-abai"变成饼子"。

前缀 pa-

前缀 pa-，表示[使动]、[给予]、[主动]等意义。
(1) 前缀 pa- + 动词根 > 动词[表示使从事动词根所表达的动作]。

apet/apeteʔu"收回，收存，收集" > pa-apet"缴纳，储蓄，存钱"。
ated/ateɖ"送，护送" > pa-ated"邮送，寄送，邮件"。
beŋbeŋ(?)"燃烧" > pa-beŋbeŋ"点火，引火苗，引火"。
teker"饱" > pa-beteker"使之鼓起来，(使)膨胀"。
buʟas"代替" > pa-buʟas"使代替，调换"。
biar(?)"枯干" > pa-biar"使枯干"。
buʈi"闭眼睛，闭目" > pa-buʈi"使闭眼睛，使闭目"。

dirus"洗澡" > pa-dirus"使洗澡，浇，往上浇水"。

dɑŋa"停止，停" > pa-dɑŋ"使停止，使停下，阻止，禁止，禁忌"。

dekel"直" > pa-dedel"使直，弄直，扳直"。

delas"滑刀" > pa-delas"使滑刀，使没砍着"。

dua"来" > pa-dua"使来，请来，邀请，派来，打发来，送来"。

elibat"通过" > pa-elibat"使通过，通往，接通"。

gerger"惊吓" > pa-gerger"使害怕，威吓，吓唬，恐吓"。

ekan"吃" > pa-ekan"给吃，喂食，使吃" > pakan。

kiaŋer"想" > pa-kiaŋer"（使）考虑到、想到或感觉到"。

kileŋaw"听，听到，听见" > pa-kileŋaw"让听，给听"。

kipetedu"做完" > pa-kipetedu"使做完事情，使弄完、做完或搞完"。

kutkut"努力" > pa-kutkut"使努力，（使）拼命"。

libat"过，越" > pa-libat"使过，使越，过分"。

litek"冷，凉" > pa-litek"使变凉，使变冷，打水冲凉"。

ḷamu"（生长得）快" > pa-ḷamu"使快，不久，暂时，一会儿"。

ḷikaḷik(ḷikaḷuk?)"摇动" > pa-ḷikaḷik"狗摇动尾巴"。

amau"是，正确" > pa-amau"使正确，对的，正确，做得对" > pamau。

ameli"错，不是" > pa-ameli"做错、犯罪" > pameli。

nau"看" > pa-nau"出示，给看、使看，告诉别人观看"。

pulaŋ"帮忙" > pa-pulaŋ"使帮忙、协助，作陪、奉陪，使成为伙伴"。

renab"上漆" > pa-renab"使上漆，漆，油漆（名词）"。

renen/renen"呻吟，发出哼哼声" > pa-reneŋ/pa-renen"（使）发出呻吟声"。

reŋaj"说话" > pa-reŋaj"使说话，让或叫(他)说话"。

riasal"又一次、回、趟" > pa-riasal"一回、次、趟"。

sa"一(个)" > pa-sa"走步，一步"。

asabak"深的" > pa-asabak"使变深，加深，使深入、深刻" > pasabak。

sabal"早的，早起" > pa-sabal"使早起，(使)提前起床"。

sabsab"洗(东西)" > pa-sabab"使之洗，让别人洗(东西)"。

sabuŋ"处分，罚，刑" > pa-sabuŋ"上刑，惩罚，赔偿，罚款"。

sadeku"温暖，暖和" > pa-sadeku"使之温暖，加温"。

saɖu"多" > pa-saɖu"使变多，增多，搞多点"。

saeru"笑" > pa-saeru"让别人笑，使别人笑，逗笑"。

sagar"喜欢，爱" > pa-sagar"让别人爱上，促使他人喜欢上"。

sakerup(sakarup?)"铲" > pa-sakerup"让别人铲，使铲"。

asal"迁移，挪动，移动" > pa-asal"使迁移，(牛羊)挪动地方，挪动，移动" > pasal。

salsal"薄" > pa-salsal"请别人弄薄，使变薄"。

saḷaw"越过，超过，超越，过" > pa-saḷaw"让通过马路，让通过，使通过"。

saḷaw"越过，超过，超越，过" > pa-saḷaw"让超过去，使超越"。

saḷem"种植" > pa-saḷem"让别人种，使种植，种牛痘，请别人种牛痘"。

samek"痒" > pa-samek"使感觉痒，让别人痒痒(用树叶等东西)"。

sanan"迷途，流浪" > pa-sanan"迫使流浪，使流浪，流放"。

saŋa"制造，做" > pa-saŋa"请别人做，使之制造，定做东西，请他人制造"。

saresar"手钻" > pa-saresar"请别人钻，使钻"。
sari"锉，刨" > pa-sari"请别人锉，使锉，使刨"。
saut"细长" > pa-saut"弄细，使变成细长，使之细长"。
sajgu"会，聪明，师傅" > pa-sajgu"使之变成聪明，使之会做"。
sekaɖ"干完，做完" > pa-sekaɖ"使做完工作，使完成"。
sekiŋ"考试，测验，考核" > pa-sekiŋ"使去考试，应试"。
sekuɖ/sekud"弄弯，折弯" > pa-sekuɖ"使别人把东西弄弯"。
seɭa"冒出，溢" > pa-seɭa"使冒出，使溢出"。
senan"光亮" > pa-senan"使变成光亮，照亮，照明，照光"。
sikasik"动身，出发" > pa-sikasik"叫别人动身，让别人出发"。
siɭa"撕，撕裂" > pa-siɭa"让别人，撕开，使撕裂"。
siɭeb"舀" > pa-siɭeb"使舀，请别人舀"。
sipul"抹，搽，拭" > pa-sipul"使抹"。
sipuŋ"亏本，蚀本" > pa-sipuŋ"使之吃亏，使别人亏本"。
sirep"吸" > pa-sirep"给吸，使吸"。
sirit"撕" > pa-sirit"让别人撕，使撕"。
sirip"吸" > pa-sirip"让别人吸，使吸"。
sudsud"剁草" > pa-sudsud"叫别人剁草，使剁草"。
supaj"磨（刀）" > pa-supaj"请别人磨刀，使磨刀"。
suruk"推举，指派，替代，指使别人去做" > pa-suruk"让人做事"。
tabaŋ"眺望，观看" > pa-tabaŋ"供神，祭神"。
talaaw"拦住，强留" > pa-talaaw"使等待着"。
tawar"迟缓，慢" > pa-tawar"使慢、轻慢、怠慢，推迟，往后拖"。
teɖel"直，正直，正确" > pa-teɖel"直的（树木），（使）正确的，正规的，正直"。

tenuk"中心，中央" > pa-tenuk"打中心，穿中心，射靶心"。
tiŋatiŋ(?)"垂悬，悬挂" > pa-tiŋatiŋ/tiŋatin"使垂悬，使悬挂"。
tubaŋ/tuban"回答" > pa-tubaŋ/pa-tuban"让回答，叫别人回答"。
turus"跟随，追，按秩序、顺序" > pa-turus"后继，（居于）第二位"。
tusuk"刺，扎，捅，戳" > pa-tusuk"种牛痘，叫别人打针"。
tegteg"立" > pa-tegteg"屹立，峭立"。
teŋteŋ"瞠目，瞪眼" > pa-teŋteŋ"定睛凝视，瞪眼看"。
tepa"面对，冲向" > pa-tepa"使面对，使刚好对上，恰好赶上"。
tima"买，卖" > pa-tima"定购，预购，托购"。
uka"去" > pa-uka"派去，打发去，派遣，推举去"。
(2) pa- + 动词根/形容词根 > 使役动词，+ 后缀-aw、-aj、-anaj、-u 和-i 等。
biʔas"热" > pa-biʔas"使热，加热，加温" > pabiʔas-aw"被加热，被加温"。
elibat"通过" > pa-elibat"使通过，接通" > paelibat-aw"（被）让进，让过，被让通过"。
garger"吃惊" > pa-garger"使吃惊" > pagarger-aw"被惊吓，被惊动，使吃惊"。
lemes"消失" > pa-lemes"使消失，使消灭" > palemes-aw"被使消失，使被消灭"。
reŋaj"说话" > pa-reŋaj"使说话，让说话" > pareŋaj-aw"被别人让说话"。
sabuŋ"处分，罚，刑" > pa-sabuŋ"上刑，惩罚，赔偿，罚款" > pa-sabuŋ-aw"被罚苦力，被惩罚，被罚款或上刑"。
saɭaw"超过，超越" > pa-saɭaw"使别人超过，使之超越" >

pasaḻaw-aw"使被某人超过，使被某人超越"。

sanan"迷途，流浪" > pa-sanan"迫使流浪，使流浪，流放" > pasanan-aw"被流放"。

sekad"完成，完毕，做完" > pa-sekad"使完毕，使做完" > pasekad-aw"使被完成"。

sekiŋ"考试，测验" > pa-sekiŋ"使去考试，应试" > pasekiŋ-aw"被让参加考试"。

sinan/senan"光亮" > pa-sinan"照亮，照明" > pasinan-aw"使发光，使光亮"。

uka"去" > pa-uka"派去，派遣，打发去" > pauka-aw"被推荐去，被介绍去，被派遣"。

ʈurus"跟随，追随，秩序，顺序" > pa-ʈurus"使跟随，后继，使居第二位" > paʈurus-aj"（使被）接连、连续（射击）"。

aʈeḍ"送，护送" > pa-aʈeḍ"邮送，寄送" > paaʈeḍ-anaj"寄走了，邮寄出去了"。

suruk"推举，指派，指使别人去做，替代" > pa-suruk"让别人做事情" > pasuruk-anaj"让别人做事情了"。

saer"插" > pa-saer"让别人插，使之插" > pasaer-u"让别人（把东西）插上！（祈使）"。

ʈeel"勒，缢" > pa-ʈeel"使勒，使之缢" > paʈeel-u"让别人勒死！（祈使）"。

takil"杯子" > pa-takil"给别人斟酒" > pa-takil-u"给别人斟酒！（祈使）"。

（3）前缀 pa- + 名词根 > 动词[表示使从事名词根所表达的动作，给予等意义]。

bakas"股，骨，竹节" > pa-bakas"请帮工，互助帮工，雇佣劳动"。

baḻi"风" > pa-baḻi"使有风，吹风"。

dawak"毒，毒药" > pa-dawak"使毒害，让或叫别人去下毒"。
kadaw"太阳" > pa-kadaw"晾，晒干，晾干，晒太阳"。
kiam"账，债务" > pa-kiam"(购买东西时无法付款)记账，欠账"。
laŋal"双人杯" > pa-laŋal"用双人杯请人喝酒"。
laŋal"双人杯" > pa-laŋal"请新郎新娘的父母喝双杯酒"。
mataŋ"生荒地，处女地" > pa-mataŋ"开垦，开荒，开辟"。
nini"份儿，份额" > pa-nini"分给，分配"。
nuni/runi"声音" > pa-nuni"发出声音，使有响声"。
ŋasip"钩" > pa-ŋasip"使上钩，使钩上，钓鱼"。
renab"上漆，油漆" > pa-renab"油漆(名词)"。
reneŋ/renen"呻吟，痛苦而发出的哼哼声" > pa-reneŋ"发出呻吟，使有痛苦声"。
sabun"(外)肥皂" > pa-sabun"让某人打肥皂，使之抹肥皂"。
saleked"门闩" > pa-saleked"使之闩上"。
saliabuŋ"头巾" > pa-saliabuŋ"给别人带上头巾"。
saḷaj"套绳" > pa-saḷaj"叫别人弄绳子，让别人把套绳套上"。
saŋajaŋaj"凉棚" > pa-sanajaŋaj"让别人搭凉棚"。
saresar"手钻" > pa-saresar"让别人钻，使钻"。
sata"税，税收" > pa-sata"交税，使交税"。
senaj"歌曲" > pa-senaj"使别人唱歌，叫别人唱歌"。
siesi"被风吹进屋里的雨" > pa-siesi"让(被风吹进屋里的)雨淋湿"。
sikudaj"(外)功课，作业" > pa-sikudaj"布置功课，布置作业，使有功课"。
sudip/suḍip"斧头" > pa-sudip"给斧头，使用斧头劈"。
suŋal"小腿，鞠躬" > pa-suŋal"让鞠躬，使鞠躬，使小腿弯曲"。

susu"乳房，奶水" > pa-susu"使吃奶，喂奶"。

suud"绳套" > pa-suud"叫别人(用绳套)去套，使套住"。

ʈumʈum(tumʈum?)"咚咚的鼓声" > pa-ʈumʈum"使发出咚咚的鼓声，打鼓"。

Lidiŋ"耳环，轮子" > pa-Lidiŋ"车"。

bali/baɭi"风" > pa-bali"使有风，吹风" > pabali-an"鼓风机，吹风机"。

tabu"干粮" > pa-tabu"使有干粮" > patabu-an"使有干粮的地方，饭盒"。

siwsiw"小鸡的叫声" > siwsiwan"小鸡" > pa-siwsiwan"小鸡笼"①。

aʈab"盒盖" > pa-aʈab"使盖上，使合拢" > paaʈab-aw"被使合拢，被调整对拢"。

nana"病，疼痛" > pa-nana"使有病，使疼痛" > panana-aw"使受伤"。

dawak"毒，毒药" > pa-dawak"使毒害，下毒" > padawak-aj"被毒害，被下毒的"。

siku"肘，肘部" > pa-siku > pasiku-aj"肘部挨打"。

suŋaɭ"小腿" > pa-suŋaɭ > pasuŋaɭ-aj"小腿被打"。

ʔudal"雨" > pa-ʔudal"使淋湿" > paʔudal-anaj"使受雨淋湿，使被雨淋湿"。

(4) 前缀 pa- + 动词根的重叠第一式 > 动词［表示使从事动词根所表达进行体、表工具名词］。

ated"送，护送" > a-ated > pa-aated"在邮寄，在邮送"。

asat"高的" > ka-asat(?)"上方，上边" > kasat > ka-kasat > pa-kakasat"垫子(指物体上面的保护层)，罩衣，套衣"。

---

① 按照一般规律，"小鸡笼"应该是 puasiwsiwanan，可能有误。

beḷias"倒逆，翻倒" > ba-beḷias > pa-babeḷias"找给的零钱"。

buḷas"代替" > ba-buḷas > pa-babulas"使互相代替，转换，改换，调换"。

dawak"毒" > padawak"使有毒，下毒，毒害" > pa-dadawak"毒药，鱼藤草"。

kawaŋ(？)"行动，运动" > ka-kawaŋ > pa-kakawaŋ"使发动、开动、运转机器"。

litek"凉、冷" > la-litek > pa-lalitek"正在使东西变凉"。

ḷaŋal"双人杯" > la-laŋal > pa-lalaŋal"(叫他人)用双人杯请人喝酒"。

ḷibun"工资，工钱" > ḷa-ḷibun > pa-ḷaḷibun"使有工资，发工资，发工钱"。

nau"看" > na-nau > pa-nanau"表现、表达，(正在)让别人看"。

renab"上漆，油漆" > ra-renab > pa-rarenab"正在油漆，正在上漆"。

ripi"滋萌" > ra-ripi > pa-raripi"连接"。

sabuŋ"处分，惩罚" > sa-sabuŋ > pa-sasabuŋ"正在罚款，正在执行罚款，在处罚"。

sagar"喜欢，爱" > sa-sagar > pa-sasagar"给予奖励，正在促使喜欢"。

sata"税务，税收" > sa-sata > pa-sasada"正在交税，税款"。

tabaw"浮起来，浮" > ta-tabaw > pa-tatabaw"浮标，浮儿"。

tabaw"浮起来，浮" > ta-tabaw > pa-tatabaw"使正在漂浮"。

takesi/taksi"读书，念书，学习" > ta-ka-kesi > pa-takakesi"使讲课、上课，教师，讲师"。

suruk"推举，指使，指派，代替" > sa-suruk > pa-sasuruk"被指派去的办事人员"。

ṭumṭum"打鼓的咚咚声" > pa-ṭumṭum"打鼓" > paṭu-a-mṭum"打

鼓订婚仪式"。

buḷas"替换，代替" > ba-buḷas > pa-buḷas > pababulas-aw"（被互相）调换或替换"。

(5) 前缀 pa- + 动词根的重叠第一式 + 后缀-an > 名词[表示从事动词根所表达的动作的工具或地方]。

keḍeŋ"拉，牵" > ka-keḍeŋ > pa-kakeḍeŋ > pakakeḍeŋ-an"橇（拉木柴的滑行工具）"。

kuatis"坏的" > ka-kuatis > pa-kakuatis"危害，损坏" > pakakuatis-an"危害性"。

suruk"指派或指使去做，推举，代替" > sa-suruk > pa-sasuruk"使指派去做" > pasasuruk-an"办事员"。

susu"乳房" > sa-susu > pa-sasusu"给予奶喝，喂奶" > pasasusu-an"喂奶的地方"。

(6) 前缀 pa- + 动词根的重叠第二式 > 动词[表示使从事动词根所表达的动作重复进行]；

(7) 前缀 pa- + 形容词根的重叠第二式 > 动词[表示使形容词根所表达的性质状态的加深]。

ḷinaj"玩耍" > lina-ḷinaj"重复玩耍" > pa-linalianaj"使玩耍，使游戏"。

rekep"安装，设置，栓" > reke-rekep > pa-rekerekep"（重复地）安装、设置"。

risan"一样，相同" > risa-risan > pa-risarisan/pa-risarisaŋ"使（许多东西）同等，使平等"。

tawar"慢，缓慢，迟缓" > tawa-tawar > pa-tawatawar"使慢慢地，使慢吞吞的"。

agel(?)"焦急，快" > age-agel > pa-ageagel"使很焦急，使很快，催快" > pageagel-aw"被催促，被催快,"。

kiaŋer"想" > ki-aŋe-aŋer"想了又想" > kiaŋaŋer > pa-kiaŋaŋer"使

想一想"> pakiaŋaŋer-aw"被别人让想了又想、考虑考虑"。

risan"一样，同类"> risa-risan > pa-risarian"使一样"> parisarisan-aw"(很多东西)被弄成一样"。

agel"焦急，快"> age-agel > pa-ageagel"使更焦急，使更快，催快"> pageagel-u"让别人走快点！让他快点走开！(祈使)"。

lupe"闭眼"> lupe-lupe > pa-lupelupe"使不断闭眼"> palupelupe-an"决明草"。

runi"声音"> runi-runi > pa-runiruni"使不断地发出声音或发出很多的响声，"> paruniruni-an"响声器"。

sata"税务，税收"> sata-sata > pa-satasata"使多次地交税"> pasatasata-an"税务局、税务所、交税的地方"。

suruk"推举，指派或指使去做某事，代替去做某事"> surusuruk > pa-surusuruk"使去做很多事"> pasurusuruk-an"办事处，办事的人多"。

(8) 前缀 ka- + 形容词根 + 前缀 pa- > 动词[使具有该形容词之特征]。

baʈiŋ"头疼"> ka-baʈiŋ > pa-kabaʈiŋ"使头疼，让人难受"。

beʈeker"吃饱"> ka-beʈeker > pa-kabeʈeker"让吃饱，使吃饱"。

buḷaj"美丽，漂亮"> ka-bulaj > pa-kabulaj"使美丽，使去掉尘垢，弄清洁，使清秀"。

imaran"油汁多的，好吃的，味美"> ka-imaran > pa-kaimaran"使好吃，有味道"。

inaba"好"> ka-inaba > pa-kainaba"使保持健康，保养身体"。

laɖam"知道，懂，会，熟悉"> ka-laɖam > pa-kalaɖam"使知道，使会，训练，通知"。

labeni(?)"咸的"> ka-labeni > pa-kalabeni"使变成咸的"。

kesir(?)"势力，实力"> makesir"有势力或实力"> ka-makesir > pa-kamakesir"使有势力或实力，使加强，使加把劲儿"。

marua"足够，满足" > ka-marua > pa-kamarua"使满足、足够，(使)感到满意"。

raŋer"想" > ka-raŋer > pa-karaŋer"使想起，回想，引起回忆，感觉到的"。

saeru"笑" > ka-saeru > pa-kasaeru"噱头，用噱头逗笑，使发笑"。

sagar"喜欢，爱" > ka-sagar > pa-kasagar"奖励，奖赏，嘉奖"。

sibuŋ"蚀本，亏本" > ka-sibuŋ > pa-kasibuŋ"给予赔偿损失"。

ʔudal"雨，下雨" > ka-ʔudal > paka-ʔudal"使有雨，祈求下雨的祭奠"。

(9) 形容词根 + 复合前缀 paka- > 动词[使被弄成具有该形容词之特征]，+ 后缀-aw > 被动语态。

makesir"势力、实力" > ka-makesir > pa-kamakesir"使有势力或实力，使加强，使加把劲儿" > pakamakesir-aw"使打赢，使胜利"。

raŋer"想" > ka-raŋer > pa-karaŋer"使想起，回想，引起回忆，感觉到的" > pakaraŋer-aw"使被思念，使被思考，被回忆起或联想到"。

reuden(?)"娇气的，娇嫩的" > ka-reuden > pa-kareuden > pakareuden-aw"让撒娇，宠爱"。

ţina > ka-ţina > pa-kaţina"使变大，夸大，夸张" > pakaţina-aw"被夸大的，被夸张的"。

(10) 形容词根 + 复合前缀 paka- > 动词[使被弄成具有该形容词之特征]，+ 后缀-aj > 被动语态。

sagar"喜欢，爱" > ka-sagar > pa-kasagar"奖励，奖赏，嘉奖" > pakasagar-aj"发奖状，发奖品，发奖金，给予奖励或嘉奖，被奖赏"。

semaŋal"喜欢" > ka-semaŋal > pa-kasemaŋal"使别人喜欢" > pakasemaŋal-aj"使被人喜欢，使被奖励，奖品"。

uḷane"肥，胖"＞ka-uḷane＞pa-kauḷane"使变肥，使变成胖的"＞pakauḷa-ḷane"使变成很肥，使变成很胖"＞pakauḷaḷane-an"要被养肥的、要被养胖的"。

(11) paka- + 名词根(方位)＞动词[从…经过]。

dare"地下，地上，下面"＞paka-dare"从下面经过"。

likudan"后面，后边"＞paka-likudan"从后面经过，最后面"。

ŋuŋuaan"前面，前边"＞paka-ŋuŋuaan"从前面经过，最前边"。

sabak"里面，里边"＞paka-sabak"从里面经过，最里面的，里层的"。

sat(?)"上方，上面"＞paka-sat"从上面经过"。

tenuk"中间，中心"＞paka-tenuk"从中间经过"。

ṭapiŋiran(?)"边沿"＞paka-ṭapiŋiran"从边上通过，最边边"。

paka 附加在重叠第一式

kasat"上方，上面"＞pakasat＞pa-ka-kasat"垫子(指物体上面的保护层)，罩衣，套衣"。

sabak"里面，里屋"＞paka-sabak＞paka-sa-sabak"垫子(指物体下面的保护层)，贴身衣，内衣，内裤，衬裤"。

sagar"喜欢，爱"＞paka-sagar"奖励，奖赏，嘉奖"＞paka-sa-sagar"授奖，发奖"。

(12) 由复合前缀 pake-和词根组成的词只有 4 个：

ladam"知道，习惯，熟悉"＞pake-ladam"报告，通告，公布，发表，鸣警笛"；

ladam"知道，习惯，熟悉"＞pake-ladam"报告，通告，公布，发表，鸣警笛"＞pakaladam-an"记号，符号"；

ladam"知道，习惯，熟悉"＞pake-ladam"报告，通告，公布，发表，鸣警笛"＞pake-la-ladam"通信，信号，打暗号"；

laŋ"伙伴，伴侣"＞pake-laŋ"集体结伴到溪谷打鱼会餐"。

(13) paki- + 名词根＞动词。

leŋaw"声音，回音" > ki-leŋaw"听" > pa-kileŋaw"让听，给听"。
nuŋaan"前，前面" > ki-nuŋaan > pa-kinugaan"预先，预备，首先，最初，最前面"。
aŋer"思考，心思" > ki-aŋer"想" > pa-kiaŋer"（使）考虑到，想到，感觉到"。

（14）paku- + 动词根/形容词根 > 使役动词。

mabeʈa"假的，不真实" > pa-ku-beʈa"信以为假，认为是假的"。
renaŋ"跟随，跟着" > ra-renaŋ > arenaŋ > pa-ku-arenaŋ"使之跟随着、陪伴，影响着"。
renaŋ/renan"跟随，跟着" > pa-ku-renaŋ/pa-ku-renan"使陪伴"。
panaan"真的，真实的" > pa-ku-panaan"相信，信以为真"。

（15）复合前缀 para- + 名词根[可支配的] > 名词或动词[表示嗜好、擅长等意义]。

babui"野猪" > para-babui"打野猪的能手，擅长捕野猪"。
bawan(pawaŋ?)"屁" > para-bawan"爱放屁的人，老放屁"。
ɖuk(?)"捡，聚积" > para-ɖuk"爱捡破烂的人，拾荒者"。
eraw"酒" > para-eraw"爱喝酒，嗜好喝酒，贪杯，酒鬼"。
irubaŋ"菜，青菜" > para-irubaŋ"爱好吃菜，吃菜多"。
isiʔ"尿" > para-isiʔ"尿频，老是撒尿"。
kadaw"太阳" > para-kadaw"爱晒太阳，一种无毒的小蟒蛇"。
lupe"闭眼睛" > para-lupe"爱睡觉的人，贪睡的人，嗜好睡觉"。
l̥ikulaw"狍子" > para-l̥ikulaw"打狍子的能手，擅长打狍子，爱打狍子"。
marenem"鹿" > para-marenem"打鹿能手，擅长猎鹿"。
rakap"摸索，摸黑走路" > para-rakap"爱探索的，好奇的"。
rawa"猎获物，猎物" > para-rawa"打猎能手，擅长打猎"。

senaj"歌曲，歌" > para-senaj"爱唱歌，擅长唱歌，歌手"。

siaw"汤，菜汤" > para-siaw"爱好喝菜汤的"。

tamaku"香烟，叶烟" > para-tamaku"爱抽烟的人，爱好抽烟，嗜好抽烟"。

tika"命中，打中" > para-tika"打枪能手，枪手，擅长打枪"。

tiw(?)"圈套" > para-tiw"打圈套能手，擅长用圈套套住野兽"。

ʈumaj"熊" > para-ʈumaj"猎熊能手，擅长猎熊"。

ura"小鹿，一种体小的鹿" > para-ura"猎小鹿能手，擅长猎小鹿"。

bait"烧，焚，焦" > para-bait"起火，发生火灾，火灾"。

sede"休息" > para-sede"经常旷工，经常旷课，经常不去劳动"。

uninan"白天，白昼" > para-unian"睡过头，老起床迟"。

buraw"放飞，放跑，脱手" > para-buraw"使脱手逃跑" > paraburaw-aw"被使脱手逃跑，被让脱手逃跑"。

（16）复合前缀 pa-re- + 动词根 > 动词[使（两者）互相]。

belias"倒逆，翻倒" > pare-belias"使互相倒逆，（使互相）改换，归还，偿还"。

biŋit"皱眉头，蹙，哭丧着脸" > pare-biŋit"使哭丧着脸，使皱眉头"。

kameli"不同，与众不同，非常" > pare-kameli"使互相不同，辨别，（使）分开"。

panau"看" > pare-panau"让（使）互相看，对比，对照，比照"。

paua"正好，恰好" > pare-paua"使互相恰好，调节，调整，调理"。

negneg"（水）清亮，清澈" > pare-negneg/pa-rnegneg"使（水）变成清澈"。

kameli"不同，与众不同，非常" > pare-kameli"使互相不同，辨别，（使）分开" > pare-k-ameli-an"差别，异同，不同之处"。

tinuas"分手，离别，离异" > pa-re-tinuas"使互相分开、分散、分手" > pa-re-tinuas-aw/partinuas-aw"使被分散、分开、分手"。

ɖuma"别的，另外，其他" > ɖuma-ɖuma > pare-ɖumaɖuma"辨别，划分，分类"。

sepi"撕，扯" > sepi-sepi > pare-sepisepi"扳开，分株，分兜，分棵"。

simuk"笑，风趣，笑话" > simu-simuk > pare-simusimuk"（多人）互相开玩笑，（使多人）互相取笑"。

ʔenaj"水" > pa-re-ʔenaj"腐烂了，饭腐烂后溶化成水"。

（17）复合前缀 pa-re- + 数词根，词义为[次/趟/回]和词根意义的叠加与整合。

tuɭun"三" > pa-re-tuɭun"（做了）三次，三趟"。

sama"几" > pa-re-sama"几次，几趟，几回"。

前缀 pi-

（1）前缀 pi-具有"使带上，使穿上，使呈现，把…当作"等语义特征。

ɖaraŋ(?)"红色" > pi-ɖaraŋ"使之变红，变红起来"。

kadu/kaɖu"居住，在" > pi-kadu/pikaɖu"使居住，给安置，给留着；必须安置！（祈使）"。

kipiŋ"衣服，上衣" > pi-kipiŋ"请给…穿上衣服（上衣）！（祈使）"。

kiruan"衣物" > pi-kiruan"把衣服穿上，穿上衣服"。

kuaŋ"枪" > pi-kuaŋ"请带上枪，请把枪带上！（祈使）"。

sikaw"被袋，网袋" > pi-sikaw"带上网袋，把网袋带上"。

siwgu"水牛，水牯牛" > pi-siwgu"牵上水牛，把水牛牵上"。

sukun/sukuŋ"裙子" > pi-sukuŋ"穿上裙子，把裙子穿上"。

tepa"面对，冲向" > pi-tepa"出任，担任，当任…岗位，负责"。

ɖaraŋ"红色" > pi-ɖaraŋ"使之变红，变红起来" > piɖaraŋ-aw"被弄成红色，使之被变红"。

ikur"尾巴" > pi-ikur"做尾巴，当作，当做" > piikur-aw"被当作尾巴，被做成尾巴"。

kuse"鞋" > pi-kuse"给…穿上鞋" > pikuse-aw"鞋被穿给某人，穿着，穿上（鞋）"。

leap"席子" > pi-leap"当做席子" > pileap-aw"被当做席子"。

pakpak/pakapak"翅膀" > pi-pakpak"做翅膀，当做翅膀" > pi-pakpak-aw"被当做翅膀"。

raʔ 与之相同 at/raat"青色" > pi-raʔat"使之变青色" > piraʔat-aw"使之被变成青色"。

ruma"家，房子" > pi-ruma"?" > piruma-aw"被留在家里，居留"。

ʔɖeŋ(?)"躺下" > pi-ʔɖeŋ"使躺下" > piʔɖeŋ-aw"被弄躺下了"。

siŋsiŋ"铃铛，铃声" > pi-siŋsiŋ"给…带上铃铛" > pisiŋsiŋ-aw"被别人带上铃铛"。

tamina"船，舟" > pi-tamina"当做舟，做船" > pitamina-aw"被当做船，被做成船"。

tatuus"鸟嘴，喙" > pi-tatuus"做喙" > pitatuus-aw"被做成喙，被当做鸟嘴"。

tepa"面对，冲向" > pi-tepa"出任，担任" > pi-ta-tepa"即将出任，要担任" > piatepa。

kadu"居住，在" > pi-kadu"给安置，给留着！（主动，祈使）"

> pikaku-u"给安置，给留着！（被动，祈使）"。

ŋula"张开嘴" > pi-ŋula"请张开嘴！（主动，祈使）" > piŋula-u"请张开嘴！（被动，祈使）"。

（2）复合前缀 pia- + 方位名词 > 动词［朝、向］。

dare"地，地上，地下，土" > pi-a-dare"向下，朝下的"。

isat/isaʈ"上，上面" > pi-a-isaʈ"向上，朝上的"。

timul"南" > pi-a-timul"向南，朝南的"。

ḻauɖ"东" > pi-a-ḻauɖ"向东，朝东的"。

ʔami"北" > pi-a-ʔami"向北，朝北"。

ɖaja"西" > pi-a-ɖaja"向西，朝西"。

likudan"后" > pi-a-likudan"向后，朝后的"。

ŋuŋujan"前" > pi-a-ŋuŋujan"向前，朝前的"

前缀 pu-

前缀 pu-具有［主事］、［趋向/移动］、［使动］、［及物］等意义特征。

（1）前缀 pu- + 动词根 > 动词，词义为［主事］、［趋向/移动］、［使动］、［及物］等语义特征跟词根意义的叠加与整合。

asal"搬迁，挪动，迁徙" > pu-asal"使之挪动，请别人迁移、移居、搬家"。

atel"扔" > pu-atel"使扔掉，丢掉"。

biʔi"飞" > pu-biʔi"使之飞起来，（把鸟）放飞，放（风筝）"。

burek"回去，走开，离去" > pu-burek"使回去、走开、离去，打发走、离开"。

dawil"远" > pu-dawil"把…挪远，请别人离远点，使远离"。

iriŋ"倾斜，歪" > pu-iriŋ"使倾斜，使歪斜，使偏斜"。

laŋ/l̯aŋ"伙伴" > pu-laŋ/pu-l̯aŋ"使去陪伴，帮助、帮忙"。
lased/laseḍ"藏" > pu-lased/pu-laseḍ"使藏起来，藏(使动)"。
sama"余下，剩余" > pu-sama"使余留下，让留下来"。
seneŋ(?)"隔离，分离，离开" > pu-seneŋ"使离开，(使)分裂，(使)分家，"。
ṭukur"凸出，鼓出，突现" > pu-ṭukur/pu-ṭuk"使鼓出，鼓着肚子，大肚子"。
uka"去" > pu-uka"让去，放去，使去，放" > puka。
war(?)"跑，逃" > pu-war"逃走，逃跑"。
wari"慢" > pu-ari"使移动缓慢，晚，慢"。

(2) 前缀 pu- + 方位名词根 > 动词，词义为[主事]、[趋向/移动]、[使动]、[及物]等语义特征跟词根意义的叠加与整合。

dare"地下，地面，地上" > pu-dare"使移到下面，放下来，拿下来"。
isaṭ/isaṭ"上，在上面，在上方" > pu-isaṭ"使移到上面，垫高"。
l̯iŋidaŋ/l̯iŋidaŋ"边，旁，边沿，河岸" > pu-l̯iŋidaŋ/pu-l̯iŋidaŋ"使(船)靠岸"。
paṭaran"外面" > pu-paṭaran"使移到外面，那出来，掏出，取出(钱)，搬出"。
ruma"家" > pu-ruma"使移到家里，带回家，领回家"。
sabak"里面，里屋" > pu-sabak"使移到里面，使进入、深入，把客人请进屋，收到"。
saninin"隔壁，旁边，附近" > pu-saninin"使移到旁边，挪到一边"。
sikusia"(外)校舍，宿舍" > pu-sikusia"使移到宿舍，住宿舍，给宿舍"。

uma"田，田野" > pu-uma"使移到田野，卑南社，卑南族"。

(3) 前缀 pu- + 名词根 > 动词，词义为[主事]、[趋向/移动]、[使动]、[及物]等语义特征跟词根意义的叠加与整合，即表示"把……安放上"等意义。

aseban"冒烟的地方，烟熏的地方" > pu-aseban"安上烟筒，安上烟囱"。

kajakaj"桥" > pu-kajakaj"(在某处)架桥"。

keɖaŋ"力量，力气" > pu-keɖaŋ"把力量赋予，把力气安放在"。

kiam"账，债" > pu-kiam"欠账，记账(买东西时不付现款)"。

ŋaḻaɖ/ŋaḻaɖ"名字" > pu-ŋaḻaɖ/pu-ŋaḻaɖ"点名，记名字，命名，取名"。

sema"舌头" > pu-sema"(给玩具等)安上舌头"。

sieḻas"小石子" > pu-sieḻas"(给马路)铺上小石子，把小石子铺在马路上"。

sikaw"网袋，背袋" > pu-sikaw"放上网袋，背上网袋"。

wali"牙齿" > pu-wali"镶上假牙，镶金牙，安上牙齿"。

dare"地下，地面，地上" > pu-dare"使移到下面，放下来，拿下来" > puda-dare"在卸下，正在卸货，正在卸车" > puadare。

(4) 前缀 pu- + 动词根/名词根重叠第一式 > 动词，[主事]、[趋向/移动]、[使动]、[及物]、[进行体]等语义特征跟词根意义的叠加与整合。

keɖaŋ"力量，力气" > pu-keɖeŋ"把力量赋予，把力气放在" > pu-kakeɖaŋ"正在赋予神力，给人加油提精神" > puakeɖaŋ。

ruma"家，房子" > pu-ruma"使移到家里，带回家，领回家" > pu-ra-ruma"入赘，婚礼，新郎，结婚，成家" > puaruma。

imar"动物油，脂肪" > pu-imar"抹油，上油，加油" > pu-a-i-mar"正在加油、上油、抹油"。

kipiŋ"衣服，上衣" > pu-kipiŋ"穿上衣服，把上衣穿上，给人穿上衣服" > puka-kipiŋ"正在把衣服穿上，在给别人穿上衣服" > puakipiŋ。

ʔaḻak/alak"取，拿" > pu-ʔaḻak"使拿，使取" > pu-ʔa-ʔaḻak"在(使)除掉，正在拿掉"。

ḍaɲi"行走" > pu-ḍaɲi"使行走" > pu-ḍa-ḍaɲi"领人串门，引路(到别处)，邀请"。

(5) 前缀 pu- + 词根 + 后缀-u/-i > 动词，词义为[使动]、[趋向/移动]、[被动]、[祈使]等语义特征与词根意义的叠加整合。

ʔaḻak/alak"取，拿" > pu-ʔaḻak"使拿，使取" > puʔaʔaḻak-u"除掉，拿掉！(祈使，被动)"。

burek"回去，离开，走开" > pu-burek"使走开，使离去" > puburek-u"让他走开(被动，祈使)"。

isaṯ/isat"上面，上方" > pu-isaṯ/isat"使移上，提升，晋升" > puisaṯ-u"给上去！让被提升！让被拿到上面！(被动，祈使)"。

paṯaran"外面" > pu-paṯaran"使移到外面" > pupaṯaran-u"那出去，让搬出去(被动，祈使)"。

sabak"里面，屋里" > pu-sabak"使移到屋里，使进去，让进入" > pusabak-i"进去！(被动，祈使)"。

dare"地下，地面，地上" > pu-dare"使向下移，使移到地下" > pudare-dare"(使)降低，使降落，使不断地向下移"。

(6) 前缀 pu- + 词根 + 后缀-aw > 动词，词义为[使动]、[趋向/移动]、[被动]、[一般体/完成体]等语义特征和词根的意义的叠加整合。

aḻak"拿，取" > pu-aḻak"使拿去，使取去" > puaḻak-aw"被使拿掉，拿掉"。

baḻaŋ(?)"市场" > pu-baḻaŋ"使移到市场，上市" > pubaḻaŋ-aw"被上市"。

biḻin(?)"留下" > pu-biḻin"使留下" > pubiḻin-aw"让（被）留下"。

biʔi"飞" > pu-biʔi"使飞，（把鸟等）放飞" > pubiʔi-aw"使飞，（鸟等）被放飞（被动）"。

dare"地下，地面" > pu-dare"卸下，使移到地下" > pudare-aw"被卸下，使落地"。

ḍaḍaɲi"行走，散步" > pu-ḍaḍaɲi"让走，使行走，驱赶，驾驶" > puḍaḍaɲi-aw"被让行走，被放行，被驾驶，被驱赶"。

laseḍ/laseḍ"藏" > pu-lased/pu-laseḍ"使藏，把…藏起" > pulased-aw"被藏在，使被藏"。

likudan"后面" > pu-likudan"使移到后面" > pulikudan-aw"被使后退，被往后推迟"。

seneŋ"隔离，分离，隔开" > pu-seneŋ"分家，使分离、分裂" > puseneŋ-aw"被分家出去了，被分离出去了"。

siwa"岔口，岔路" > pu-siwa"使走岔路" > pusiwa-aw"被使走岔路"。

(7) 前缀 pu- + 词根 + 后缀-aj > 动词，词义为[使动]、[趋向/移动]、[被动]、[一般体/完成体]等语义特征和词根的意义的叠加整合。

ŋaḻad"名字" > pu-ŋaḻad"给取名字，赋予名字，命名" > puŋaḻad-aj"被取名字"。

enaj"水" > pu-enaj"（在田等里面）放上水" > puenaj-aj"被浇上水"。

kajakaj"桥" > pu-kajakaj"架桥" > pukajakaj-aj"被架上桥"。

kiam"债" pu-kiam"使背债，压债，记账" > pukiam-aj"被压债，使被背债，使欠账"。

laŋ"伙伴" > pu-laŋ"使陪伴，帮助" > pulaŋ-aj"被陪伴"。

(8) 前缀 pu- + 词根的第二重叠式 + 后缀-aw > 动词，词义为[使动]、[趋向/移动]、[被动]、[一般体/完成体]、[重复/持续]、[深化/强化]语义特征和词根的意义的叠加整合。

　　dare"地下，地面，地上">pu-dare"使向下移，使移到地下">pudare-dare"(使)降低，使降落，使不断地向下移">pudaredare-aw"降低，使降落，使不断地向下移(被动)"。

　　isat/isaṭ"上面，上方">pu-isat"使移到上面">puisa-isat"使不断向上移">puisaisat-aw/isaisaṭ-aw"被提拔，被提级，被提高，被提升，被抬高"。

　　kasa(?)"一">pu-kasa"使成为一个，合并">pu-kasa-kasa-aw"合起来，综合起来，总共，总计(被动)"。

　　(9) 复合前缀 pua- + 名词根 > 名词[专用工具]。

　　asel"胳膊">pua-asel"手镯，镯子">puasel。

　　ḷima"手，五">pua-lima"手套"。

　　(10) 复合前缀 pua- + 名词根 + 后缀-an > 名词[处所]。

　　beras(baras?)"米">pua-berasa"放米">puaberas-an"放米的地方，米缸"。

　　dare"地下，地面">pua-dare"使移到地下，卸下，卸货">puadare-an"卸货的地方"。

　　enaj"水">pua-enaj"存放水，灌水">puaenaj-an"灌水的地方，水池，水箱"。

　　guŋ"牛">pua-guaŋ"关牛">puaguaŋ-an"关牛的地方，牛圈，牛棚"。

　　idus"勺子，木勺">pua-idus"存放木勺">puaidus-an"存放木勺的地方，木勺筐"。

　　imar"油，脂肪">pua-imar"存放油">puaimar-an"装油的地方或工具，油罐，油桶"。

　　kipiŋ"上衣">pua-kipiŋ"存放上衣">puakiŋ-an"存放上衣的地方，衣柜，衣箱"。

　　kiruan"衣物">pua-kiran"存放衣物">puakiruan-an"存放衣物

的地方，衣柜"。

liuŋ"猪" > pua-liuŋ"关猪" > pualiuŋ-an"关猪的地方，养猪的地方，猪圈"。

pun"（外）猪饲料，淘米水，剩饭" > pua-pun"存放饲料，放淘米水，装剩饭" > puapun-an"存放饲料、淘米水或剩饭的地方，存放剩饭的桶"。

ʔajam"鸟" > pua-ʔajam"关鸟，存放鸟" > puʔaʔajam-an"关鸟的地方，鸟笼"。

siriʔ"羊" > pua-siriʔ"关羊，把羊关起" > puasiriʔ-an"关羊的地方，羊圈"。

turkuk/turekuk"鸡" > pua-turkuk"把鸡关上，关鸡" > pu-aturkuk-an"关鸡的地方，鸡笼，鸡埘"。

（11）复合前缀 puka- + 数词根的重叠第一式 > 序数词[第⋯]。

ɖaɖua"二个" > puka-ɖaɖua"第二个，第二名，第二的"。

enem"六个" > puka-a-enem"第六，第六个，第六名" > pukaanem。

tuɭun"三" > puka-ta-tuɭun"第三，第三个，第三名"。

ɭimaʔ"五" > puka-ɭa-limaʔ"第五，第五个，第五名"。

（12）复合前缀 putu-附加在名词根上，构成动词，表示"使变成⋯，使当上⋯，使成为"等意义。

irupan/irupaŋ"菜" > putu-irupan"使变成菜，做成菜" > putuirupan-aw"被做菜"。

siubugumi"消防队员" > putu-siubugumi"使变成消防队员，使当消防队员"。

siŋsi"先生，老师" > putu-siŋsi"使当老师" > putusiŋsi-aw"被请当老师"。

ʈaʈali(ʔ)"绳子" > putu-ʈaʈali"使变成绳子"。

前缀 ra-

前缀 ra-,表示成为、变成、具有某种习性或特征等意义,与其他词根独立组合的能力很小,目前仅发现两个例证,但是,它能和许多其他前缀组合成复合前缀,如 kara-、mara-、para-、pura- 等。

(1) 前缀 ra- 与词根组合,目前只发现两个例证:

bak(?)"屋里,里" > ra-bak"怀抱,蕴涵" > ku-rabak"同胞"。

ŋer"心" > ra-ŋer"思想,精神,心思"。

(2) 前缀 ra- + 名词根的重叠二式 + 后缀 -an > 动词/名词[具有并突显该名词根所表达的某种特征]。

damuk"血" > ra-damudamuk-an"血淋淋的,血迹斑斑,血很多"。

dapal"脚" > ra-dapadapal-an"脚特大的,脚特长的"。

ɖaŋuru"头,脑袋" > ra-ɖaŋuruŋuru-an"大脑袋,头特大,大头儿"。

gumul"毛,汗毛" > ra-gumugumul-an"毛茸茸的,毛多的,长很多汗毛的"。

ikur"尾巴" > ra-ikuikur-an/ra-ikuikur-aŋ"尾巴特长的,尾巴很有特点的"。

kuḷaŋ"青菜" > ra-kuḷakuḷaŋ-an"青菜多,青菜特别多的地方"。

maṭa"眼睛" > ra-maɖamaɖa-an"大眼睛,眼睛突出貌,眼睛特大的"。

maṭa"眼睛" > ra-maṭamaṭa-an"大眼睛,眼珠突出"(maṭamaṭa"眼里")。

ŋis(ŋisŋis?)"胡子" > ra-ŋisŋis-an"胡子特多的,大胡子"。

sedeŋ/seden"眉毛" > ra-sedesedeŋ-an"眉毛特浓的，眉毛特别多"。

siku"肘" > ra-sikusiku-an"肘部特别大"。

suaŋ"（牛羊的）角" > ra-suasuaŋ-an"大牛角，角特别大"。

taŋeraŋ"胸膛，胸部" > ra-taŋeraŋeraŋ-an"胸部宽大的人"。

tedek"屁股，臀部" > ra-tedetedek-an"臀部特大，大屁股"。

taɲiʟa/daɲiʟa"耳朵" > ra-taɲiʟaɲiʟaj-an"大耳朵，耳朵特大"。

ubal"白头发" > ra-ubaubal-an"白发特多的样子，白发特多"。

ukak"骨头" > ra-ukaukak-an"骨头特多，瘦得骨头嶙峋的"。

wadi"弟弟妹妹" > ra-wadiwadi-an"弟弟妹妹特别多"。

wali"牙齿" > ra-waliwali-an"大牙齿，大牙暴露貌"。

（3）前缀 kara- + 动词根 > 动词[表示二人以及二人以上参加的共同行为]。

abak"装进" > kara-abak"共同把东西装进"。

keɖeŋ"拉，牵、扯" > kara-keɖeŋ"多数人拉扯" > karakeɖeŋ-an"多数人拉扯的"。

sa"一" > kara-sa"（多数人）共有一只，只有一个"。

（4）前缀 kara- + 形容词根 > 形容词的比较级。

adare"低，矮" > mara-adare"比较矮，比较低，比…矮，比…低"。

asat/asaṭ"高" > mara-asaṭ"比较高，比…高"。

dawan"老，大" > mara-dawan"比较老，比较大，男性年龄组织中少年组的上级组织"。

inaba"好" > mara-inaba"比较好，比…好"。

maiɖaŋ"老，大" > mara-maiɖaŋ"比较大（年龄），比较老，比…大或老"。

makiteŋ"小" > mara-makiteŋ"比较小，比…小"。

maʈina"大" > mara-maʈina"比较大，比…大"。

nak(?)"年幼" > mara-nak"年纪较小"。

nak(?)"年幼" > mara-nak"年纪较小" > maranak-an"年幼者，男性年龄组织中少年组的下级组织"。

（5）前缀 mara- + 形容词根重叠第二式 > 形容词的最高级。

adare"低，矮" > adare-dare"低低的，矮矮的" > mara-adaredare"最低的，最矮的，最下层的，最下等的"。

asat/asaṭ"高" > asa-asat"高高的" > mara-asaasat"最高的，极高的，最高级的"。

bekal"新" > beka-bekal"新崭崭的" > mara-bekabekal"最新的，最新鲜的"。

inaba"好" > inaba-naba"好好的" > mara-inabanaba"最好的，最佳的，最优秀的"。

makiteŋ"小" > makite-kiteŋ"小小的" > mara-makitekiteŋ"最小的，最末尾的"。

maṭina"大" > matina-tina"大大的" > mara-matinatina"最大的，大极了"。

saima"少" > saima-ima"少少的" > mara-saimaima"最少的，少极了"。

saut"细长" > sau-saut"细细的" > mara-sausaut"最细的，细极了"。

bias"热" > bia-bias"热热的" > mara-biabias"最热的，热极了"。

ḍekan"宽" > ḍeka-ḍekan"宽宽的" > mara-ḍekaḍekan"最宽的，宽广极了"。

adalep"近" > adale-dalep"近近的" > mara-adaledalep"最近的"。

likeṭi"短" > likeṭi-keṭi"短短的" > mara-likiṭikeṭi"最短的"。

（6）前缀 para- + 可以支配的名词根 > 名词/动词[具有嗜好、擅长等意义]。

babui"野猪" > para-babui"打野猪的能手，擅长捕野猪"。

bawan(pawaŋ?)"屁" > para-bawan"爱放屁的人，老放屁"。
ḍuk(?)"捡，聚积" > para-ḍuk"爱捡破烂的人，拾荒者"。
eraw"酒" > para-eraw"爱喝酒，嗜好喝酒，贪杯，酒鬼"。
irubaŋ"菜，青菜" > para-irubaŋ"爱好吃菜，吃菜多"。
isi?"尿" > para-isi?"尿频，老是撒尿"。
kadaw"太阳" > para-kadaw"爱晒太阳，一种无毒的小蟒蛇"。
lupe"闭眼睛" > para-lupe"爱睡觉的人，贪睡的人，嗜好睡觉"。
ḷikulaw"狍子" > para-likulaw"打狍子的能手，擅长打狍子，爱打狍子"。
marenem"鹿" > marenem"打鹿能手，擅长猎鹿"。
rakap"摸索，摸黑走路" > para-rakap"爱探索的，好奇的"。
rawa"猎获物，猎物" > para-rawa"打猎能手，擅长打猎"。
senaj"歌曲，歌" > para-senaj"爱唱歌，擅长唱歌，歌手"。
siaw"汤，菜汤" > para-siaw"爱好喝菜汤的"。
tamaku"香烟，叶烟" > para-tamaku"爱抽烟的人，爱好抽烟，嗜好抽烟"。
tika"命中，打中" > para-tika"打枪能手，枪手，擅长打枪"。
tiw(?)"圈套" > para-tiw"打圈套能手，擅长用圈套套住野兽"。
ṭumaj"熊" > para-ṭumaj"猎熊能手，擅长猎熊"。
ura"小鹿，一种体小的鹿" > para-ura"猎小鹿能手，擅长猎小鹿"。
bait"烧，焚，焦" > para-bait"起火，发生火灾，火灾"。
sede"休息" > para-sede"经常旷工，经常旷课，经常不去劳动"。
uninan"白天，白昼" > para-unian"睡过头，老起床迟"。
buraw"放飞，放跑，脱手" > para-buraw"使脱手逃跑" > paraburaw-aw"被使脱手逃跑，被让脱手逃跑"。

(7) 前缀 tara-
nau"看" > tara-nau"注意" > taranau-an"瞭望台、监视楼"。
walan(?)"右" > tara-walan"右"。
walan(?)"右" > tara-walan"右" > tarawalan-an"右边"。
wiri"左，左撇子" > tara-wiri"左"。
wiri"左，左撇子" > tara-wiri-an"左边"。

前缀 re-

(1) 表示变成、致使等意义。
bak(?)"里" > re-bak"肚子胀，发胀"。
ŋaj"话" > re-ŋaj"讲，说话"。
palu"到此为止，到达" > re-palu > repalu-an"边界、土地分界线"。
siwa"岔口" > re-siwa"分岔"。
enaj"水" > a-enaj"很多水" > re-aenaj"有水的、水分多" > a-reaenaj"水分很多的，味道很淡的"。
(2) 前缀 kare-，目前只发现两个例证，即
belias"倒，返" > kare-belias"使返回，得回来"。
uden"娇气，娇嫩" > kare-uden/kare-udeŋ"撒娇，妩媚可爱的"。
(3) 前缀 kure-
bali/baḷi"风" > kure-bali"乘凉，让风吹凉"。
bali"天阴，阴凉，遮阴处" > kure-babali"乘凉，躲避太阳"。
nau"看" > kure-nau"出现，发现，清楚"。
nau"看" > kure-nau"出现，发现，清楚" > kurenau-aw"被显示出来，表现出来"。

nau"看" > kure-nau"出现，发现，清楚" > kurenau-aj"被发现，被暴露"。

nau"看" > kure-nau"出现，发现，清楚" > k-um-urenau"明显，显露，呈现"。

padek"背，负着" > kure-padek"骑（马等）"。

nana"伤，病，疼" > pa-nana"使病，使疼" > kure-panana"受伤"。

tinuas"分手，离别，离婚" > kure-tinuas"脱离，离开，分开"。

（4）前缀 ma-re- + 名词根［表示社会角色的名词］> 名词［表示互相形成的社会关系］。

ala"敌人，陌生人" > mare-ala"敌对关系，互相敌视"。

aḷi"男性之间的朋友" > mare-aḷi"（男性之间的）朋友关系"。

anai"女性之间的朋友" > mare-anai"（女性之间的）朋友关系"。

kataguin"配偶" > mare-kataguin"配偶关系，夫妻关系，结婚"。

kiaraḍak"恋人，对象" > mare-kiaraḍak"恋爱关系，恋爱对象"。

kuraḍak"同胞" > mare-kuraḍak"姐妹夫和姐妹的兄弟之间的关系"。

taina"母亲" > mare-taina"母子关系"。

teamu/amu"祖父" > mare-teamu"祖孙关系" mareteamu-an"祖孙关系"。

temama/mama"父亲" > mare-temama"父子关系"。

ṭau"人" > ṭau-ṭau"人人" > mare-ṭauṭau"亲戚关系"。

kasaṭ"楼层" > mare-kasaṭ"双层"。

（5）前缀 ma-re- + 动词根 > 动词［互动关系之动作］。

belias"翻倒，倒逆" > mare-belias"复原，恢复原状；返回，往回走"。

ḷadam"知道，习惯，会，熟悉，懂" > mare-ḷadam"苏醒，觉

醒，领悟"。

paua"正好，恰好" > mare-paua"相互吻合"。
tebuŋ"遇到，碰到" > mare-tebuŋ"相碰到，相遇到"。
tinuas"分手，离别" > mare-tinuas"分离，分开，分别"。
turus"追，跟随，次序，顺序" > mare-turus"相随，随后"。
padaŋ"准备，预备" > p-en-adaŋ"准备" > mare-penadaŋ"各自准备"。

前缀 ma-re 加动词根的重叠第一式 > 动词[互动关系之动作]。

dawil"远" > da-dawil > mare-dadawil"疏远，互相远离"。
pulaŋ"帮助，帮忙" > pa-pulaŋ > mare-papulaŋ"互相帮助"。

(6) 前缀 ma-re- + 动词根重叠第二式 > 动词[互动关系之动作]。

buḷas"代替" > bula-bulas > mare-bulabulas"轮流"。
paseki"固执己见" > paseki-seki > mare-pasekiseki"互不相让"。
nau"看" > nau-nau > me-naunau"看了又看" > mare -menaunau"互相看"。
kameli"不同" > kameli-meli > mare-kamelimeli"各种各样"。
laḍek" " > laḍe-laḍek" " > mare-laḍelaḍek"一身大汗，大汗淋淋"。

(7) 前缀 ma-re-加名词根 > 动词[互动关系之动作]。

maṭa"眼睛" > mare-maṭa"睁眼，刚开眼"。
ŋaj"话" > mare-ŋaj"说话，讲话"。
siwa"岔口，岔路，分岔" > mare-siwa"岔开，衣服裂开"。

(8) 前缀 ma-re-ka-加形容词或静动词 > 动词[互动关系之动作]。

inaba"好" > ka-inaba > mare-kainaba"相亲，亲善，和平共处，和好，互相友好"。

ladam/ladam/laɖam/laɖam"认识，知道，熟悉" > ma-ladam"知道" > kaladam > mare-kaladam"结识，相识"。

ameli"不对，错" > ka-meli > mare-kameli"交错，各不相同，相反"。

sagar"喜欢" > ka-sagar > mare-kasgar"互相友好，和好，彼此相互仰慕"。

（9）前缀 ma-re-ka- + 形容词/静动词重叠第一式→动词[越来越……]。

kiteŋ"小" > ka-kiteŋ > ka-kakiteŋ > mare-kakakiteŋ"越来越小"。

saut/saut"细长" > sa-saut > ka-sasaut > mare-kasasaut"越来越细"。

ʈebe(?)"粗" > ʈa-ʈebe > ka-ʈaʈebe > mare-kaʈaʈebe"越来越粗"。

ʈina"大" > ʈa-ʈina > ka-ʈaʈina > mare-kaʈaʈina"越来越大"。

ulane"肥，胖" > u-la-lane > ka-ulalane > mare-ulalane"越来越肥胖"。

inaba"好" > i-na-naba > ka-inainaba > mare-inanaba"越来越好"。

saɖu"多" > sa-saɖu > ka-sasaɖu > mare-kasasaɖu"越来越多"。

dawil"远" > da-dawil > ka-dadawil > mare-dadawil"越来越远"。

saima"少" > sa-a-ima > ka-saaima > mare-kasaaima"越来越少"。

maiɖaŋ"大，老" > ma-a-iɖaŋ > ka-maaiɖaŋ > mare-kamaaiɖaŋ"越来越大，越来越老"。

iɖaŋ"大，老" > a-iɖaŋ > ka-aiɖaŋ > mare-kaiɖaŋ"越来越大，越来越老"。

sagar"喜欢" > sa-sagar > ka-sasagar > mare-sasagar"越来越喜欢"。

ɭatak"胆怯" > ɭa-ɭatak > ka-ɭaɭatak > mare-kaɭaɭatak"越来越大胆怯"。

baŋaban"忙" > ba-a-ŋabaŋ > ka-baaŋabaŋ > mare-kabaaŋabaŋ"越

来越忙"。

tupa"腐烂" > ta-tupa > ka-tatupa > mare-katatupa"越来越腐烂"。

ulaŋ"疯子,疯" > a-ulaŋ > ka-aulaŋ > mare-kaaulaŋ"越来越疯狂,越来越糊涂"。

asaṯ/asat"高" > a-asaṯ > ka-aasaṯ > mare-kaaasaṯ"越来越高"。

adare"矮,低" > a-adare > ka-aadare > mare-kaaadare"越来越矮,越来越低"。

arii"快" > a-arii > ka-aarii > mare-kaaarii"越来越快"。

asepa"涩" > asa-sepa > ka-asasepa > mare-kaasasepa"越来越涩"。

bias"热" > ba-bias > ka-babias > mare-kababias"越来越热"。

sadeku"暖和" > sa-sadeku > ka-sasadeku > mare-kasasadeku"越来越暖和"。

ajaw"凉快" > a-ajaw > ka-aajaw > mare-kaaajaw"越来越凉快"。

alemek"细小" > ala-lemek > ka-alalemek > mare-alalemek"越来越细小"。

ḓekan"宽" > ḓa-ḓekan > ka-ḓaḓekan > mare-kaḓaḓekan"越来越宽"。

adalep"近" > ada-dalep > ka-adadalep > mare-kaadadalep"越来越近"。

uden"娇气" > a-uden > ka-auden" " > mare-kaauden"越来越娇气"。

(10) 前缀 ma-re-pa- + 动词根 > 动词[互动关系之动作]。

diŋwa"电话" > pa-diŋwa"打电话" > mare-padiŋwa"互相通电话"。

elibat"通过" > pa-elibat"使通过" > mare-paelibat"交错"。

emeli"错,不是" > pa-ameil"犯错误,弄错" > pameli > mare-pameli"相互弄错"。

nau"看" > panau"使看见" > mare-pau"互相观看,见面,会

面"。

ṭepa"面对" > pa-ṭepa"使面对" > mare-patepa"面对面,相对"。

tilil"写,字,文章,花纹" > pa-tilil"通信,使写" > mare-patilil"互相通信"。

uden"娇气" > re-uden > pa-ka-reuden-aw"让撒娇,宠爱,娇生惯养"。

buraw"放,放飞,放跑" > pa-ra-buraw-aw"让脱手逃跑"。

(11) pa- + re- + -aw

ŋaj"话" > pa-re-ŋaj-aw"让说,叫(他)说"。

tinuas"分手、离别、离婚" > pa-re-tinuas-aw"让互相离异"。

后缀-an

(1) 词根 + -an > 名词[处所、方式、样式等]。

aḻu"抬" > a-aḻu-an"双人抬的架子、轿子、担架"。

areḍ(aret?)"上发条、刹住" > a-areḍ-an"发条,弹簧,刹车(名词)"。

abu"灰,白灰" > abu-abu-an"灰堆,灰堆里"。

adawil"远,很远,遥远" > adawil-an"远离,遥远的地方,远方"。

aḍuk"捡,拾取,聚拢" > aḍu-aḍuk-an"捡东西的地方" > aḍaḍuk-an。

erem"贪婪" > a-erem-an"很贪婪,贪得无厌"。

akuŋ/aguŋ"牛" > agu-aguŋ-an"牛群,牛很多的地方"。

aip"念,数,读" > ai-aip-an"读书的地方,图书馆"。

aip"念,数,读" > aip-an"念法,读法,读物"。

isiʔ"尿,撒尿" > a-isiʔ-an"供撒尿的工具,厕所"。

ekan"吃" > aka-akan-an"吃饭的地方，食堂，饭厅，餐厅"。
ekan"吃" > a-ekan-an"粮仓，谷仓，食物" > akanan。
aleb"闭门，闭户" > aleb-an/-aŋ"门板"。
mere"老实，安静，温顺" > a-mere-an"老实人，性格很温顺的人"。
amiʔ"年，岁" > amiʔ-an"年龄，寿命，岁月，生命"。
apel"软，温柔" > apel-an"软的，软弱的(人或东西)"。
arii"快" > arii-an"速度"。
aseb"烟熏，呛鼻子" > aseb-an"冒烟，冒烟的地方，被烟熏的地方"。
isi"尿" > a-isiʔisiʔ-an"小便的地方，厕所" > asiʔisiʔ-an。
atel"扔" > ate-atel-an"垃圾堆"。
atek"砍" > atek-an"给他砍一下"。
uka"去" > a-uka-an/awka-an"(将要)去的地方"。
baḻi"风" > ba-baḻi-an"通风的工具或地方，通风口"。
beraj"给" > ba-beraj-an"供给品，供给东西的地方"。
bait"焦，烧，焚" > bai-bait-an"被烧焦的点很多，都是烧伤的伤疤"。
baŋabaŋ"忙，繁忙" > baŋabaŋ-an"事情，琐事，麻烦事，繁忙之事"。
baŋsar"(男子)健美，英俊，很棒，顶好" > baŋsar-an"年轻小伙子(指未婚成年男性)"。
baṯiŋ"头痛" > baṯiŋ-an"头痛病，头痛(名词)"。
bajbaj"晒衣" > bajbaj-an"檐儿，走廊"。
bajbaj"晒衣" > baj-aj-baj-an"晒衣服的地方"。
bekal"新" > bekal-an"新的(东西)"。
bekbek"鸟拍打翅膀时发出的声音" > bekbek-an"鸟在沙土里构筑的鸟窝"。

beɭakas"长，长久" > beɭakas-an"长的器具，长的器皿，长的东西"。

buɭaj"美丽，漂亮" > buɭaj-an"美丽（名词），美丽的模样" > b-in-uɭaj-an"恢复原先美丽的样子"。

biʔas"热" > biʔas-an"热度，温度"。

buɭaj"美丽，漂亮，女性美" > bu-a-ɭabuɭaj-an"即将成长成为姑娘"。

budek"沙子" > bude-budek-an"沙子很多的地方，沙漠，沙地"。

buɭaj(buɭajʔ)"美丽，漂亮，女性美" > bula-bulaj-an"姑娘"。

buɭenan"白，白色" > buɭena-ɭenan-an"发白的，很白的地方，白点很多的（地方）"。

buriaw"吵闹，吵架" > buriaw-an"吵闹的，吵嚷的"。

buriaw"吵闹，吵架" > buria-riaw-an"吵吵闹闹的，吵吵嚷嚷的"。

buʈel"（竹子的）节儿" > buʈe-buʈel-an"节子很多的，都是节子"。

buʈiil(beʈiilʔ)"硬、强硬" > buʈiil-an"生硬的，不流畅的，强硬的（东西）"。

dawaj"制造，仿造" > da-dawaj-an"制造东西的材料，要做的东西"。

dawa"小米" > da-dawa-an"种小米的地方"①。

dekil"踮脚，立脚尖" > da-dekil-an"立脚尖"。

deru"煮，煮熟" > da-deru-an"煮东西的器具，大铁锅，煮东西的地方"。

dikes"拿住，握住" > da-dekes-an"手拿的把柄，（犁、刀等

---

① 按一般规律，"种小米的地方"的词形应该是 dawa-dawa-an。

的)把儿,手拿的"。

dukel"捣米糕,捣泥,捣石灰(使成泥)" > da-dukel-an"专门捣年糕用的臼,粑槽"。

dair"一种藤蔓" > dai-dair-an"藤蔓很多的地方,藤蔓滋生的(地方)"。

daḷum"合作,合并,杂交" > daḷu-daḷum-an"合并杂交的地方"。

danaw"湖,池,潭,池塘" > dana-danaw-an"池潭很多的地方,池塘密布的(地方)"。

dapal"脚" > dapa-dapal-an"脚印很多,到处是脚印,脚印多的地方"。

dapur"垒(墙)" > dapu-dapur-an"有很多石墙的地方,石垒处"。

dare"泥土,地面,地上,地下" > dare-dare-an"爬行动物(指蛇类)"。

dau"无患子树" > dau-dau-an"无患子树多的地方,无患子园"。

dawak"毒" > dawa-dawak-an"有毒的,毒很多的(地方)"。

dawaj"制造,仿造" > dawa-dawaj-an"工厂,制品产地"。

dawaj"制造,仿造" > dawaj-an"形状,形貌,样子"。

dekil"踮脚,立脚尖" > dekil-an"踮脚,脚翘立的样子"。

depdep"用手压" > depdep-an"(用手)压下去"。

dirus"洗澡" > diru-dirus-an"洗澡的地方,藻堂"。

dursi"嫌肮脏,恶心" > dursi-an"肮脏的东西,脏物"。

ḍaj(ʔ)"缝纫" > ḍa-ḍaj-an"缝纫机,缝纫衣服的地方"。

ḍebel(ṭebelʔ)"埋葬,埋" > ḍa-ḍebel-an"棺材,坟墓,要埋葬的"。

ḍuak(ṭuakʔ)"宰杀,开膛破肚" > ḍa-tuak-an"要杀的,该杀的

东西"。

ḍua"来" > ḍa-ḍua-an"(要)来的时间、地点或方式"。
ḍaŋila"耳朵" > ḍaŋilaŋila-an"耳朵多的，木耳"。
ḍaŋuru(taŋuru?)"头" > ḍaŋuru-ŋuru-an"蝌蚪，大头儿"[①]。
dawa"小米" > ḍawa-ḍawa-an"萤火虫"。
ḍial"咳嗽" > ḍial-an"(被)咳出来，被吐出来"。
ḍiar"照，照耀" > ḍiar-an"用来照明的(东西)，火把，松明"。
ḍini"这，这个，这些" > ḍini-an"这个东西"。
ḍuḷun"换，交换" > ḍuḷu-ḍuḷu-an"交换处，交易场所，贸易场所"。
ḍuḷun"换，交换" > ḍuḷun-an"(被)换过来"。
ḍuma"别的，其他，另外" > ḍuma-an"别的物件，其他东西"。
eŋeḍ"呼吸，喘气，吸气" > eŋeḍ-an"呼吸的地方，气管"。
saḍu"多" > e-saḍu > "很多，许多" > esaḍu-an"太多，多极了"。
galemgam"生气，怀恨" > galemgam-an"所痛恨的(人、东西或人)"。
garamgam"(指小动物或昆虫)动弹" > garamgam-an"小形的动物"。
garetim"剪刀，剪" > gareti-retim-an"剪票处，剪票口"。
gisagis"刮脸，刮胡须" > giasagis-an"经常被刮胡须的地方，鬓角"。
guli(?) > guli-guli-an"罐子"。
gumul"毛，汗毛" > gumu-gumul-an"汗毛很多，浑身是汗毛"。
idaŋ"刀刃，刀锋" > idaŋ-an"(刀)快，锐利，锋利"。
imar"油，脂肪" > imar-an"油汁多，放油多的，好吃"。

[①] 查不到该词的词根，但有 taŋuru-an"头脑，首领"一词。

imeŋ"禁闭,监禁" > imeŋ-an"禁闭的地方,禁闭室,监狱"。

inaba"好" > inaba-an/-aŋ"老好人,好的地方,好处,优点,优越性"。

inaj(enaj?)"水" > inaj-an/-aŋ"小河的主流,大江大河"。

inaj(enaj?)"水" > inaj-anaj-an"大江大河中,滩多"。

indaŋ"害怕" > indaŋ-an/iŋdaŋ-an"害怕的,懦弱的,不敢做的,胆怯"。

isaʈ/isaʈ"上面" > uisaʈ"移上去,上去,上来" > -in-uisaʈ-an"上去过的地方"。

isiʔ"尿" > isiʔ-isiʔ-an"小便池,厕所"。

iʈil"吝啬,小气" > iʈil-an"吝啬鬼,小气鬼,守财奴"。

iʈu"擦拭(屁股)" > iʈu-an"擦拭的地方"。

kaʔaɖu"居住在,住在" > kaʔaɖu-an/kaaɖu-an"居住的地方,住处"。

(2) -in- + 词根 + -an > 名词[经历过,完成处所]

kadaw"太阳" > k-in-adaw-an"有太阳的地方,被太阳照过的地方"。

kalaŋ"过路,路过,让通过,让通行" > k-in-alaŋ-an"走过来之道路,经历,一生"。

kalaŋ"过路,路过,让通过,让通行" > k-in-a-kalaŋ-an"通过、经过的地方"。

dapal"脚" > d-in-apal-an"被踩过留下的痕迹,脚印,足迹"。

garetim"剪刀" > g-in-aretim-an"被剪掉的,被剪下的(东西)"。

abalu(abaɭu?)"忘记" > -in-abalu-an/-aŋ"被忘记的,被忘掉的(东西或事情)"。

atek"砍" > -in-atek-an/-aŋ"被砍下的,砍掉的(东西)"。

dawaj"制造,仿造" > u-dawaj > -in-udawaj-an"构造,制成的形状或姿态"。

uled"虫子，蛀虫" > -in-uled-an/-aŋ"有虫蛀过痕迹的，被蛀虫蛀过的"。

pataran"外面，屋外" > upataran"外移，出来，出生" > -in-upataran-an"籍贯，出生地，出来之处"。

rumaʔ"家，房子" > urumaʔ"移向家里" > -in-urumaʔ-an/-aŋ"归到家里的，回来的，归来的"。

sabak"里面" > usabak"进入，移进去" > -in-usabak-an"被进入过的地方"。

siwa"岔口，歧路" > usiwaʔ"走岔道" > -in-usiwaʔ-an"走过的岔道"。

ʈekip"叠，叠印" > uʈekip"变成叠印" > -in-uʈekip-an"（衣服）被折叠过的，折叠印"。

ʈekil"折、断" > uʈekil"断" > -in-uʈekil-an"（树木）折断处，被折断过的"。

(3) 前缀 ka- + 形容词/静动词根 + 后缀-an > 名词[主事，受事]。

agel(ʔ)"急，紧急" > ka-agel"催促" > ka-agel-an"紧急，危急"(ageagel"催促")。

gareger"惊奇，奇怪" > ka-gareger"使人奇怪" > kagareger-an"珍奇的东西"。

ḷudus"末尾，末梢" > ka-ḷudus-an"末尾，后辈，年纪小的人"。

nana"疼，辣" > ka-nana"会疼的" > kanana-an"疼的，辣的"。

sabeḷaw"饥饿，饥渴，饿" > ka-sabelaw"可能会饥饿" > kasabelaw-an"饥饿"。

sadeku"温暖，暖和" > ka-sadeku > kasadeku-an"令人感到温暖的(东西)，暖和的"。

saeru"笑" > ka-saeru > kasaeru-an"令人发笑的事情"。

(4) 前缀 ka- + 形容词/静动词根 + 后缀 -an > 名词[处所或时间]。

aḏu"那时,那地" > ka-aḏu"居住" > kaaḏu-an"住处,居住的地方"。

gulu(?) > ka-gulu-an"冬季,冬天"。

laman"同情,可怜,怜惜,可惜" > ka-laman-an"发生悲剧的原因或地方"。

meli"不,不对,有误" > ka-meli > kameli-an"不同点"。

ranam"早饭" > ka-ranam-an"吃早饭的时间"。

sabeḻaw"饥饿,饥渴,饿" > ka-sabelaw > kasabelaw-an"该饿的时候,挨饿的时候"。

saigi"(外)开会" > ka-saigi-an"应该开会的时间"。

sede"休息" > ka-sede-an"应该休息的日子,节假日,周末"。

semagal"喜欢,高兴" > ka-semagal-an"令人高兴的日子,节日"。

teŋaḏaw"坐下" > ka-teŋaḏaw-an"坐下的地方,座位,位置,椅子"。

(5) 前缀 ka- + 形容词/静动词根重叠第一式 + 后缀 -an > 名词[处所或时间]。

kuatis"坏,恶" > ka-kuatis"坏的" > kakuatis-an"缺点,坏处"。

meli"不,不对,有误" > ma-meli > ka-mameli > kamameli-an"(两者互相)不同的地方"。

menin/meniŋ"干旱" > ma-menin"很干旱" > amenin > ka-amenin > kaamin-an"旱季"。

risan"相同,一样" > ra-risan"(两者)相同" > ka-rarisan > kararisan-an"相似之处"。

sepel"忧伤" > sa-sepel > ka-sasepel"令人忧伤的" > kasasepel-an"令人悲伤之处或事情"。

sikasik"出发，动身"＞si-a-kasik＞ka-siakasik"会动身"＞kasi-akasik-an"出发的时间"。

(6) 前缀 ka- + 形容词/静动词/名词根重叠第二式 + 后缀-an＞名词[处所或时间]。

linaj(ḷinaj?)"玩耍"＞lina-linaj"玩啊玩"＞ka-linalinaj＞kalinali-naj-an"运动场"。

seḷu"笋"＞seḷu-seḷu"（复数）"＞ka-seḷuseḷu"长笋"＞kaseḷuseḷu-an"出竹笋季节"。

sagar"喜欢，喜爱"＞saga-sagar"很喜欢"＞ka-sagasagar＞kasagasagar-an"有趣的地方"。

(7) 前缀 ka- + 形容词/静动词重叠第一式 + 后缀-an＞名词[表示程度]。

ḍekan"宽"＞kaḍaḍekan-an"宽度"。

iḍiḍiw(?)"瘦"＞ka-iḍaḍiḍiw-an"瘦的程度，消瘦的样子"。

inaba"好"＞ka-inanaba-an"好的程度，好的地方"。

(8) 前缀 ka- + 名词根 + 后缀-an＞名词[原本的…，真正的…]。

aguŋ"牛"＞ka-aguŋ＞kakaguŋ-an"黄牛，家牛"（aguaguaŋ"许多牛，牛群"）。

ami"年"＞ka-ami＞kaami-an"本年，本命年"。

dekal"国家，村庄，农村，社"＞ka-dekal＞kadekal-an"本国，本乡，故乡"。

ḍaḍek"身体"＞ka-ḍaḍek＞kaḍaḍek-an"主体，身体本身的"。

inaj"男子汉"＞a-inaj"有男子汉气概的"＞ka-ainaj"真正的男子汉，荣誉"。

keḍaŋ"力气，力量"＞ka-keḍaŋ＞kakeḍaŋ-an"依靠的力量，根本的力量"。

kuret"规定，限定，纪律"＞ka-kuret＞kakuret-an"本规定，本

限度"。

ḷumaj"水稻" > ka-ḷumaj > kaḷumaj-an"本稻①，籼"。
rami"根" > ka-rami > karami-an/karami-aŋ"本根，根源"。
ruma"家" > ka-ruma > karuma-an"本家，老家，宗族的"。
runu"颜色" > ra-runu > ka-rarunu-an"本色，原本的色调"。
saigu"技能，能干，师傅" > ka-saigu-an"本领，真正的能力"。
siri"羊" > ka-siri > kasiri-an"家羊，本地的羊"。
siwgu"水牛，水牯" > ka-siwgu-an"能耕田的水牛"。

(9) 前缀 ka- + 名词根 + 后缀-an > 名词。

eraw"酒" > ka-eraw-an"酒鬼，嗜好喝酒"。
keḍeŋ"拉，扯，牵" > kara-keḍeŋ-an"叫多人给拉的"。
baaw"活的，生的" > k-in-a-baaw-an"出生地，生活过的地方"。
rami"根，肝" > k-in-a-rami-an"起源，发迹的地方，发祥地"。
raŋer"想，思想，精神" > k-in-a-raŋer-an"志向，意图，意愿，曾经想过的东西"。
sabeḷaw"饥饿，饿，饥渴" > k-in-a-sbeḷaw-an"断粮、断炊的时候，曾经饥饿过的时候"。
sadeku"温暖，暖和" > k-in-a-sadeku-an"接受温暖的部位，被加温过的地方"。
saḍu"多" > k-in-a-saḍu-an"想得到多的"。
saeru"笑" > k-in-a-saeru-an"被别人笑过的，被别人取笑过的对象"。
sagar"喜欢" > k-in-a-sagar-an"被爱上的对象，已经被爱的人，被喜欢过的地方"。
sajgu"会，懂，熟悉，师傅" > k-in-a-sajgu-an"已经熟悉的地

---

① 可能指"本地品种的水稻"。

方"。

supen/supeŋ"想念,思念,牵挂" > k-in-a-supeŋ-an"非常想念的"。

kaigi"开会" > ka-kaigi-an"开会地点,会议室,会场"。

kuatis"损坏,坏,恶劣" > ka-kuatis-an"缺点,坏处"。

kuda"干,做" > ka-kuda-an"技术,行为,事情,事业"。

kuraw"鱼" ka-kura-kuraw-an"该捕鱼的时候,捕鱼季节"。

(10) ki- + 词根 + -in- + -an > 名词[处所、被动、经历]

sali"田螺" > k-in-i-sali-an"捡过田螺的地方"。

saŋli"(外)螺丝" > ki-in-i-saŋli-an"捡过螺丝的田,捡过螺丝的地方"。

(11) ki- + 词根 + -an > 名词

geḷa"腼腆,客气,害羞" > ki-a-geḷa-an"礼节,礼貌"。

bulas(buḷas?)"代替,交换" > ki-bula-bulas-an"借、租的地方或方式"。

gulgul(guḷguḷ?)"理发" > ki-gu-a-lgul-an"理发的地方,理发馆,理发厅"。

kuraw"鱼" > ki-kura-kuraw-an"经常捕鱼的地方,渔场"。

kawil"钩上" > kawil-an/-aŋ"(被)钩住,被挂上"。

kiumal"咨询,问候,询问,请问,拜访" > kiumal-an"给问一下,被问一下"。

kiumal"咨询,问候,询问,请问,拜访" > kiuma-umal-an"问事处"。

kurabak"同胞" > ku-a-kurabak-an"亲属关系"[1]。

kuḷidu"取暖" > ku-a-kuḷidu-an"取暖的工具,取暖器"。

kuatis"损坏,坏,恶劣" > kuatis-an/-aŋ"坏处,坏的程度,缺

---

[1] 原文记为 kualabakan,把 r 记做 l,可能是一种变体。

点，毛病，灾害"。

kuḷaŋ"青菜" > kuḷa-kuḷaŋ-an"青菜多的地方，菜园，菜地"。

lait"伤疤" > lai-lait-an"伤疤很多，伤痕累累"。

laman"同情，可怜，舍不得，怜惜，可惜" > laman-an"同情心，慈悲心"。

laseḍ"藏，潜藏" > lase-laseḍ-an"窝藏的地方，藏匿的地方" > laslasḍan。

ligaw(ḷigaw?)"刺" > liga-ligaw-an"多刺的东西，草名，带刺，嫩叶可食用"。

litek"冷，凉" > litek-an"冬季，冬天"。

litek"冷，凉" > lite-litek-an"寒冷的地方，冰冷的地方，寒带"。

liṭa"泥土，泥巴" > liṭa-liṭa-an"泥土多的地方，到处都是泥土"。

ḷaekel(ḷaekel?)"高兴，喜悦" > ḷaekel-an"喜悦的时候，有兴趣的地方"。

ḷaus/ḷaʔus"吞下" > ḷa-ḷaus-an"吞下所使用的器具或处所，喉舌，喉咙"。

ḷibun"工资，反对，敌对" > ḷa-ḷibun-an"对手，敌手，竞争者，赚钱的地方"。

ḷaŋit"天空" > ḷaŋi-ḷaŋit-an"宇宙，天宇，太空"。

ḷaʔut/ḷaut"吞下" > ḷaʔu-ḷaʔus-an"多次才能吞下去的东西，苦瓜"。

ḷaṭu"芒果" > ḷaṭu-ḷaṭu-an"芒果多的地方，芒果园，芒果林"。

ḷeget(ḷaget?)"减，减耗，损耗" > ḷaget-an"损耗量，损耗的地方"。

ḷamu"（动物）未驯服；（人）凶恶的，暴躁的" > ḷamu-an"脾气，性情"。

ḻima"手" > ḻima-an"手上的工夫，手艺"。
(12) ma- + 词根 + -an > 名词
idaŋ"老" > ma-idaŋ-an"老人，老前辈，祖先"。
idaŋ"老" > ma-ida-idaŋ-an"老人们，老前辈们，祖先们"。
inaj"能干，有男子汉气概的" > ma-inaj-an"男人，男性"。
iṯiḻ(iṯiḻ?)"吝啬，小气" > ma-iṯiḻ-an"吝啬鬼，小气鬼，守财奴"。
keser(?)"势力，实力，胜过" > ma-ka-keser-an"有力量的，有势力的，有实力的(人)"。
manaj"什么，物质，东西，物品" > manaj-an"财物，财产，产物"。
manaj"什么，物质，东西，物品" > mana-manaj-an"泛指所有的事物、财物、财产"。
nau"看" > nanau-an/aŋ"看样子的，要看的，模样，做参考的"。
nana"病，疼痛，辣" > nana-an"疾病，伤口，疼痛，痛的程度"。
nau"看" > nau-nau-an"供人经常参观的地方，参观处"。
nekun/nekuŋ"跳，跳跃" > nekun-an"跳起来，蹦起来"。
nekun/nekuŋ"跳，跳跃" > neku-nekun-an"跳高、跳远的地方"。
nien"脖子" > nien-an"衣领"。
niwan"卖，出售，销售" > niwan-an"卖出去，售出去"。
ŋadir"念佛经，诵祷，祈祷" > ŋadir-an"念经法，唱圣诗"。
ŋai"话" > ŋai-an"方言，言语，话儿"。
(13) ni- + 词根 + -an > 名词[处所、经历、被动]。
libun(ḻibun?)"工资，工钱，对手" > ni-libun-an"赚得，挣得的(工资)"。

lima(lima?)"手" > ni-lima-an/ni-lima"被手留下的印迹，手印，手迹，手艺"。

labat"渡，越过" > ni-labat-an"曾经被渡过的地方"。

ladam"熟悉，知道，会，懂" > ni-lada-ladam-an"曾经练习过的，经过练习而会的"。

laḍam"熟悉，知道，会，懂" > ni-laḍam-an"曾经熟悉的，熟悉而得的，熟悉而会的"。

leden/ledeŋ"沉没" > ni-leden-an"曾经（被）沉没过的地方"。

lelep"追赶" > ni-lelep-an"曾经（被）追踪过的地方，追踪所留下的痕迹"。

leud(leut/leut?)"绣花，挑花" > ni-leul-an/ni-leul"绣上花的，绣好的"。

libat"路过，经过，穿过" > ni-libat-an"路过、经过、度过的地方"。

nau"看" > ni-nau-an"（被）看见的，看到的（东西）"。

rabi"割草，刈" > ni-rabi-an"曾经（被）采伐过的地方"。

raŋer"想，思想，精神" > ni-raŋer-an"愿望，希望，向往过的（东西）"。

raik"铲，铰" > ni-raik-an"曾经被铲过的（地方）"。

reṭa/reḍa"放下，搁下" > ni-reḍa-an"曾经搁置的地方，放过东西的地方"。

padede"（用月桂树的黑汁）染黑牙齿" > padede-an"月桂树"。

paeteŋ"久，久远" > paeteŋ-an"久远的东西，旧的，古老的，过时的，落后的"。

palaw"疮" > pala-palaw-an"疮伤很多的，身上疮疤累累"。

paletuk"放爆竹" > paletu-letuk-an"爆竹；一种花的名字"。

palu"到……为此，到达" > palu-an"范围，界定，界限，界线"。

panaʔ(？)"箭" > panaʔ-an"把箭射出去"。
paret(paret？)"裤带，腰带" > pa-paret-an"腰带，腰部"。
pasekiseki"上坡" > pasekiseki-an"上坡的地方，上坡路"。
pataka"肉" > pataka-taka-an"一种花的名字"。
pawhun"(外)粉饰，打扮" > pawhun-an"抹花脸"。

(14) pa- + 词根 + -an > 名词[工具、使役、处所]。
bali(baḷiʔ)"风" > pa-bali-an"鼓风机，吹风机"。
ḍuḷun"换，交换" > pa-ḍuḷu-ḍuḷun-an"物品交换处，交易所，市场"。
keḍeŋ"拉，牵，扯" > pa-ka-keḍeŋ-an"橇(拉木材的滑行工具)"。
lupe"合眼，闭目" > pa-lupelupe-an"草决明"。
suruk"推举，指派，委派，指使，派遣" > pa-sa-suruk-an"(委派去的)办事员"。
susu"乳房，奶，吃奶" > pa-sa-susu-an"喂奶的地方"。
sata"税，税务" > pa-sata-sata-an"交税的地方，交税局，税务所"。
runi"声音" > pa-runi-runi-an"使发出很多声音的器具或地方，响声器"。
suruk"推举，指派，委派，指使，派遣" > pa-suru-suruk-an"办事处，办事的人员很多"。
tabu"干粮" > pa-tabu-an"饭盒"[1]。
tiŋtiŋ(？)"摹声词，钟的响声" > pa-tiŋtiŋ-an"发出 tiŋtiŋ 响声的东西，钟"。

(15) pa- + ka- + 词根 + -an > 名词
imar"油，脂肪" > pa-ka-imar-an"有味道的，吃得津津有味"。

---

[1] 按一般规律，该词的词形应为 puatabuan。

kuatis"坏，恶劣，损坏" > pa-ka-kuatis-an"危害性"。

uḷane"肥，胖" > pa-ka-uḷa-ḷane-an"要养肥的，会养肥的"。

ameli"不同的" > pare-ka-ameli-an"差别，异同，不同之处" > parekamelian。

（16）pa- + 词根 + -in- + -an > 名词

apet(apeteʔu?)"收回，收存，收集" > p-in-a-apet-an"保存或储存过东西的地方"。

kaḷaŋ"让路，通过，经过" > p-in-a-kaḷaŋ-an"走过的路，为人之道"。

ṭuṭuŋ"接火" > p-in-a-ṭuṭuŋ-an"已经焊接好的地方，焊口"。

（17）pi- + 词根 + -in- + -an > 名词

kipiŋ"上衣，衣服" > p-in-i-kipiŋ-an"已经穿过的上衣"。

kiruan"衣物，服装" > p-in-i-kiruan-an"穿衣的模样儿，风度"。

（18）pu- + 词根 + -in- + -an > 名词

daḷan"路" > p-in-u-daḷan-an"已经修好的路，已经修通的路，一个家族的名称"。

（19）复合前缀 pua- + 词根 + 后缀-an > 名词

beras(baras?)"米" > pua-berasa"放米" > puaberas-an"放米的地方，米缸"。

dare"地下，地面" > pua-dare"使移到地下，卸下，卸货" > puadare-an"卸货的地方"。

enaj"水" > pua-enaj"存放水，灌水" > puaenaj-an"灌水的地方，水池，水箱"。

guŋ"牛" > pua-guaŋ"关牛" > puaguaŋ-an"关牛的地方，牛圈，牛棚"。

idus"勺子，木勺" > pua-idus"存放木勺" > puaidus-an"存放木勺的地方，木勺筐"。

imar"油，脂肪" > pua-imar"存放油" > puaimar-an"装油的地方或工具，油罐，油桶"。

kipiŋ"上衣" > pua-kipiŋ"存放上衣" > puakiŋ-an"存放上衣的地方，衣柜，衣箱"。

kiruan"衣物" > pua-kiran"存放衣物" > puakiruan-an"存放衣物的地方，衣柜"。

liuŋ"猪" > pua-liuŋ"关猪" > pualiuŋ-an"关猪的地方，养猪的地方，猪圈"。

pun"(外)猪饲料，淘米水，剩饭" > pua-pun"存放饲料，放淘米水，装剩饭" > puapun-an"存放饲料、淘米水或剩饭的地方，存放剩饭的桶"。

ʔajam"鸟" > pua-ʔajam"关鸟，存放鸟" > puʔaʔajam-an"关鸟的地方，鸟笼"。

siriʔ"羊" > pua-siriʔ"关羊，把羊关起" > puasiriʔ-an"关羊的地方，羊圈"。

turkuk/turekuk"鸡" > pua-turkuk"把鸡关上，关鸡" > puaturkuk-an"关鸡的地方，鸡笼，鸡埘"。

(20) ra- + 名词根的重叠二式 + -an > 名词/形容词[突显特征]。

damuk"血" > ra-damudamuk-an"血淋淋的，血迹斑斑，血很多"。

dapal"脚" > ra-dapadapal-an"脚特大的，脚特长的"。

ɖaŋuru"头，脑袋" > ra-ɖaŋuruŋuru-an"大脑袋，头特大，大头儿"。

gumul"毛，汗毛" > ra-gumugumul-an"毛茸茸的，毛多的，长很多汗毛的"。

ikur"尾巴" > ra-ikuikur-an/ra-ikuikur-aŋ"尾巴特长的，尾巴很有特点的"。

kulaŋ"青菜" > ra-kulakulaŋ-an"青菜多，青菜特别多的地方"。

maɖa"眼睛" > ra-maɖamaɖa-an"大眼睛，眼睛突出貌，眼睛特大的"。

mata(maɖa?)"眼睛" > ra-matamata-an"大眼睛，眼珠突出"(matamata"眼里")。

ŋis(ŋisŋis?)"胡子" > ra-ŋisŋis-an"胡子特多的，大胡子"。

sedeŋ/seden"眉毛" > ra-sedesedeŋ-an"眉毛特浓的，眉毛特别多"。

siku"肘" > ra-sikusiku-an"肘部特别大"。

suaŋ"(牛羊的)角" > ra-suasuaŋ-an"大牛角，角特别大"。

taŋeraŋ"胸膛，胸部" > ra-taŋeraŋeraŋ-an"胸部宽大的人"。

tedek"屁股，臀部" > ra-tedetedek-an"臀部特大，大屁股"。

taɳila/ɖaɳila"耳朵" > ra-taɳilaŋilaj-an"大耳朵，耳朵特大"。

ubal"白头发" > ra-ubaubal-an"白发特多的样子，白发特多"。

ukak"骨头" > ra-ukaukak-an"骨头特多，瘦得骨头嶙峋的"。

wadi"弟弟妹妹" > ra-wadiwadi-an"弟弟妹妹特别多"。

wali"牙齿" > ra-waliwali-an"大牙齿，大牙暴露貌"。

(21) 重叠词根 + -an > 名词

rabut"一种茅草" > rabu-rabut-an"茅草丛，茅草地"。

radis"花生" > radi-radis-an"生长很多花生的地方，花生地"。

raip"撒播，播种，(播种时的)互助小组" > raip-an"互助小组"。

rami"根，肝" > rami-rami-an"根茎很细，根须很多的"。

rapi"疲劳，劳累，吃力，费劲" > rapi-an"(因过分劳累而产生的)腰酸骨痛的疾病"。

rabi"割草，砍树" > ra-rabi-an"(即将被)砍伐的地方"。

rames"揉搓" > ra-rames-an"做成咸菜的，咸菜"。

redek(?)"到达" > ra-redek-an"(要去的)目的地，(将)到达的

地方，终点"。
　　rekep"安装，拴" > ra-rekep-an"拴牛的器具，拴牛的地方"。
　　resuk(?)"插" > ra-resuk-an"插东西的器具或地方，插口"。
　　ruda"绞碎" > ra-ruda-an"绞东西的地方，所绞的物品"。
　　raruput"松土用的三齿耙" > raruput-an"要松土的田地"。①
　　rauṭ(rauṭ?)"一种竹子的名称" > rau-rauṭ-an"杂草茂密而难行的地方"。
　　rajas"经常，平常，平坦的" > rajas-an"经常有的东西，常事"。
　　rebi"破口，缺损" > rebi-rebi-an"缺口破损多的，缺口多的地方"。
　　reḍa/reṭa"放置，搁下" > reḍa-an"放下，搁下的，放东西的地方"。
　　rega"裂缝，裂痕" > rega-rega-an"裂缝多，到处都是裂缝的，裂缝多的地方"。
　　rekep"安装，设置，拴" > reke-rekep-an"专门拴牛的地方"。
　　reŋaṭ(reŋaṭ?)"冻裂，干裂" > reŋa-reŋaṭ-an"涸裂，处处冻裂的，皲裂嶙峋的地方"。
　　runaŋ"泥潭，泥泞地" > runa-runaŋ-an"(水牛)滚过的泥潭，泥泞之地"。
　　(22) sa- + 词根 + -an > 名词
　　bitaw(?)"斗(量词)" > sa-bitaw-an"一斗(东西)"。
　　paḷiḍiŋ"车" > sa-paḷiḍiŋ-an"一车(东西)"。
　　pawti"(外)麻袋" > sa-pawti-an"一麻袋(东西)"。
　　siukuj"大木桶" > sa-siukuj-an"一大桶(水等东西)"。

---

① 基本词根可能是 ruput"松土"，演变为 ra-ruput"松土用的工具，三齿耙"；ra-ruput-an"要松土的地方"。

takil"杯子" > sa-takil-an"一杯(水、茶、酒等东西)"。
sabsab"洗" > saba-bsab-an"要洗的东西"。
sabal"早，早起" > sabal-an"早晨"。
sabelaw"饥饿，饥渴，饿" > sabelaw-an"饥饿的时候"。
sabuŋ"刑，罚，处分" > sabuŋ-an"赔偿"。
sadeku"温暖，暖和" > sadeku-an"暖和的时候"。
sadeku"" > sadeku-deku-an"温暖的地方，温带"。
saer"插" > saer-an/-aŋ"插上，插入，插进"。
sagar"喜欢" > sagar-an"爱好，嗜好，喜好"。
saima"少" > saima-ima-an"很少的东西，东西很少的地方"。
seleked"门闩" > sala-leked-an"安上门闩的地方"。
salsal/salesal"薄" > salsal-an"薄的东西，薄片"。
samek"痒，发痒" > samek-an"蚊子" > samkan。
samek"痒，发痒" > same-samek-an"树名(一接触就令人发痒的一种树)"。
samu"残废，故障" > samu-samu-an"很多伤疤，伤痕累累"。
saŋasaŋa"柠檬" > saŋasaŋa-an"柠檬多的地方，柠檬产地"。
sapaj"挎，挂" > sapaj-an/-aŋ"(被)挂上的，一个家族的名称"。
sapudepud(?)"仙人掌" > sapudepud-an"仙人掌多地方，仙人掌产地"。
saresar"手钻(动词)" > saresar-an/-aŋ"手摇钻子，手钻的工具"。
sabun"(外)肥皂" > sa-sabun-an"要打上肥皂的"。
sait"挂" > sa-sait-an/sa-saʔit-an"(要)挂东西的地方"。
saŋa"制造，做" > sa-saŋ-an"(要制造某物品用的)材料"。
sapaj"挂，挎" > sa-sapaj-an"(要)晾衣服的地方"。
sekut/sekuṭ/sekuḏ"弯，弯曲" > sa-sekuṭ-an"(手腕的)弯曲部

位，手腕"。

siluk"卤，腌"＞sa-siluk-an"腌制食品用的坛子"。

supaj"磨"＞sa-supaj-an"磨石，磨东西用的器具或处所"。

suuɖ(suud?)"套绳"＞sa-suuɖ-an"挂东西的地方，圈套"。

sauka"(外)厨房"＞sau-auka-an"盖厨房的地方，盖厨房用的材料"。

sauka"(外)厨房"＞sauka-an"厨房里，厨房所在"。

sajda"汽水，苏打水"＞saj-ajda-an"做汽水用的(材料)"。

sajma"少"＞sajma-an"给少一点"。

sajna"(外)菜篮子"＞sajna-jna-an"在菜篮子里，菜篮多的地方"。

seksek"塞，堵"＞seksek-an"塞住！堵住！(祈使)"。

semaŋaḷ"喜欢"＞semŋaḷ-an"可喜的，可贺的，吉庆，高兴的，欢喜的"。

sepel"忧伤"＞sepel-an"悲惨的事情，令人忧伤的"。

sepi"撕，扯"＞sepi-sepi-an"缺得很多的，匮乏，缺欠"。

sepu"用手掰"＞sepu-sepu-an"掰下很多的，脱落很多"。

sesek"角落，一角，一隅"＞sesek-an"在角落里"。

siksik"劈竹子时发出的声音"＞sia-ksik-an"劈成细条的竹片，劈竹子的地方"。

sieḷas"小石子"＞sieḷa-eḷas-an"小石子多的地方，小石滩"。

sikudaj"(外)功课，作业"＞sikusia-an"各种功课，各种作业，作业种类"。

sikusia"(外)校舍，宿舍"＞sikusia-an"校舍区"。

siku"肘"＞siku-siku-an"肘部"。

(23) -in- ＋ 词根 ＋ -an ＞ 名词

sabun"(外)肥皂"＞s-in-abun-an"打上肥皂的地方，打过肥皂的东西"。

saer"插" > s-in-aer-an"被插上的地方"。
sait"挂" > s-in-ait-an"挂过东西的地方"。
sakerup"铲" > s-in-akerup-an"被铲过的地方"。
saḻem"种植" > s-in-aḻem-an"被种上了，被种上东西的地方"。
saḻaj"套绳" > s-in-aḻaj-an"被套绳套过的地方，被套绳套住了"。
samek"痒，发痒" > s-in-amek-an"发痒的地方，被蚊子叮过的地方"。
saŋajaŋaj"凉棚" > s-in-aŋajaŋaj-an"已经搭有凉棚的地方"。
sari"锉" > s-in-ari-an"被锉过的地方，被锉过而留下的痕迹"。
saresar"手钻（动词）" > s-in-aresar-an"被钻的地方"。
sajtu"（外）菜刀" > s-in-ajtu-an"菜刀被刀切过的痕迹，刀痕，刀疤"。
seki"指甲" > s-in-eki-an"被指甲抠过的地方，被指甲抠过而留下的痕迹"。
sibat"拦鬼或禁止通行的路标、路标" > s-in-ibat-an"过时的路标，不用的路标"。
sielas(sieḻas?)"小石子" > s-in-ielas-an"已经铺上石子的（地方）"。
siesi"被风吹进屋里的雨水" > s-in-iesi-an"雨水被刮进屋里而淤积的地方"。
siḻa"撕，撕裂" > s-in-iḻa-an"被撕开的（东西或地方）"。
sipul"抹，拭，擦" > s-in-ipul-an"被抹过的地方"。
sisip"吸，烟嘴" > s-in-isip-an"被吸的东西"。
suʔaŋ"牛、羊等的角" > s-in-uʔaŋ-an"多次被头角撞过的（地方）"。
siŋsi"先生，老师" > siŋsi-an"老师，老师类"。
siŋsiŋ"摹声词，铃铛发出的声音" > siŋsiŋ-an"发出 siŋsiŋ 的声

的东西，铃铛"。

siri"羊" > siri-siri-an"羊很多的地方，羊群"。

sirit(sirit?)"撕下" > sirit-an"衣衫褴褛、日历、破破烂的(东西)"。

siruruidu"赛璐珞、塑料" > siruruidu-an"赛璐珞的东西，塑料制品"。

siubugumi"(外)消防队" > siubugumi-an"消防队员"。

siusiu"小鸡、小鸟的叫声" > siusiu-an"小鸡，鸟类"。

siwgu"(外)水牛、水牯" > siwguugu-an"有水牛群的地方" > siwguguan"①。

sulud"推" > sulud-an"(被)推走、推开"。

sulud"推" > sulu-sulud-an"(被)推一推"。

supaj"磨" > supa-supaj-an"磨刀的地方，磨石"。

supeŋ/supen"想念、留念、怀念、想" > supeŋ-an"想念的，悲哀的"。

suruk"推举、指使、指派、替代" > suruk-an"(命令)对方叫人替代"。

surud(surut?)"喷" > suru-surud-an"喷水的工具，喷泉"。

taḷawḷep(?)"" > taḷawḷep-an"休息的地方，假时，休息日"。

taksi/takesi"读书、念书、学习" > taksi-an"学校，课堂，读书的地方"。

tankkuj(taŋkuj?)"(外)冬瓜" > tankukuj-an"冬瓜地里"②。

tenun"织布" > ta-tenun-an"要被织的(材料)，要织布的地方"。

---

① siwgu，该词根的拼写可能有误，应为 siugu，所以该词根的重叠第二式才是 siugu-ugu"水牛群，很多水牛" > siwgugu。

② 外来词 taŋkuj/tankuj"冬瓜"，按照固有词恢复弱化元音 e 的规律进行词根的重叠第二式，之后又按照弱化元音 e 被吞没的规律进行整合，即 tankuj > taneku-ekuj-an > tankukujan。

nau"看" > tara-sau-an"注意" > taranau-an"瞭望台，监视楼"。

wiri"左、左撇子" > tara-wiri-an"左边"。

wadi"弟弟妹妹，比自己年幼的同辈亲人" > ta-wadi-wadi-an"亲戚，兄弟姐妹们"。

inaʔ"母亲" > ta-inaʔ-an"做母亲的，母亲们"。

tiɭu"猎小鹿的绳子" > ta-tiɭu-an"带子，绳子"。

tenun"纺织，织布" > tenun-an"给织入，给织上"。

tianes"一种小橘子" > tiane-anes-an"桔子多的地方，橘子园"。

tiam"（外）商店，店铺" > tia-tiam-an"商店多的地方，商场，街市"。

tika"命中，打中" > tika-tika-an"打中多的地方，靶子"。

tiktik"摹声词，石头撞击的声音" > tiktik-an"打火石，一种小鸟的名字"。

tiɭil(tililʔ)"字，书，花纹，花样" > tiɭi-tiɭil-an"被刺上花纹的，有纹饰图案"。

tiŋtiŋ"（外）斤" > tiŋtiŋ-an"秤称，过称东西，称东西的地方"。

tuktuk"摹声词，锤子的锤打声或剁东西的声音" > tu-a-ktuk-an"剁东西的地方，剁板"。

tuɳuɖ(tuɭudʔ)"伸手把东西提给人家" > tuɭuɖ-an"提给他（命令）"。

tuu"液汁" > tuu-tuu-an"液汁很多，都是液汁，液汁多的地方" > tuutuwan。

taɭun(ʔ)"草，杂草" > tuɭu-tuɭun-an"草多的地方，草丛，草地"。

taŋila(daŋilaʔ)"耳朵" > taŋila-ŋila-an"大耳朵的"。

taŋuru(daŋuruʔ)"头" > taŋuru-an"前头，首脑，首领，头目"。

tapaŋ(dapaŋʔ)"缝补衣服" > tapa-tapaŋ-an"缝补丁的（地方），到处都是补丁的"。

ṭapul(ḍapul?)"破烂，废物" > ṭapu-ṭapul-an"破破烂烂的，到处都是废物"。

ṭaul(ḍaul?)"闻，嗅" > ṭa-ṭaul-an"嗅觉器官"。

ṭekel"喝" > ṭa-ṭekel-an"饮用的，喝的，做饮料用的原料"。

ṭaul(ḍaul?)"闻，嗅" > ṭaul-an"嗅觉"。

ṭebi"缺口，掰块" > ṭebi-ṭebi-an"(碗的)缺口，残缺多的"。

ṭikel/ṭikeḷ"折(断)" > ṭiki-ṭikel-an/-aŋ"折断的地方多，折的地方多"。

ṭilaw"清澈，不混浊，音色清亮，" > ṭilaw-an"清澈的，清澈的样子"。

ṭimaʔ"买，卖，价格，物价" > ṭimaʔ-an"(被)卖掉，卖出去"。

ṭimaʔ"买，卖，价格，物价" > ṭima-ṭimaʔ-an"买卖的地方，市场，集市"。

tusuk"刺，捅，扎，戳" > t-in-usuk-an"被刺过的地方"。

ṭaul(ḍaul?)"闻，嗅" > t-in-aul-an"嗅得，闻到的，被闻过的(东西)"。

ṭepa"面对，面向，冲向" > t-in-epa-an"方向，(已经发生过的)去向"。

ṭikel/ṭikeḷ"折(断)" > t-in-ikeḷ-an"(被)折断过的地方，折痕"。

tiŋtiŋ"(外)斤" > ti-a-ŋtiŋ-an"过称，过磅的地方，专门称东西的地方"。

ubal"白头发" > uba-ubal-an"白发多的，白发苍苍的"。

uḍeuḍem"黑色，黑的" > uḍeuḍem-an"黑色的东西"。

ukak"骨头" > uka-ukak-an"骨头多的，都是骨头"。

ulid"愚蠢，笨，不懂，无知" > ulid-an"笨家伙，傻瓜，无知的人"。

urip"鳞" > uri-urip-an"鳞很多的，都是鳞片"。

urus"吊，垂吊" > uru-urus-an"索道，吊索，吊桥"。

wari"日，天，天气，气候" > wari-an"(过的)日子，时间"。
wadi"弟弟妹妹，与自己年幼的同辈亲人" > wadi-an"兄弟姐妹们"。
wiles"恨，仇视" > wiles-an"仇恨，怨恨的事情"。
inaba"好" > i-a-naba-an"幸福，福气，福祉" > janaba-an。
ʔutʔt"啃" > ʔutʔut-an"(给他)啃"。

(24) u- + -an > 名词

dadaŋi(? daḍaŋi)"走，行走，散步" > u-dadaŋi-an"走步，走相，步伐，走法"。
isat/isat"上面" > u-isat-an"上去的地方，攀登的地方"。
isat/isat"上面"u-isa-isat-an"乘车的地方，上车的地方，上车地点，上车处" > wisaisatan。
aḍuk"聚集，聚积" > u-a-aḍuk-an"集中的营地，集合场所" > waaḍukan。
arak(?)"跳舞，舞蹈" > u-arak"跳舞(动词)" > warak > w-a-arak-an"跳舞的地方，舞场"。
aḍuk"聚集，聚积" > u-aḍu-aḍuk-an"众人集中的地方，会场" > waḍuwaḍukan。
arak(?)"跳舞，舞蹈" > u-arak-an"舞蹈方法，舞技，舞艺；带去跳舞，给(人)跳舞" > warakan。
arak(?)"跳舞，舞蹈" > u-ara-arak-an"供众人跳舞的地方，舞场" > wararakan。
rebuŋ"洞，洞穴" > u-a-rebuŋ-an"设陷阱的地方" > warebuŋan。
sabak"里面，屋里" > u-a-sabak-an"进口处，入口处" > wasabakan。

(25) utu- + 名词根 + -an > 名词

siŋsi"老师，先生" > utu-si-a-ŋsi-an"要当老师的地方(师范学校)"。

后缀-aw

(1)后缀-aw+动词根>动词,词义为[被动]、[完成体]等语义特征与词根意义的叠加整合。

adi/aɖi"不,不是,不要,没有">adi-aw"被别人说不的,(被)拒绝"。
alu/aḻu"抬">alu-aw"使抬着"。
aresem"酸">aresem-aw"(被)弄酸了"。
areʈep"(向左右)踢">areʈep-aw"(被)踢了"。
asal"迁移,挪动">asal-aw"(被)改过了,(被)挪动过了"。
bait/bait"焦,烧,焚烧">bait-aw"把它烧了,烧掉了"。
baresa"一刀砍断">baresa-aw"被一刀砍断了"。
biʔas"热">bias-aw"(被)加热了"。
buraw/burau"放着,放开,放飞,放跑">buraw-aw"放飞了"。
buʈi"合眼,闭目">buʈi-aw"使蒙眼睛"。
daḻeken/daḻekeŋ"湿,潮湿">daḻeken-aw"被弄湿"。
dardar"排(东西),排列">dardar-aw"东西(被)排好了"。
deledel/deḻedeḻ"用圆的工具滚压碾轧">deledel-aw"被车压的,被车压了"。
deru"煮熟">deru-aw"被煮了"。
dekes"握住,拿住">dikes-aw"被捆,绑起来"。
dirus"浇,淋,洗浴,洗澡">dirus-aw"洗上澡了"。
ɖimut/ɖimut"抓,捕,捕获">ɖimut-aw"一下子被抓住"。
quedu/queɖu"用刀刺牛或猪的脖子">quedu-aw"被用刀刺死"。①

---

① 该词为重叠词根,但第二个音节的辅音发生改变。

gamgam"搂(草)" > gamgam-aw"(草)搂了，草被搂了"。
getil/geṭil"摘，采，掐" > getil-aw"掐的，被掐掉了"。
giŋgiŋ"摇动" > giŋgiŋ-aw"被摇动了"。
gulgul"理发，剃头" > gulgul-aw"把头发理了"。
kadeki(?)"申诉" > kadeki-aw"遭到申诉，挨骂"。
kedeŋ"牵，拉，扯" > kedeŋ-aw"拉起来，拉上来，拉住"。
keret"摹声词，切肉的声音" > keret-aw"被切，切掉，切碎"。
ketket"切" > ketket-aw"被切下，被切碎了"。
kidukidu"挠痒痒" > kidukidu-aw"被挠痒痒的"。
lemes"消失" > lemes-aw"(被)消灭，(被)弄失效了"。
lisaw"刷洗" > lisaw-aw"(被)刷掉，(被)洗掉"。
ḷapus"脱(衣服，鞋等)" > ḷapus-aw"(被)脱下来了，(被)脱掉了"。
ḷeden/ḷeden"沉下去，潜下水里去" > ḷeden-aw"使淹没了，被人用水把……淹没"。
ḷeget"减，减耗，损耗" > ḷeget-aw"缩小，收缩，紧缩"。
ḷeut/ḷeut"刺绣，挑花" > ḷeut-aw"(被)绣好了"。
ḷipḷip"缠，绕，缠绕，纠缠" > ḷipḷip-aw"被缠了"。
ḷuḷun"卷(动词)" > ḷuḷun-aw"卷起来了，卷起"。
sabeḷaw"饥饿，饿" > sabeḷaw-aw"饥渴"。
samaʔ"余下，剩下" > samaʔ-aw"留下来的"。
saŋaʔ"制造，做" > saŋaʔ-aw"制造好了，完成制造"。
seksek"塞，堵" > seksek-aw"塞住了，塞紧了"。
seneŋ"隔开，隔开" > seneŋ-aw"被隔离，被隔开，被分开"。
sirit"撕下" > sirit-aw"撕破，撕开，撕掉"。
suksuk"捅，用棍子通一通，捅烟囱，通烟杆" > suksuk-aw"被捅通了"。
surut"喷" > surut-aw"喷出的水，(水被)喷了"。

suŋal/suŋaḷ"鞠躬，磕头，小腿" > suŋal-aw"已经鞠躬了，小腿已经被弯曲了"。

suruk"推举，指使，指派，替代" > suruk-aw"（被）替代了"

tabaw"浮，浮上来" > tabaw-aw"被浮上来"。

tenun"织布，纺织" > tenun-aw"（东西被）织出，织上或织进"。

teŋer"熬，炖" > teŋer-aw"（被）熬了，（被）炖了"。

teŋis"叼" > teŋis-aw"（被）叼走了"。

tika"命中，打中" > tika-aw"打中了，打准了，命中了"。

tiktik"摹声词，石头的撞击声，嘎的嘎的，" > tiktik-aw"打凿石头"。

tiŋtiŋ"（外）斤" > tiŋtiŋ-aw"过称了，秤被用过了"。

reŋaj/reŋai"说，说话" > reŋaj-aw"（被）说到，告诉，（被）提及"。

turus"追，追随，次序，顺序" > turus-aw"排好次序了"。

turuk"刺，扎，捅，戳" > turuk-aw"刺了，捅了，扎了"。

ṭakaw"偷，盗" > ṭakaw-aw"（东西）被偷走了，被盗走了"。

ṭepa"面对，冲向" > ṭepa-aw"面对着，使东西面对着"。

ṭikel/ṭikeḷ"折（断）" > ṭikeḷ-aw"弄断了，折断了"。

ṭimeruʔ"浑浊，不清" > ṭimeruʔ-aw"被搅浑浊了"。

ṭiur"搅拌，搅动" > ṭiur-aw"搅和了，东西被搅在一起"。

uka"去" > uka-aw"（地方或目的地）去了，去过了，已经去了"。

(2) 后缀-aw + 工具名词根 > 动词，词义为[被动]、[完成体]、[及物]等语义特征与词根意义的叠加整合。

alad/aḷad"（围上的）围墙，栏杆" > alad-aw"用树枝、竹子围上"。

birua"神，鬼，鬼神" > birua-aw"见鬼神"。

buli/buḷi"创伤，伤口" > buli-aw"受伤了"。

kadaw"太阳" > kadaw-aw"太阳晒的"。
kutaŋ"矛" > kutaŋ-aw"被矛枪刺中"。
runuʔ"色，颜色，木耳菜" > runuʔ-aw"染上色了"。
siesi"被刮进屋里的雨水" > siesi-aw"被刮进屋里的雨水弄湿"。
siḽe"进到眼睛里的沙子" > siḽe-aw"沙子进到眼睛里，眼睛被沙子钻进"。
sudip/sudip"斧头" > sudip-aw"被斧头砍伤"。
birua"鬼，魔，鬼神，神" > birua-aw"上了邪魔，把邪魔放在别人身上"。
tukud/tukud"支柱，支住，支撑" > tukud-aw"被支起来"。
tupi"黏液" > tupi-aw"被粘住了"。
ṭapel/ḍepalu"小锄头" > ṭapel-aw"被小锄头碰伤，被人用小锄头碰了"。
ṭebel"埋，坟墓" > ṭebel-aw"埋了，埋起来了，坟墓被堆起来了"。

（3）后缀-aw + 动词根重叠第二式 > 动词，词义为[被动]、[完成体]、[重复/持续]、[及物]等语义特征与词根意义的叠加整合。

agel(?)"紧急" > age-agel-aw"（被）催促"。
getiḽ/getiḽ"摘，采，掐" > geti-getiḽ-aw"掐的伤疤多，被掐得伤疤累累"。
kuri(?)"耙" > kuri-kuri-aw"耙了又耙"。
ḽinaj"玩耍" > ka-ina-linaj-aw"玩弄（他），被玩弄"。

（4）前缀ka- + 形容词词根 + 后缀-aw > 动词，词义为[被动]、[完成体]、[及物]等语义特征与词根意义的叠加和整合。

apel"软的，温柔，软弱" > ka-apel-aw"使变柔和了"。
asat/asat"高" > ka-asat-aw"使变高了"。

adare"低，矮" > ka-adare-aw"减低了" > kadareaw。

kupu"趴" > ka-kupu-aw"使碗倒扣"。

ladam/ladam/laḍam/laḍam"熟悉，习惯" > ka-ladam-aw"发觉，注意到，理会到，想到，觉悟到"。

laḍan(laḍam?)"懂，知道，会" > ka-laḍam-aw"被知道了，发觉了"。①

sagar"喜欢，爱" > ka-sagar-aw"使喜欢"。

semaŋal"喜欢，高兴" > ka-semaŋal-aw"使让别人喜欢，叫别人高兴"。

linaj"玩耍" > ka-lina-linaj-aw"玩弄(他)，被玩弄"。

(5) ki- + 词根 + -aw

只能跟动词根组合。

bulas"代替" > ki-bulas-aw"(被)借用，(被)租用"。

karun"工作" > ki-karun-aw"(使)做了"。

tulud"伸手把东西提给人家" > ki-tulad-aw"接受，接收，承担"。

(6) ki- + pa- + 动词根 + -aw > 动词[被动]。

ladamladam/ladam/laḍam/laḍam"知道，懂，理解" > ki-pa-ladam-aw"被请教的，被请教了"。

nau"看" > ki-pa-na-nau-aw"被请去检阅的，被请去检阅了"。

(7) kure- + 动词根 + -aw〉动词[被动]。

nau"看" > kure-nau"出现，发现，清楚" > kure-nau-aw"(被)显现出来，表现出来"。

(8) pa- + 动词根 + -aw > 动词[被动]。

bulas/bulas"代替" > pa-bulas-aw"(被)调换，替换"。

bias/biʔas"热" > pa-bias-aw"加温，加热"。

---

① 可能是抄写错误。

garger"吃惊，" > pa-garger-aw"使……吃惊，惊动"。

agel(?)"急促" > pa-age-agel-aw"催促，催快，催走" > pageagelaw。

sabuŋ"刑，罚，处分" > pa-sabuŋ-aw"罚苦力，惩罚过了"。

saḷaw"超，超越" > pa-sabuŋ-aw"让超过，让超越了"。

samek"痒，发痒" > pa-samek-aw"(用树叶等)使……痒痒"。

nana"病，疼，辣" > pa-nana-aw"使受伤"。

sanan"迷途，流浪" > pa-sanan-aw"到处流浪，四处流浪，被流放"。

sekad"完成，完毕，做完，干完" > pa-sekad"使做完，使完毕"。

sekiŋ"(外)考试，测验，考核" > pa-sekiŋ"应试" > pa-sekiŋ-aw"让参加考试了"。

sinan/senan"光亮" > pa-sinan-aw"使发光，使光亮"。

uka"去" > pa-uka-aw"推荐去，介绍去"。

(9) pa- + ka- + 词根 + -aw > 动词[被动]。

makeser"有势力，有实力，强大，强盛" > pa-ka-makeser-aw"使打赢，胜利"。

raŋer"思想，心思" > pa-ka-raŋer-aw"使思念，思考，回忆，联想"。

uden"娇气" > re-uden > pa-ka-reuden-aw"让撒娇，宠爱，娇生惯养"。

ṭima"大" > pa-ka-ṭima-aw"夸大，变大，夸张"。

(10) pa- + ra- + 词根 + -aw > 动词[被动]

buraw"放，放飞，放跑" > pa-ra-buraw-aw"让脱手逃跑"。

(11) pa- + re- + 词根 + -aw > 动词[被动]。

ŋaj"话，话语" > pa-re-ŋaj-aw"让说话，叫……说话，让……发言"。

tinuas"分手，离别，离婚" > pa-re-tinuas-aw"使分手，使离别，使离别"。

（12）pi- + 词根 + -aw > 动词[被动]。

ɖaraŋ(ʔ)"红" > pi-ɖaraŋ-aw"使……变红，变红起来"。

kaɖu/kadu"居住于，在" > pi-kaɖu-aw"给安置了，给留在，使留居于"。

raʔat(raat)"青" > pi-raʔat-aw"被弄成青色"。

rumaʔ"家，房子" > pi-rumaʔ-aw"把……留在家里，居留"。

siŋsiŋ"模声词，铃铛发出的声音" > pi-siŋsiŋ-aw"带上铃铛，把铃铛系在……上面"①。

（13）pu- + 词根 + -aw

biʔi/biji"飞，飞翔" > pu-biʔiʔ-aw"（把鸟）放飞了"。

dare"泥土，地下" > pu-dare-dare-aw"降低"。

isat/isaṯ"上，上面" > pu-isa-isat-aw"提级，升级"。

isat/isaṯ"上，上面" > pu-isaṯ-aw"上高，提高，提拔"。

likudan"后面" > pu-likudan-aw"使推后，使后退"。

seneng"隔离，分离，离开，分出去" > pu-seneng-aw"分家出去了，分离出去了"。

siwaʔ"岔口，岔道" > pu-siwaʔ-aw"使走岔道"。

siŋsi"先生，老师" > pu-tu-siŋsi-aw"请他当老师"。

---

① 该词的词形应该是 pisiŋsŋanaw，siŋsŋ 是模声词，铃铛的名词形式为 siŋsŋ-an。

后缀-aj

aɖead"摩擦，磨擦" > aɖead-aj"被磨破，被擦伤"[①]。
aleb"关门、闭户" > aleb-aj"门关上了，被关了"。
araw"抢，夺，抢夺，掠夺" > araw-aj"被抢，被强夺，夺去"。
awaw"(在远处)喊人，叫人" > awaw-aj"被招呼，被打招呼"。
buarek(?)"留下" > buarek-aj"被留下"。
dikes"握住，拿住" > dikes-aj"已经拿住了，把握准了"。
gisagis"刮脸,刮胡须,剃" > gisagis-aj"(人)已经(被)刮脸了"。
saeru"笑" > ka-saeru-eru-aj"(应该或可能)被嘲笑的"。
kulaŋ/kulaŋ"青菜" > ki-kulaŋ-aj"(菜地被)摘去了菜"。
sema"舌头" > ki-sema-aj"(人或动物)被割断舌头，舌头被割断"。
nau"看" > ku-re-nau"出现，发现，清楚" > kurenau-aj"被发现，被暴露"。
leap"席子" > leap-aj"使铺上席子，(床，地上等)被铺上席子"。
lisaw"刷洗" > lisaw-aj"洗了，刷好了"。
liplip"缠，绕，缠绕，纠缠" > liplip-aj"被缠住了"。
dawak"毒，毒药" > pa-dawak-aj"被毒害，被下毒的"。
siku"肘" > pa-siku-aj"肘部挨打"。
turus"跟随，次序，顺序" > pa-turus-aj"接连、连续(射击)"。
sagar"喜欢" > pa-ka-sagar"奖励，奖赏，嘉奖" > pa-ka-sagar-aj"发奖状、奖品或奖金"。
ŋad/ŋad"名字" > pu-ŋad-aj"给取名字了，被命名了"。

[①] 该词是摹声拟态词，词形应该是 aɖead-aj。

enaj"水" > pu-enaj-aj"被浇上水"。
kajakaj"桥" > pukajakaj-aj"(某地)被架上桥"。
kiam"债" > pukiam-aj"被压债,使被背债,使欠账"。
laŋ"伙伴" > pulaŋ-aj"被陪伴"。
pasaped(？)"包尿布" > pasaped-aj"围上尿布,(孩子)被包上尿布"。
rere"拥抱" > rere-aj"被拥抱,抱住了"。
sabsab"洗" > sabsab-aj"(衣服等)洗完,洗好了"。
salaw/saḷaw"超,超越" > salaw-aj"(被)赶上了,(被)赶超了"。
saletuŋ"(热水)烫"saletuŋ-aj"(被)烫了"。
saḷaw/salaw"超,超越" > saḷaw-aj"超过了,越过了"。
saḷem"种" > saḷem-aj"(人被)种了牛痘,(地)被种上(庄稼)"。
siesi"被风刮进屋里的雨水" > siesi-aj"雨水泼进屋里,屋里被雨水泼进"。
sipul"抹,擦,拭" > sipul-aj"已经(被)抹了"。
sudip/suḍip"斧头" > sudip-aj"被斧头砍的"。
suŋal/suŋaḷ"鞠躬,磕头,小腿" > suŋal-aj"被鞠躬了"。
taktak"砍,削" > taktak-aj"(树被)削过了"。
takunuḷ"理发" > takunuḷ-aj"给理发过了,被理过发了"。
tapesi"泼水" > tapesi-aj"(东西,植物等被)泼过水了"。
teḷu"加上,添上,增加一点" > teḷu-aj"加上,添上,增加一点"。
tika"打中,命中" > tika-aj"被打中了,被命中了"。
tuʔtu/tuetu"摹声词,凿东西时发出的声音" > tuʔtu-aj"凿了"。
turu"批评" > turu-aj"(被)教训,挨批评"。
turus"追,跟随,次序,顺序" > turus-aj"(被)追踪,(被)跟踪"。

ṭakaw"偷，盗" > ṭakaw-aj"(人)被偷了，被盗了"。
ṭaeṭa/ḍaeḍa"锁" > ṭaeṭa-aj"(人等被)锁上了"。
ṭaul/ḍaul"闻，嗅" > ṭaul-aj"(被)嗅了，(被)闻了"。
ṭikel/ṭikel"折(断)" > ṭikel-aj"折去了"。
ṭimaʔ"买，卖，价格，物价" > ṭimaʔ-aj"收买，买来"。
ulak/uṭak"松绑，脱" > ulak-aj"被松绑的，被解开了"。
urip"鳞" > urip-aj"去鳞的，(鱼等被)去掉鳞了"。

后缀 -anaj

bali/baḷi"风" > bali-anaj"被风刮走"。
bikbik"抖掉，甩掉" > bikbik-anaj"甩打掉了"。
dardar"排(东西)，排列" > dardar-anaj"东西被排好了"。
gisagis"刮脸，刮胡须，剃" > gisagis-anaj"让(他)刮脸，给他刮脸"。
kuret"约定，限定，规定" > kuret-anaj"给……定了个期限"。
ateḍ"送，护送" > pa-ateḍ-anaj"寄走了，寄出去了"。
ruruk"指派，指使，推举，替代" > rutuk-anaj"替人做事了，给人做事了"。
pataban"供神，祭祀神灵" > pataban-anaj"给……献，贡献，呈献"。
udal"雨" > pa-udal-anaj"使受雨淋湿"。
rasras"凋谢，凋落，纷纷撒落貌，谷子粒粒撒落在地" > rasras-anaj"撒播了，撒落了"。
siḷeb"舀" > siḷeb-anaj"给……舀上来了"。
sulud"推" > sulud-anaj"推走了，推了"。
talam"尝试，试验，品尝" > talam-anaj"给试过了"。

teḷu"加上，添上，增添，补充" > teḷu-anaj"给弥补，给填补"。

tupi"黏液"tupi-anaj"被粘上了"。

后缀-u

(1) 后缀-u + 形容词根 > 动词，词义为[被动]、[使动]、[及物]、[祈使]等语义特征与词根意义的叠加整合。

aresem"酸" > aresem-u"弄酸！"。

beḷakas"长，长久" > beḷakas-u"弄长！拉长！伸开！拉开！"。

biʔas"热" > biʔas-u"热一热！加热！把……加热！"。

(2) 后缀-u 附加在动词根上，使之变成动词，[被动]、[使动]、[及物]、[祈使]等语义特征与词根意义的叠加和整合。

areṭ"刹车，刹住，上紧发条" > areṭ-u"勒紧，拉紧！"。

areṭap"（向左右）踢" > areṭep-u"（向左右）踢！"。

areṭ/areṭ"刹车，刹住，上紧发条" > areṭ-u"弄进，刹住，上紧"。

asal"迁移，挪动" > asal-u"去改！去挪动！"。

asal"迁移，挪动" > asa-asal-u"改一改！挪一挪！"。

atek"砍" > atek-u"把……砍掉！"。

baresaj"一刀砍断" > baresaj-u"一刀砍断它！"。

basak"扛，挑" > basak-u"使扛起来！把……扛起来！"。

bikbik"抖搂，甩掉" > bikbik-u"把（灰尘等）抖掉！"。

dardar"排（东西），排列" > dardar-u"把东西排好！"。

bitbit"拔" > bitbit-u"拔掉！把……拔掉！"。

deldel/deḷdeḷ"用圆的工具滚压或碾轧" > deldel-u"压上去！"。

deru"煮，煮熟" > deru-u"煮上！煮熟！"。

dikes"握住，拿住" > dikes-u"捆起来！绑起来！"。

dirus"浇，淋，洗浴" > dirus-u"洗澡吧！"。

d̪iar"（用火把等）照，照明" > d̪iar-u"照吧！（火或光）照射"。

d̪imut̪/d̪imu("抓，捕，捕获" > d̪imut̪-u/d̪imut̪-u"抓住！捉住！抓起来！"。

gamgam"抖（草）" > gamgam-u"把草抖一抖！"。

giŋgiŋ"桂圆，龙眼；摇动" > giŋgiŋ-u"把（树等）摇动！"。

gisagis"刮脸，刮胡须，剃胡须" > gisagis-u"刮脸！"。

gul̠gul̠"理发，剃头" > gul̠gul̠-u"理发！把头发理掉！"。

isaus"擦" > isaus-u"擦掉！把……擦掉！"。

ekan"吃" > ekan-u"吃吧！把……吃掉！" > kan-u。

kawil"钩上" > kawil-u"钩住！挂上！用钩子把树上的东西割下来吧！"。

ked̪eŋ"牵，拉，拽" > ked̪eŋ-u"拉走！带走！把……拉走！"。

kidukidu"挠痒痒，挠一挠" > kidukidu-u"挠痒！"。

lased̪"藏，潜藏" > lased̪-u"藏起来！把……藏起来！"。

luluj"追赶" > luluj-u"使追赶！把……追赶！"。

l̠edem(l̠eden/l̠edeŋ)"沉下去，潜下去" > l̠edem-u"把……沉入水中！"①。

l̠eut̪/l̠eut/l̠eud̪"刺绣，挑花，钩花" > l̠eut̪-u"绣花！把图案绣在布上！"。

l̠ikut"围住，包围" > l̠ikut-u"包起来！围起来！"。

l̠ipl̠ip"绕，缠，缠绕，纠缠" > l̠ipl̠ip-u"请绕线！请绕绳！绕上！"。

l̠ul̠un"卷（动词）" > l̠ul̠un-u"卷起来！"。

rabak"怀抱" > rabak-u"搂抱！"。

---

① l̠edem 可能是拼写错误，应该为 l̠eden，为了保持原貌，仍写为 l̠edem。

ramut"用手抓脸" > ramut-u"抓住!"。
redek"搁东西" > redek-u"把它搁下来!"。
renab"上漆,油漆" > renab-u"上漆吧!"。
reput"断,砍断,斩断" > reput-u"把绳子弄断!"。
sabsab"洗" > sabsab-u"洗掉它"。
sekaɖ/sekad"完成,完毕,做成" > sekaɖ-u"(使)干完,(指使工作)干完"。
seksek"塞,堵" > seksek-u"塞紧!"。
selap"扫" > selap-u"扫掉!"。
sileb"舀" > sileb-u"舀上"。
sirit"撕下" > sirit-u"撕破,撕开!"。
suɖsuɖ/sudsud"剁草" > suɖsuɖ-u"把(草)除掉!除草!"。
suksuk"捅,用棍子捅通,通烟囱,通烟杆" > suksuk-u"通一通!"。
suŋal/suŋal"鞠躬,磕头,小腿" > suŋal-u"磕头!把头磕!"。
surut"喷" > surut-u"喷水!把水喷出去!"。
taktak"砍,削" > taktak-u"削掉!"。
tebteb"剁碎,砍碎" > tebteb-u"剁碎吧!"。
teŋis"叼" > teŋis-u"叼住!"。
teŋer"熬,炖" > teŋer-u"熬吧!炖吧!"。
tiktik"摹声词,石头被撞击的声音" > tiktik-u"打火石!"。
tusuk"扎,刺,捅,戳" > tusuk-u"扎上!刺上!"。
tubaŋ"回答,答应" > tubaŋ-u"(给他)答应,回答"。
ʈebel"埋,坟墓" > ʈebel-u"埋起来!埋掉!"。
ʈikel"折(断)" > ʈikel-u"弄断,折断!"。
ʈiur"搅拌,搅动" > ʈiur-u"搅拌!"。

(3) 后缀-u + 工具/原料名词根 > 动词,词义为[被动]、[使动]、[及物]、[祈使]等语义特征与词根意义的叠加整合。

rega"裂缝，裂痕" > rega-u"打裂它！"。
rukuɖ"竿子" > rukuɖ-u"用竿子揍！"。
runaŋ"泥潭，泥泞之地" > runaŋ-u"用泥搅混！把它搅混！"。
runu"颜色，色" > runu-u"把它染色"。
siukuj"大木桶" > siukuj-u"用大桶打水"。
siukuj(suɖip)"斧头" > siukuj-u"用斧头砍"。
tiŋtiŋ"(外)斤，戥子" > tiŋtiŋ-u"来过称"。
turik"行列，排列，队列" > turik-u"排好，排列"。

(4) 其余的

arii"快" > ka-arii-u"加快！使……快速行走！"。
dalʔu/daleʔu"甜的" > ka-dalʔu-u"使变甜！"。
ɖekan"宽" > ka-ɖekan-u"使变宽！拓宽！加宽！"。
saimaʔ"少" > ka-saimaʔ-u"弄少一点，减下来"。
ƭeel"勒，溢" > pa-ƭeel-u"勒死"。
siḻamu"猛长，长得快" > pa-ka-siḻamu-u"让(它)他快点长！命令"。
aḻak"拿，取" > pu-aḻak-u"除掉，拿掉"。
burek"回去，走开，离去" > pu-burek-u"让他打发走开"。
pataran"外面" > pu-pataran-u"拿出来，把……搬出去"。

后缀 -i

abak"装入，装上" > abak-i"装入，装上"。
aleb"关门，闭户" > aleb-i"关门，关闭"。
araw"抢" > araw-i"抢过来！去夺！"。
deel"踩" > deel-i"踩"。
dikes"握住，拿住" > dikes-i"拿住！"。

gisagis"刮脸！" > gisagis-i"刮脸！"。
guḻguḻ"理发，剃头" > guḻguḻ-i"给他理发！"。
teŋaɖaw"坐下" > ka-teŋaɖaw-i"坐下！请坐下！"。
kulaŋ"青菜" > kulaŋ-i"摘去菜！（主语是长菜的菜地）"。
seki"指甲" > pa-seki-i"钉上钉子！"。
raik"铲，绞" > raik-i"阉割！（主语是常被阉割器官的人或动物）"。
sabsab"洗" > sabsab-i"去洗"。
salaw/saḻaw"超过，超越，超" > salaw-i"（被）赶超，赶上了"。
suŋaḻ/suŋal/"超过，超越，超" > sauŋaḻ-i"超过去！超过他！"。
takunuḻ"理发" > takunuḻ-i"给他理发，给他剃头！"。
talam"尝试，试验，品尝" > talam-i"尝一尝，试一试！"。
tawar"慢，轻" > tawar-i"慢一点，轻一点！"。
tilil/tiḻil"记，写；字，书，花纹，花样" > tilil-i"写上，记下来"。
ʈaul/ɖaul"闻，嗅" > ʈaul-i"嗅！闻（味）"。
ʈimaʔ"买，卖；价格，物价" > ʈimaʔ-i"买吧！"。

附录二 长篇语料

bati-an ɖa pujuma a ɖekal
传说 [斜格] 卑南 [主格] 社区

卑南各社的传说

baleteŋan-an ɖia, iɖu nanta dare-an i amaw a
古老的时候 还 那[主格] 咱们[属] 地方 [话题] 是 [主格]
pawpian k-in-uŋaj-an mu-paṭaran。
阿美人 首先 [主]出来

  kaɖu a saja wari mimi i iɖuan sarekuɖaŋ a
在 [主格] 一 天 我们 [话题] 那[主格] 拐杖 [主格]
basikaw baresuk-anaj dadare, iɖuan basikaw i patawar
竹子 插入[工具] 叠地上 那[主格] 竹子 [话题] 渐渐
ma-ṭina la。ma-ɖa-an mimi na pujuma a ṭaw i kemaj
[主]长大 [完成] 因此 我们[主格] 卑南 [主格] 人[话题] 从
kanɖu kana basikaw a mu-paṭaran la。
那[斜格] [斜格] 竹子 [主格] [主]出来 [完成]

  ulaja saja wari kema, m-uka -em-alupa i teŋa-teŋal i
有 一 天 据说 [主]去 [主]打猎 [处所] 叠山上 [话题]
mi-ɖinimut ɖa saja a marenem。ka-ma-ɖi niam = pajas-aw
[主]抓到 [斜格] 一 [主格] 大鹿 因此 我们[属]---[受]
mare-pa-nini, naɖu na paepian a ṭaw i
相互分配 那些[主格] [主格] 阿美 [主格] 人 [话题]

tu = aḷak-aw   na   rami kamaḑuan iḑu   na   kunbuaŋ   i
他们[属]拿[受] [主格] 肝   那样   那[主格][主格]   肺   [话题]

niam – aḷak-aw   la。 mawi   likuḑan ma-re-ŋai la   paepian
我们[属]拿[受] [完成] 是(可是) 后来   [主]说   [完成] 阿美

    a ṭaw: iḑina rami   i   ma-kiteŋ ḑaḑu, aḑi mi marua
  [主格] 人   这[主格] 肝 [话题] [主]小   太   不 我们[主]够

mare-p-anini。 ma-ḑu-an i k-em-a-ra-ŋer a   ki-ma-ḑa-ḑuḷun,
[主]相互分配   因此   [话题] [主]想   [主格]   [主]使交换

maḑian ma-ḑa-ḑuḷun mimi   la。 likuḑan   iḑuna   niam
这样 [主][叠]交换   我们 [完成]   后来   那些[主格]   我们[属]

    nini-an   i   ki-nuŋajan-aw ḑ-em-eru。 ma-re-ŋaj mi:
分得的东西   [话题]   [主]首先[受]   [主]煮熟   [主]说   我们

   garem   tajta   i   iḑina   nini   a   manaj-an
   今天   咱们   [话题]   这[主格] 份   [主格]   东西

ta = taḷebu-anaj aen-enaj kakuda? tajta   i   mare-me-naw-naw
咱们[属]放入[工具]   [叠]水里   怎么样 咱们[话题] [主][叠]相互看

kema-inaba me-naw, kan-manaj ḑuan manaj-an kan muḷeden   i
 比较   好 [主]看   [斜格]谁的 那   东西 [斜格] [主]沉   [处所]

   na-enaj   na, sa-ninina   na   ṭaw   i   amaw imanaj na
 [叠]水里 [语气]   一方   [主格] 人 [话题] 是   谁   [主格]

da-dikes   i   lima-lima kaḑuna dare-an。
[叠]握住 [处所] [叠]手里 那[主格]   地方

    kema = mi   ma-ḑaja-ḑajar ḑa   kuajan-an。 ma-ḑu-an
       [主]说我们[主格] [主][叠]商量 [斜格]   事情   因此

mar-t-em-alebu-lebu   i   na-enaj。 iḑuna rami   i   mu-leden,
  互相 [主][叠]搁放 [处所] [叠]水里 那[主格] 肝 [话题] [主]沉

  iḑuna kunbuan   i   t-em-abaw la。 kema-ḑini iḑuna dare-an
  那[主格]   肺   [话题] [主]浮 [完成] 这样   那[主格]   地方

laj? amaw mimi   na   pujuma   na   d-em-ikes   la   i
呢?   是   我们 [主格]   卑南 [主格] [主]握住   [完成] [处所]

limalima, amaw ulaja id̪una pawajan。
[叠]手里　是　有　那[主格]　汉人

卑南社的传说

古时候，我们的那个地方呢，是阿美人首先出生。有一天，我们把一根竹拐杖插在地上，那根竹子就渐渐长大了。因此，我们卑南人呢从那根竹子里生出来了。

据说有一天，去山上打猎的时候抓到了一只大鹿。因此我们马上把它分了。那些阿美人呢，肝被他们拿到了，因此，那个肺被我们拿到了。可是后来，阿美人又说："这个肝太小，不够我们分，因此呢我们想交换。"就这样我们相互交换了（东西）。后来，我们所得那些一份先熟，我们就说："现在咱们呢，咱们把分得的东西放进水里，怎么样？咱们看看哪个更好。所分得的东西沉入水里的一方的人就是把那些地方掌握在手里的人。"

据说，我们就此事进行商量。于是，大家（把东西）放进水里。那个肝呢沉入水里，那个肺呢浮着。这样一来，那个地方就掌握在我们卑南人的手里啦，（那地方）是没有汉人。

卑南社的传说（二）

bati-an　d̪a　kathijpul　a　d̪ekal
传说　[斜格]　知本　[主格]　社区

baleteŋan-an d̪ia, ulaja mi-ta-teḻu: hinalibihaŋ、batubanja aw
古时候　还　有　[叠]三个人　[人名]　　[人名]　和
kaḻimallaw　d̪a　ŋaḻad̪　a　t̪aw　i　ma-d̪aja-d̪ajar: kan
[人名]　　[斜格]　名字　[主格]　人　[话题]　[主][叠]商量　如果
-em-asal　a　s-em-eḻabaw　na　enaj　i　kamanaw tajta m-uka
[主]移动 [主格]　[主]浮　[主格]　水　[话题]　应该　咱们　[主]去
kad̪uj　ketuput　d̪a　dare-an。madini-an　tu = sepad-aw　i
那　　[山名]　[斜格]　地方　　结果　　他们[属]分派[受]　[主格]

reheŋ m-uka i kaṭipul kaḍunu-an m-air ḍa ma-rajas-an
[人名] [主]去 [处所] [地名] 那个地方 [主]守卫 [斜格] [主]平坦
a ḍare, i likuḍan kaḍini-an i paragan la ḍa
[主格] 地 [处所] 后来 此地 [话题] [主]建立 [完成] [斜格]
kaṭipul a ḍekal。
知本 [主格] 社区

知本社的传说

古时候，有三个名叫 hinalibihaŋ、batubanja 和 kaḷimaḷaw 的人。(他们)商量说："如果涨大水的话，我们应该去 ketupur 山那个地方。"结果，他们分派 reheŋ 去知本那个地方守卫平原，后来这个地方就建立了知本社。

卑南社的传说（三）

bati-an ḍa pinasiki
传说 [斜格] 槟榔社

a pinasiki i tu sepaḍ ḍa hulibelibek ḍa
[主格] 槟榔社 [话题] 他们[属] 分社 [斜格] [社名] [斜格]
kama kama nantu ŋaj-an ḍa hulibelibek ṭaw。kemaj
社区 说 他们[属] 所说的话 [斜格] [社名] 人 从
najhunḍukan mu-asal m-uka i tukajsiŋan kikaḍu, ma-ḍu-an
[社名] [主]移动 [主]去 [处所] [地/社名] [主]居住 于是
mu-ḷenak na taw-an i mu-seneŋ m-uka i pinasiki la。
[主]繁殖 [主格] 人口 [话题] [主]分离 [主]去 [处所] [社名] [完成]
nantaw maiḍaiḍaŋan aw hualibelibek i ma-risan。aḍu ḍa
他们[属] 祖先 和 [社名] [话题] [主]相同 在那 [斜格]
beleṭeŋan-an ḍia i nantaw suruk ḍa pujuma ḍa ḍekal
古时 还 [话题]他们[属] 附属 [斜格] 卑南 [斜格] 社区
na saja。ulaja bati-an baleṭeŋan ḍia i kaḍu i hinalibihaŋ、
[主格] 一个 有 传说 古时候 还 [话题] 有 [主格] [人名]

batugaja aw kalinaḻaw na mi-ta-teḻu ma-ḍaja-ḍajar: "an -em-asal
[人名] 和 [人名] [主格][叠]三人 [主][叠]商量 如果 [主]移动
s-em-eḻabaw na enaj i kamamaw tajta m-uka kaḍu i
[主]涨满 [主格] 水 [话题] 应该 咱们[主]去 [主]居住[处所]
kentubur a ḍare-an。"
[地名] [主格] 地方

　　ma-ḍini-an tu=sepaḍ-aw i arukaruma m-uka i
　　结果 他们[属]分开[受] [主格] [社/人名] [主]去 [处所]
pujuma-an, i reheŋ tu=pa-uka-jaw i kaṭipul
卑南地方 [主格] [人名] 他们[属][使役]派去[受] [处所] [地/社名]
tu=pa-iar-aw kana ma-rajarajas a ḍare-an。likuḍan i
他们[属]守卫[受] [斜格] [主]平坦 [主格] 地方 后来 [话题]
tu=seneŋ-aw i hibiru kemaj kaṭipulan m-uka i
他们[属]分离[受] [主格] [人名] 从 [社名] [主]去 [处所]
pinasiki-an。i likuḍaŋ paragan la ḍa ḍekal。amaw
槟榔[地名] [处所] 后来 [主]建立 [完成] [斜格] 社区 是
tu sepaḍ ḍa kaṭipul ḍa ḍekal。a pinasiki a
它[属] 分社 [斜格]知本[社名] [斜格] 社 [主格] 槟榔[社名] [主格]
ḍekal i amaw ulaja a ḍu-ḍua-ja sepaḍ ḍa ḍekal-an a
社 [话题] 是 有 [主格][叠]两个 分社 [斜格] 社区 [主格]
mutu-ḍa-ḍekal。
[主][叠]变成社[复数]

槟榔社的传说

　　槟榔社是 hulibelibek 社的分社。hulibelibek 人流传故事说，(他们)从 najhunḍukan 搬迁到 tukajsiŋan 居住，由于人口繁殖，就分离出去，迁到槟榔。他们的祖先和 hulibelibek 人的祖先相同。古时，他们都属于卑南一社。

　　有个传说：古时有 hinalibihaŋ、batugaja 和 kalinaḻaw 三个人，他们相互商量说："如果涨大水的话，咱们应该去 kentubur 那个地方居住。

结果，arukaruma 被他们（从总社里）分出来（成为分社），去卑南这个地方。reheŋ 呢，被他们派去知本，让其看守平原。后来呢，hibiru 被他们从知本地方分出，到槟榔那个地方去，后来在那里建立了社。（它）是知本社的分社（作为知本社的分社）。槟榔社演变成两个分社，直到今日那里只有两个分社。

卑南社的传说（四）

bati-an da alipaj a dekal
传说 [斜格] [社名] [主格] 社

adu da baleteŋan-an dia i ulaja habehap aw punaberuŋ
在那 [斜格] 古老时 还 [话题] 有 [人名] 和 [人名]

a mi-da-dua taw, kemaj katukula da dare-an, kuretinuas
[主格] [叠] 两位 人 自从 [地名] [斜格] 地方 [主]分离

m-uka i alipaj da dare-an. likudan paragan la dekal
[主]去 [处所] [地名] [斜格] 地方 后来 [主]建立 [完成] 社

da alipaj. nantu ŋaj-an kanatunu i kamawan kan
[斜格] [地名] 他们[属] 话 那些人 [斜格] [话题] 相同 [斜格]

nantu ŋaj-an da pinasiki a dekalan. idu-an na dekal
他们[属] 话 [斜格] [社名] [主格] 社区 所以 [主格] 社

da alipaj i amawan nantu sepad da duma a
[斜格] [社名] [话题] 就是 他们[属] 分社 [斜格] 另外 [主格]

dekalan.
社区

阿里排社的传说

在古时候，有 habehap 和 punaberuŋ 两个人。（他们）从 katukula 这个地方分离出来，到 alipaj 那个地方去，后来就建立了 alipaj 社。他们的语言和 pinasiki 社的语言相同。所以 alipaj 社就是 pinasiki 社的另外一个分社。

卑南社的传说（五）

bati-an ḓa hulibelibek a ḓekal
传说 [斜格] [社名] [主格] 社

baleteŋan-an ḓia i ulaja i alikesi aw i mauras
古时候 [斜格][话题] 有 [主格][人名] 和 [主格][人名]
kema a mi-ḓa-ḓua a babaj-an maḻuadi i amaw kemaj
说 [主格] 两位 [主格] 女人 姐妹 [主格] 是 自从
kanan matina ḓa barasa i sabak mu-paṯaran. mu-paṯaran
------[主]大 [斜格] 石头 [处所] 里面 [主]出来 [主]出来

naḓunu i likuḓan i amaw ḓa pa-ḻamu
那些人[主格] [处所] 后来 [话题] 是 [斜格] 暂时
mutu-pekipekiw ḓa ajam a baaw, aḓi ma-laḓa-laḓam kaḓu
[叠]变成 [鸟名][斜格] 鸟 [主格] 活的 不 [主][叠]知道 在那
kemaj kiŋtupur ḓa dare-an a taruma a ṯaw i ḓua
自从 [地名] [斜格] 地方 [主格] [社名] [主格] 人 [话题] 来
pajas kikaḓu i miruikean.
立刻 居住 [处所] [地名]

ulaja a tajru kema tu ŋalaḓ a ṯaw i m-uka
有 [主格][人名] 说 他[属] 名字 [主格] 人 [话题] [主]去
malualupa. kaḓu i daḻa-daḻan ma-reṯebuŋ kanḓu na
[地名] 在 [处所][叠]途中 相互 遇到 那个[斜格] [主格]
mi-ḓa-ḓua babaj-an a maḻuaddi, naḓunu na maḻuadi
[叠]两位 妇女 [主格]◦ 姐妹 那些[主格] 姐妹
i ma-ḻuaḻu, nantu arebu na beḻakas i
[话题] [主]裸体 他们[属] 头发 [主格] 长 [话题]
tu=atiḻes-anaj i saaḓan. iḓu i tajru i
他们[属]夹[工具] [处所] 股间 那[主格] [主格] [人名] [话题]
ma-gerareger, aḓi ma-laḓam ḓa manaj-an, pajas-aw -em-aḓas
[主]惊讶 不 [主]知道 [斜格] 什么 立刻[受] [主]端着

nantu kuaŋ aw mu-dalep m-uka, ɖini-an kaɖu a esaɖu a
他[属] 枪 和 [主]靠近 [主]去 这时/地 有 [主格] [主]多 [主格]
gerger mu-biji ɖua. tu = taranaw-aj iɖu na babaj-an,
蜂 [主]飞 [主]来。他[属]守卫[受] 那[主格] [主格·复] 妇女
　　iɖu na ma-aḻup a ṭaw i baeka kanɖu
那[主格] [主格·复] [主]打猎 [主格] 人 [话题] [主]奇怪 那[斜格]
na kuajanan, kikaɖu i saniniŋ a t-em-ara-naw,
[主格] 事情 [主]居住 [处所] 边上 [主格] [主]守卫
kemaɖinian iɖuna babaj-an i pajas ma-raritin aw
于是 那[主格·单] 妇女 [话题] [主]立刻 [主]结交 [语气]
kantaw, likuɖan mar-katagujin la.
他[斜格] 后来 互相成为夫妻 [完成]
　　i likuɖan naɖuna na ma-rekatagujin i paragan
[处所] 后来 那些[主格] [主格] 结成夫妻 [话题] [主]建立
la ɖa raparapa a ɖeka. aɖunuan i kaɖu i
[完成] [斜格] [社名] [主格] 社 这时 [话题] 在 [处所]
panapanajan ɖa ɖare-an i ulaja kemaj sabak ɖa basikaw
[地名] [斜格] 地方 [话题] 有 自从 里面 [斜格] 竹子
mu-paṭaran a mi-ta-teḻu a ṭaw: i saretuk, murenek,
[主]出来 [主格] [叠]三位 [主格] 人 [主格] [人名] [人名]
mualip kema tu ŋalaɖ, kemaj tikitikire ɖa dare-an ɖua
[人名] 说 他们[属] 名字 从 [地名] [斜格] 地方 [主]来
ma-risan rapa raparapa ɖa ɖekal aw kan tajru kanaɖunu
[主]相同 [斜格] [社名] [斜格] 社 和 [斜格·单] [人名] 那[斜格]
　　na ma-rekatagujin m-uka ki-kaɖu.
[主格] 结成夫妻 [主]去 居住
　　　kemaj likuɖan na raparapa a ɖekal i me-riasalan
从 后来 [主格] [社名] [主格] 社 [话题] [主]立刻
i mutu-maṭina la ɖa ɖekal. i mualip i
[话题] 变大 [完成] [斜格] 社 [主格] [人名] [话题]
tu = putu-jawan-aw. naɖuma na ṭaw i amaw la nantu
他[属]使成头目[受] 别人 [主格] [主格] 人 [话题] 是 [完成] 他[属]

ḍinekalanan a ṭaw.
乡亲 [主格] 人

likuḍan la, nantu likudanan kan samaruk a ṭaw-an i
后来 呢 他[属] 后来的 [斜格] [人名] [主格] 人口 [话题]

mu-lenak la. ma-ḍi-an i kemaj raparapa ḍa ḍekal mu-asal
[主]繁殖 [完成] 这样呢 自从 [社名] [斜格] 社 [主]迁徙

m-uka i hulibilibek paragan la ḍa ḍekal, iḍi amaw-an
[主]去 [处所] [地名] [主]建立[完成][斜格] 社 这[主格] 就是

na ni-reŋaj a bati-an ḍa hulibelibek a ḍekal.
[主格] [经历]说过 [主格] 传说 [斜格] [地名] [主格] 社

kikaḍu kaḍini ḍa munuma ami i likuḍan i ulaja saja
[主]居住 这里 [斜格] 多少 年 [处所] 后来 [话题] 有 一

wari, naḍunu i mu-asal m-uka i majhunḍukan la.
天 那些人[主格] [话题] [主]迁徙 [主]去 [处所] [地名] [完成]

ka-ḍunu-an ḍa ḍekal a ṭaw i t-em-eḷu saḍu, pateras
在那时 [斜格] 社 [主格] 人 [话题] [主]增加 多 [主]随便

a p-in-ataj pa-ka-kuatis mu-ke-ma-ḍu aḍi inaba ḍa
[主格] [经历]死 [使役][名物]危害 [主]造成 不 [好] [斜格]

wari-an. ma-ḍu-an -em-asal a mu-asal m-uka i tukajsiŋan,
日子 于是 [主]重新[主格][主]迁徙 [主]去 [处所] [地名]

kikaḍu kaḍini i ulaja ṭaw-an a t-em-eḷu saḍu, -em-asal
[主]居住 那里 [话题] 有 人口 [主格] 增长 多 [主]重新

a mu-asal m-uka i pinasikian a ḍuma-jan a ṭaw.
[主格] [主] 迁徙 [处所] [地名] [主格] 其他的 [主格] 人

kaḍu i pinasiki ḍa ḍekal na ṭaw-an t-em-eḷu saḍu,
居住 [处所] [地名] [斜格] 社 [主格] 人口 [主]增长多

na ḍunu-ḍunu i ma-renan ma-retinuwanuas m-uka ḍa
[主格] [叠]那些人 [话题] [主]一起 [主][叠]互相分散 [主]去 [斜格]

ḍa-ḍeka-ḍekalan la. ulaja i maka-dare amaw nantu
[叠]各个社 [完成] 有 [处所] 下面/下边 是 他们[属]

-in-uka-jan kiaḍu: inbaraŋ, dandanaw, semaruni, pahaliwan,
[经历]去过的地方 当时 [地名] [地名] [地名] [地名]

pinataLaj, aliŋaliŋaj, wakawakaj, bunubunun. ma-d̪unu-an na
[地名]　　[地名]　　　[地名]　　　　[地名]　　　　　于是　　　[主格]
baŋkiw　a　d̪ekal　i　tu suruk　d̪a　pujuma　aw　ma-risan
[社名]　[主格]　社　[话题] 它　附属　[斜格] 卑南[社名] 和 [主]一样
d̪a pujuma　d̪a　t̪aw ad̪u　d̪a　belit̪eŋan　i　amaw　na
[斜格]卑南　[斜格]　人　在 那[斜格]　古时　　[话题]　是　[主格]
ku-re-seneŋ　a　d̪ekal. bati-an d̪a　hulibelibek　d̪a　t̪aw　i
分离　　　[主格]　社　传说　[斜格]　[社名]　　[斜格] 人 [话题]
amaw　nantu　risan-an　d̪a　maid̪aid̪aŋan.
是　他们[属]　相同的　[斜格]　　祖先

hulibelibek 社的传说

古时候，有两位从大石头里面出生的、名叫 alikesi 和 mauras 的姐妹。她们出生之后，就暂时变成 pekipekiw 鸟，并以鸟的方式生活着。不料，从 kiŋtupur 地方来的 taruma 社人立刻在 miruikean 住了下来。

有个名叫 tajru 的人呢，他向 malualupa 走去，在途中他遇见了那姐妹俩。那俩姐妹赤身裸体，她们的头发很长，被她们夹在股间。那个 tajru 很惊讶，不知是什么，立刻把他的枪端起并向前靠去，这时有很多蜂子飞来，那些女人被那些蜂子守卫着。那个猎人呢，对这件事情感到奇怪，到上面去观察，这样一来，那两位女人立刻与他结交，后来就与他结成夫妻。

后来那对夫妻就建立了 raparapa 社。那时，在 panapanajan 那个地方有三个从竹里出生的人，他们名叫 saretuk, murenek 和 mualip，他们从 tikitikire 那个地方来，去到 raparapa 社和 tajru 夫妇一起居住。

此后，raparapa 一下子壮大起来。mualip 被他们推为头目。其余的人都是他的乡亲。后来 samaruk 的后人的人口增长了。于是从 raparapa 社迁徙到 hulibilibek，(并在那儿)建立了社。这就是所流传的关于 hulibilibek 社的传说。居住在这个地方许多年后，有一天，那些人又搬迁到 majhunḍukan。那个社的人增多了而相互乱杀害，造成日子不好过。于是重新搬迁到 tukajsiŋan，在这里居住的人口又增多了，其他一些人重新搬迁到 pinasikian。

在 pinasiki 社的人口增多了，各自相互分散到各个社区去。以下就是他们曾经去过的地方：

inbraŋ, dandanaw, semaruni, pahaliwan, pinatalj, aliŋaliŋaj, wakawakaj 和 bunubunun。

那个 baŋkiw 社附属于卑南社，其人口也同属于卑南人，是古时候分离出去的社。但是，hulibilibek 人的传说是，他们的祖先是相同的。

卑南社的传说（六）

bati-an ḍa likabuŋ a ḍekal
传说　[斜格]　[社名]　[主格]　社

baleṯeŋan-an ḍia, i kaḍu i panapanajan i ulaja
古时候　还　[处所]　那　[处所]　[地名]　[话题]　有
ma-ṯina baras。naḍunu ḍa maiḍaiḍaŋan i amaw kemaj
[主]大　石头　那些[主格]　[斜格]　祖先　[话题]　是　从
kanḍina baras i sabak mu-paṯaran ḍua。a likabuŋ a
这个　石头　[处所]里面　[主]出　[主]来　[主格]　社名　[主格]
ḍekal nantu dare a ŋuŋa-jan i amaw nantu dare-an
社　他们[属]土地　[主格]　以前　[话题]　是　他们[属]　地方
ḍa pujuma ḍa ṯaw, tu maiḍaiḍaŋan kana ḍunu i
[斜格]　卑南　[斜格]人　他们[属]　祖先　[斜格]　那些　[话题]
ki-mu-aji la ḍa pujuma ḍa ṯaw i kikaḍu la
请求[主]同意　[完成]　[斜格]　卑南　[斜格]　人　[---]　居住　[助词]
ka-ḍini-an。
这个地方

a   likasia aɖu   ɖa baleteŋan ɖia   i   likabuŋ kema
[主格] [社名] 在那 [斜格] 古时   还 [话题] [社名] [主]说
ɖa ŋalaɖ-an, kaɖin ulaja a bati-an: asua ɖia   i   ulaja
[斜格] 名字   在这里 有 [主格] 传说   古时 还 [话题] 有
mi-sa-sa buruŋan kema   tu   ŋalaɖ,   tajtaw i   kemaj
一位   [人名] [主]说 他[属] 名字   他[自由格] [话题] 从
dajnaŋsia mu-senen m-uka   i   likabuŋ ka-ɖini ɖa   dare-an,
[社名]   [主]分离 [主]去 [处所] [社名]   这个   [斜格] 地方边
kana ka-dare-an   i   ulaja mi-sa-sa simiheŋ kema   tu   ŋalaɖ
那[斜格] 在地方 [话题] 有   一位   [人名] [主]说 他[属] 名字
i   babaj-an   i   ma-re-katagujin.   i   likuɖaŋ   i   aɖi
[主格] 妇女   [主格]   [主]互相结婚   [处所] 后来   [话题] 不
ma-laɖa-laɖam   i   nantaw = s-in-aḻem   a   aduli   i   saḻaw
[主]叠 知道   [话题] 他们[属]   [受]播种 [主格] 藜草 [话题] 非常
inaba ɖa   teliw   aw k-em-abu-kabuŋ   ɖa   ka-ṯatina-jan。kemaj
[主]好 [斜格] [主]生长 和 [主]叠 茂盛   [斜格]   长势   自从
ɖini, na   ɖare-an   i   likabuŋ   tu = taj-aw   la   ɖa
这   [主格] 地方   [主格] [社名]   他们[属]叫[受] [完成] [斜格]
ŋalaɖ-an. likuɖaŋ laj asal-aw   pabuḻas likasia kema
名字   后来   呢 改成[受] [主]替换 [社名] [主]说

likabuŋ 社的传说

古时候，panapanaj 那个地方有个大石头，祖先们是从这个石头里出来的。likabuŋ 社以前的土地是卑南人的土地。他们的祖先请求卑南人同意（他们）居住在这个地方。

likasia 社（利稼社）在古时候叫做 likabuŋ 社。这里有个传说：古时候有个名叫 buruŋan 的人，他从大南社（dajnaŋsia）分来，到 likabuŋ 这个地方（居住），这里有个名叫 simiheŋ 的女人跟他结婚。后来，他们不知道如何种植藜草，（藜草生长的样子）长势才长得很好、长得更茂盛。从此，这个地方的名字就被他们（人们）称作

likabuŋ, 后来就改变称为"利稼社"。

卑南社的传说(七)

bati-an ɖa tamalakaw a ɖekal
传说 [斜格] [社名] [主格] 社

baleteŋan-an ɖia i ulaja ma-re-katagujin, na mainaj-an
古时候 还 [话题] 有 夫妻 [主格] 男的

i lihalip kema, na babaj-an i dudukan kema tu
[话题][人名][主]说[主格] 女的 [话题][人名][主]说 她[属]

ŋalaɖ; idi na mi-a-ɖua ma-re-katagujin i ulaja tu
名字 这[主格][主格] 一对 夫妻 [话题]有 他们[属]

walak a mi-ɖa-ɖua, na mi-sasa i tarutaŋ kema, na
孩子[主格] 两人 [主格] 一位 [话题][人名][主]说[主格]

mi-sasa i litiu kema tu ŋalaɖ。
一位 [话题][人名][主]叫 他[属] 名字

idu i temama=taw i tu=re-ŋaj-aw naɖu-an
那[主格][主格] 父亲他们[属] [话题] 他[属]说[受] 那些[主格]

mi-ɖa-ɖua walak: idi na tamalakaw a dare-an i ulaja
两位 孩子 这[主格][主格] [地名] [主格]地方 [话题]有

pujuma taw mu-rajas ɖua m-alu-aluap. maɖian tu=suruk-anaj
卑南 人 [主]经常 [主]来 [主]叠 打猎 因此 他[属]命令[受惠]

naɖu na mi-ɖa-ɖua m-uka i tamalakaw ka-ɖunu-an
那些[主格] [主格] 两位 [主]去 [处所] [地名] 那地方

em-air a la. ma-risan paragan ɖa tamalakaw a ɖekal.
[主]守卫 [完成] [主]同样 建立 [斜格] [社名] [主格] 社

garem laj, tajpiŋtshyn kema la.
今天 呢 太平村 [主]叫 [完成]

a bati-an a ŋaj: a tamalakaw i amaw a
[主格] 传说 [主格] 话 [主格] [社名] [话题] 是 [主格]

rukaj-an tu sepaɖ ɖa tamalakaw a ɖekal. garem laj,
鲁凯[社名] 它[属] 分社 [斜格] [社名] [主格] 社 今天 呢

amaw   a   marisan   aw   p-en-ulal   d̪a   pujumaj-an   a   d̪ekal
是　[主格][主]相同　　　[语气][主]全部　　[斜格]　卑南　　　[主格]　社

d̪a   t̪aw   la.
[斜格]　人　[完成]

tamalakaw 社的传说

古时候有对夫妻，男的叫 hihalip，女的叫 dudukan。这对夫妻有两个孩子，一个叫 tarutaŋ，一个叫 litiu。

那两个孩子的那个父亲对他们说，在 tamalakaw 这个地方有卑南人经常来打猎。因此，那两个孩子被命令去 tamalakaw 那个地方守卫。他们同时建立了 tamalakaw 社。现在已经改称成"太平村"了。

据说，tamalakaw 社是鲁凯族的一个名叫 tamalakaw 的分社。如今，他们已经完全和卑南社的人一模一样了。

洪水泛滥

me-l̪abaw   a   enay   a   ma-t̪ina
　[主]涨　　[主格]　水　[主格][主]大

asua   d̪ia   i   tu=ka-kalaŋ-an   mu-d̪a-d̪aŋi   kana   enaj
古老　　还　　[话题]它[属][叠]让通过[受]　[主][叠]步行　[斜格]　水

a   ine   i   mu-eleŋ   mu-atut.   ke-ma-d̪u   i   s-em-l̪abaw
[主格]海　[---]　[主]关闸　[主]盖堵　　那样　　　[话题]　[主]涨

ma-t̪ina   la   na   enaj.   na   ma-rajaarajas-an   i   mutu-l̪al̪ian
[主]大　[完成]　[主格]　水　[主格]　　平地　　　　[话题]　变成海水

la   na   enaj。
[完成][主格]　水

kema-d̪u-an   laj?   mu-sama   la   mawmaw   a   a-sat   a
事实情况　　呢？[主]余留下　[完成]　只　　[主格]　高　　[主格]

d̪u-d̪ua-ja   a   teŋal   ad̪i   tu=l̪ed̪en-i   kana   enaj,   amaw   i-d̪una
[叠]两个　　[主格]　山　　不　　他[属]沉[受]　[斜格]　水　　是　[主格]那

tu = nirareŋ-aj na ɖu-ɖua-ja a teŋal katumuan aw takaraus.
他[属] 叫[受] [主格] [叠]二 [主格] 山 [山名] 和 [山名]

ɖunu-an i aṯaw aw a alup-an i m-uka penulat kanɖuan
那时 [话题] 人们 [主格] 打猎 [话题] 去 全部 那[受]

ɖua-ja a teŋal i-sat mu-baaw-a
两个[主格] 山 [处所]上 [主] 逃生。

kaɖu i takaraus teŋal i-sat i kaɖu a aɖi
那里[处所] [山名] 山 [处所]上 [话题] 那里 [主格] 不

k-in-a-laɖa-laɖam a ka-kuajan-an. mu-paṯaran amaw i-ɖu
[经历]熟悉的事情[主格] 事情 [主]外出 是 [主]那

i teŋateŋal na ṯawṯaw tu = abaḻu-aj a apuj kemasj
[处所] 山 [主格] [叠]人 他们[属]忘记[受] 火 自从

i teŋ-a-teŋal. aɖu ɖia i tu kuaɖuj-an ɖa apuj
[处所] [叠]山里 当时 还 [话题] 他[属] 用处 [斜格] 火

i saḻaw esaɖu la, kan mare-siuk mabel i purebu ɖa
[话题] 很 多 [完成] 如果 互相 --- ----- 的话 生火 [斜格]

apuj aw kuliɖu ɖa apuj. maɖu i a-ɖunu-an i unian ɖa
火 和 取暖 [斜格] 火 可是 呢 在那时 [话题] 没有 [斜格]

huanahuj, kemaɖu i ɖini-an na penulat a ṯaw tu = raut-aw
火柴 因此 这事 [主格] 全部 [主格] 人 他[属]难住[受]

la tu aŋel.
[完成] 他[属] ----

na-ɖunu i melibak mu-naw la ɖa saja a
那些[主格] [话题] 突然 [主]看见 [完成] [斜格] 一 [主格]

matinal saja a matina ŋanaḻaw kaɖu pa-las- e-las-aw tu
[主]大 [主格][主] 大 苍蝇 在那里 [使役][叠]摩擦[受] 他[属]

dapal. i-ɖini-an na ɖuna faw penulat i me-luaḻu kana
脚 [处所]此时 [主格]那些 人 全部 [话题][主]模仿 [斜格/特定]

ŋanaḻaw. na ɖu-ɖua-ja a kawi tu = pa-las-e-las-aw wawai
苍蝇 [主格] [叠]两个 [连] 柴 他[属][使役][叠]摩擦[受] 可能

ma-beŋ-e-beŋ a apuj. p-en-anaan kema aɖu t-em-ala-talam a
[主][叠]燃烧 [主格] 火 [主]确认 自从 那 [主][叠]试验 [主格]

risan me-libak ma-naw ɖa tepa katumuan i sat ɖa
[主]突然　　[主]见到　　　[斜格]对面　[山名]　[处所]上　[斜格]
teŋal ma-bul-e-bul la aseban。ma-ɖaŋa la penulat
山　[主]叠冒烟　[完成]　烟熏　　[主]停　[完成]　全部
taw a t-em-ala-talaw。
人 [主]试验

　　k-em-i-aŋaŋer ka katumuan i teŋ-a-teŋal tu ara
　　[主][叠]想　　[斜格]　[山名]　[处所]叠山　他们[属] 种子
ɖa apuj i ki-beraj-aj ɖua。maɖu i na enaj a ine
[斜格]火 [话题]携带[受]　来　可是　呢[主格]水 [主格]大海
tu=rauʈ-aw la a dalan m-uka。unian ɖa kuadakuadj-an
它[属]为难[受][完成][主格]路 [主]去 没有[斜格]　　 办法
m-uka ki-beraj-a ɖa ala ɖa apuj。
[主]去 [主]携带 [斜格]种子[斜格]　火

　　ɖini-an na penulat a taw i ki-aŋaŋer-aw la na
　　此时 [主格] 全部 [主格]人[话题]叠想[受][完成][主格]
ura。tu=pa-ukaj-aw ki-beraj-a ɖa apuj tu=salud-anaj
小鹿 他们[属][使役]去[受] [主]携带 [斜格] 火 他[属]挪动[受]
na ura i ena-enaj pa-uka。aɖi paeten tajtaw temepa
[主格]小鹿 [处所][叠]水 [使役]去 不 久 它[自由格]朝向
i katumuan tepa teŋal me-lalaŋuj [完成] m-uka。tepa a
[处所] [山名]　对面 山 [主]游泳　la　 [主]去 对面 [主格]
katumuan a teŋal a mu-abaaw a taw i
　[山名]　[主格]山　[主格][主]逃生　[主格]人　[话题]
tu=bet-e-bet-anaj na apuj i suasuan kana ura。
他们[属]叠栓[工具][主格]火 [处所] 角　[斜格/特指] 小鹿
　　tu=asal-aw sulud-anaj na ura i enaenaj la。na
他们[属]挪动[受] 推下[受] [主格]小鹿[处所]叠水 [完成] [主格]
ura i mare-belias la ɖua, na mu-adaaw a taw-taw
小鹿 [话题]　[主]回　[完成][主]来 [主格][主]逃生 [主格]叠人人
　　la i kaɖu la tu apuj。
[完成][话题] 有 [完成]他们[属] 火

maḍu aḍi paeteŋ, iḍu   i   likuḍan   i   mare-belias
这样   不   久   那[主格] [处所]   后面   [话题]   [主]回

la ma-kiteŋ na enaj。 na thiḷabaŋ a dare a uma
[完成] [主]小 [主格] 水 [主格] [主]广阔 [主格] 地 [主格] 田

tu = eḷaŋ-anaj kana enaj m-uka   i   ine-ine na mu-sama
他[属]冲刷[工具] [斜格] 水 [主]去 [处所] [叠]海 [主格] 留下

la   i   maw-maw na danapaŋ a barasa, ma-ḍu-an aḍi-an
[完成][话题] [叠]只 [主格] 岩石 [主格] 石头 因此， 不能

la s-in-a-salem。
[完成] 耕种

maiḍaiḍaŋan   i   tabaŋ-aw na tiḷabaŋ a aḍi-an
祖先 [话题] 望[受] [主格] [主]广阔 [主格] 不可能

s-in-asalem a dare a uma k-em-i-aŋaŋer ḍa k-in-a-aḍu-jan
耕种 [主格] 地 [主格] 田 [主]想 [斜格] 住过的地方

a maiḍaiḍaŋan ḍia, kan garem a pamamataŋ-an a dare
[主格] 祖先 曾经[斜格] 今日 [主格] [主]荒凉 [主格] 地

la mu-balis。
[完成] [主]褪色

na-ḍunu   i   tare-ki-aŋaŋer-aw a kuadakudajan ḍua
那些人[主格][话题] [主]一起想[受] [主格] 办法 [主]来

b-en-aaw i-ḍina saja tabaŋ a unian ḍa piḷu-an a
[主]救活 这[主格] 一 [主]望 [主格] 无 [斜格] 界线 [主格]

pamamataŋan a dare。
荒凉 [主格] 地

me-libak tu = ki-aŋaŋer-aw la a uretati。maḍii
[主]突然 他们[属]想[受] [完成] [主] 蚯蚓 象这样呢(于是)

na-ḍunu   i   pakuaḍuj-aw uretati。ajpan ḍa wari i likuḍ
那些人 [话题] 使用 蚯蚓 几 [斜格] 日 [处所] 后面

tu = p-in-u-paṭar-an ḍa uretaiti a ṭai--- dare ki-beraj-aw la
它们[属]排出[受][斜格] 蚯蚓 [主格] 粪便 大地 携带[受] [完成]

ḍa maiḍaiḍaŋan daruk a dare。
[斜格] 祖先 [主]肥沃 [主格] 大地

译文：

洪 水 泛 滥

古时候，那海水开道，流过了闸门和堵坝。于是呢，水就涨了。那平原呢已经变成了汪洋大海。

实际情况呢？只留下两座高山没被海水淹没。那两座山是被叫做"首领"山和 takaraus 山。那些打猎的人们呢，全部都去那两座山的上面逃生。

在那 takaraus 山的上面发生意料不到的事情。人们出走到那座山时，他们忘记把火带到山里。在那时，火的用处很多啦。如果……的话，生起火和向火里取暖。可是呢，那时(那里)呢，没有火柴。因此，此事把全部的人都难住了。

那些人呢，突然看到了一只大苍蝇在摩擦它的脚。在这时候，所有的人都模仿那只苍蝇。摩擦两根柴火可能产生火。正当他们检验确认那个实验的时候，突然见到对面的 katumuan 山上冒着烟，熏着，所有实验的人都停止(实验)。

人们想到把 katumuan 山上的火种带来，但是呢海水已经把去路难住了。没有办法去把火种带来。

这时，所有的人都已经想到了那只小鹿。(小鹿)被他们派去取火。那只小鹿被他们推下水，派去取火。不久，它就朝着对面的 katumuan 山游去了。

在对面的 katumuan 山逃生的人们呢，把火拴在那只小鹿的角上。那只小鹿被他们移动推到水里。那只小鹿就回来了。那些已经逃生的人们就有了他们自己的火了。

这样不久，后来呢，水就很小了。那些广阔的大地和田野被水冲到大海，仅留下来的是那些岩石(留下的只是些岩石)，因此，耕种已经是不可能的了。

祖先们望着那些广阔的不能耕种的田地，想到祖先们曾经住过的(好)地方,想到今天这荒凉的土地已经改变了颜色。

那些人们呢,想着办法来救活这一望无际的荒地。突然,他们想到了蚯蚓。于是他们使用了蚯蚓。几天以后,蚯蚓把粪便(土地)排出,它们给祖先带来了肥沃的土地。

ŋajan a kipatalu 托付用语

(一)

甲:aḏiian pawa, patalu i ku ḏia muka i ruma kana liŋuj pariasal.
　　对不起　替　我一下　去　家　在　林委
一趟

对不起,替我去林家一趟。

乙:eŋ, manajan a kuadakudajan?
　　恩　什么事　　　办理

啊,办什么事呀?

甲:iḏi na baŋbaŋ i wa ḏia berajan.
　　这个　箱子　　去一下　送

把这个箱子送去。

乙:awaj, malaḏam (ku) la papajas (ku) muka.
　　(好)　知道　我　了　就　我　去

好,(我)知道了,(我)就去。

(二)

甲:panawi ku ḏia kanḏiw na tilil kainaba a?
　　给看　我一下　那本　　书　可以吗

把那本书给我看看,可以吗?

乙:amaw i ḏinian a?
　　是　这个　吗

是这本吗?

甲:awaj, iḏinian na tilil pabulasi ku pitu a wari kainaba?
　　是的　这个　　书　借给　我七　天　可以

是的，这本书借给我一个星期好吗？

乙： kainaba, patawari a menaw la!
　　 可以　 请慢慢　　 看 吧
可以，请您慢慢看吧！

甲： pabulasi ku ɖia panaw ɖa tililan ɖa diŋwa kainaba?
　　 借给　 我 一下 看　　 书本　 电话　可以
借给我电话本看一看，可以吗？

乙： awaj, nawi.
　　 可以 看吧
可以，看吧。

甲： kibulas ɖa diŋwa kainaba a?
　　 借给　　 电话　 可以 吗
借个电话，可以吗？

乙： kala talanan.
　　 请　 使用
请使用。

甲： reŋaju ɖia paɖua i liŋwi kainaba a?
　　 叫　 一下 使来 林委　 可以 吗
请把小林叫来，可以吗？

乙： awa ɖi pajasaw muka mareŋaja.
　　 是　　 就　 去　 叫
好的，我就去叫。

参考句子

1. baŋabaŋan ju la, kibatalu!
　 麻烦　 你 了 拜托
麻烦你了，拜托，拜托！

2. ulaja saja kiapataluan kanu. panaanan aɖian pawa ɖa niraŋeran.
　 有　 一　 要求　　 你　 实在　 对不起
　 觉得
有件事情要求您，实在觉得对不起。

3. maḍui mupaṯiaran ŋajan unian kudakudajan aḍi kaadian a aḍi mareŋaj.
　　可是　出于　事　无　奈　不得　不　说
可是事出无奈，又不得不说。

4. kan-ulaja a rareŋajan a manajan i aḍi kajaŋela mareŋaj ḍa ŋaj.
　　如有　　事情　　什么　不　客气　　说　话
有什么事尽管说，不要客气。

5. aḍi kakemaḍu igelajan.
　　不　像那么　顾虑
不必那么顾虑。

6. mawlep ju la, karauban daman aḷamu ḍia kaniam i ruma apariasal, inaba a?
　　劳驾　你了　晚上　明天　来　一下　我　家　一趟　好　吗
劳驾，明天晚上请到我家来一趟，可以吗？

7. saḷaw aḍian pamaw, ulaja sajajan a manajan mara-ŋer ku kipatalu kanu.
　　非常　　对不起　　有　一件　　事情　想　我　拜托　你
非常对不起，有件事想拜托你。

8. ulaja manajan, padiŋwai ku baraj la.
　　有　什么事　打电话　我　给吧
有什么事，请给我挂电话。

9. kana wawariwari i marepakelaḍama ta kaju mareŋaj.
　　在　每天　　联系　　咱给他　转告
请转告他，每天都和我联系。

10. pakelaḍami tajtaw beraj ku parebelias ḍa tilil kaju.
　　告诉　他　给我　回　信
告诉他给我个回信。

11. pakelaḍami tajtaw kariji ḍua.
　　告诉　他　立刻　来

告诉他马上来。

12. marbeḻalias laj aliw ṯaṯemima ḏa duḏuaja a waḻu-waḻua taŋpia ḏa kitti.
　　 来回　　时 顺便　　 买　　 二　　 八
　　　　　　　　　　　　　　　　　　　　　　分　邮票

回来时请顺便买两张八分的邮票。

13. garema wari ulaja sajajan a manajan baŋabaŋaw ju ḏia.
　　 今天　有　一　　　事情　　麻烦　你一下

今天有件事情来麻烦您。

14. ulaja nanku ḏekalan a misasa puasalaw ḏua kaḏini raŋeran kanu panawaw ḏia kainaba a?
　　 有　我　同乡　一位　调动　来　这里　想
你　照应　一下　可以吗?

我有一位同乡调来这里。想让您照应一下,可以吗？

15. iḏuan unian ḏa manajan.
　　 那　 没有　　什么

那没有什么。

16. kana-karawban garem i maraŋer ku muka me-nawa ḏa kaseḏusasiŋ i kainaba ju benuḻas kan-ku menaw i ruma?
　　 在 晚上　　 今　　 想　 我 去 看
电影　　可以 你 替　我 看 家

今晚上我想去看电影,您能替我看家吗？

参考文献

语料类

[1] 陈荣福：《比尤麻民间故事集》（手稿），北京：中央民族大学南岛语教研室。

[2] 陈荣福：《各民族民间故事集》（手稿），北京：中央民族大学南岛语教研室。

[3] 陈荣福：《卑南语课本》（手稿），北京：中央民族大学南岛语教研室。

[4] 陈荣福：《卑南语会话课本》（手稿，2册），北京：中央民族大学南岛语教研室。

[5] 陈荣福：《比尤麻语基础课本》（手稿），北京：中央民族大学南岛语教研室。

[6] 曾思奇、阿霞、陈雄义等：《台湾卑南语（南王村话）汉语词典》（油印本）。

[7] 陈荣福：《猴祭歌》，曾思奇译，台北：《山海文化》1994年第11期。

著作类

[8] 戴维·克里斯特尔：《现代语言学词典》（沈家煊译），北京：商务印书馆，2002年。

[9] 丁邦兴：《古卑南语的拟测》，台北：中央研究院史语所专刊，1978年。

[10] 何汝芬、曾思奇、田中山等：《高山族语言简志（阿眉斯语）》，北京：民族出版社，1986年。

- [11] 曾思奇：《台湾阿眉斯语语法》，北京：中央民族学院出版社，1991年。
- [12] 陈 康：《台湾高山族语言》，北京：中央民族学院出版社，1992年。
- [13] 蔡中涵、曾思奇：《阿美族母语语法结构分析》，台北：财团法人台湾原住民文教基金会，1997年。
- [14] 黄美金：《卑南语参考语法》，台北：远流出版有限公司，2000年。
- [15] 林 太、曾思奇、李文甦等：《布农语构词法研究》，台北：台湾读册文化出版社，2001年。

南岛语论文类
- [16] 陈荣福、李杰、曾思奇等：《台湾卑南语》，《中央民族学院学报》1992第3期。
- [17] 李壬癸：《台湾南岛语言的符号系统》，台北：台湾教育部教育研究会，1992年。
- [18] 曾思奇、李文甦：《谈阿眉斯语的基数概念》，《中国民族语言论丛(1)》(戴庆厦主编)，北京：中央民族大学出版社，1996年。
- [19] 李壬癸：《汉语和南岛语有关系吗?》(李锦芳译)，《中国民族语言论丛(2)》(戴庆厦主编)，昆明：云南民族出版社，1997年。
- [20] 何大安、杨秀芳：《南岛语与台湾南岛语》，《台湾南岛语丛书导言》(黄美金2000序言)。
- [21] 陈 康：《赛德克动词命令式的协和音变》，《民族语文》2001年第5期。
- [22] 李文甦《布农语合成词的结构方式》，《中国民族语言文学研究论集》(戴庆厦主编)，北京：民族出版社，2001年。

[23] 曾思奇：《试论阿眉斯语动词的形态及其特点》，《高山族语言文学》，北京：中央民族学院出版社，1988年。
[24] 曾思奇：《阿眉斯语动词形态及其特点初探》，《中国民族语言文学研究论集》（戴庆厦主编），北京：民族出版社，2001年。
[25] 曾思奇：《阿眉斯语的基本词缀及其复合结构分析》，《民族语文》2002年第1期。
[26] 杨　梅：《台湾阿美语 ni-型动词的结构及语义特点分析》，硕士学位论文，北京：中央民族大学，2002年。
[27] 阿眉斯语小组：《阿眉斯语概况》，《高山族语言文学》，北京：中央民族学院出版社，1988年。
[28] 布嫩语小组：《布嫩语概况》，《高山族语言文学》，北京：中央民族学院出版社，1988年。
[29] 排湾语小组：《排湾语概况》，《高山族语言文学》，北京：中央民族学院出版社，1988年。
[30] 向诚：《排湾语名词的构成及特点》，《高山族语言文学》，北京：中央民族学院出版社，1988年。
[31] 向诚、李文苏：《阿、排、布三种语言重叠构词的比较研究》，北京：中央民族学院出版社，1988年。
[32] 李文甦、林青春：《布嫩语构词方式略论》，《高山族语言文学》，北京：中央民族学院出版社，1988年。
[33] 石德富：《卑南语中缀和后缀的语义》，《民族语文》2006年第1期。

理论类

[33] 戴庆厦：《二十世纪的中国少数民族语言研究》北京：书海出版社，1998年。
[34] 陈其光：《语言调查》，北京：中央民族大学出版社，1998

年。
[35] 诺姆·乔姆斯基:《句法结构》(邢公畹等译),北京:中国社会科学出版社,1979年。
[36] 力提甫·托乎提:《维吾尔语及其他阿尔泰语言的生成句法研究》,北京:民族出版社,2001年。
[37] 石定栩:《乔姆斯基的形式句法——历史进程与最新理论》,北京:北京语言文化大学出版社,2002年。
[38] 张敏:《认知语言学与汉语名词短语》,北京:中国社会科学出版社,1998年。

文史类

[39] 李壬癸:《从语言证据推论台湾土著民族的来源》,《大陆杂志》(台北)第59卷第1期,1979。
[40] 李壬癸:《从历史语言学家构拟的同原词看南岛民族的史前文化》,《大陆杂志(台北)》第83卷第6期,1991。
[41] 曾思奇:《高山族文化典》,上海:上海人民出版社,1998年。
曾思奇:《台湾南岛语民族文化概论》,北京:民族出版社,2005年。
[42] 林太、李文甦等:《走过时空的月亮》,台中:晨星出版社,1998年。

外文类

[43] Huang, Lillian FOCUS SYSTEM OF MAYRINAX ATAYAL: A SYNTACTIC, SEMANTIC AND PRAGMATIC PERSPPETIVE Journal of Taiwan Normal University & Social Sience, 2001, 46 (1, 2), 51-49.
Lillian M. Huang(黄美金): NOMINALIZATION IN MAYRI-

NAX ATAYAL, Language and Linguistics, Volume3 Number2: 197-225, 2002. Academia Sinica, Taipei.

[44] Jeng, Heng-hsiung (郑恒雄) TOPIC AND FOCUS IN BUNUN Taipei: Institute of History and philology Academia Sinica, 1977.

[45] Li, Paul Jen-kuei(李壬癸) RUKAI STRUCTURE Taipei: Institute of History and philology Academia Sinica, 1973.

[46] Li, Paul Jen-kuei & Tsuchida, Shigeru(土田滋) PAZIH DICTIONARY Taipei: Institute of History and philology Academia Sinica, 2001.

Fillmore, C. J. THE CASE FOR CASE, in E. Bach and R. Harms, des. Universal in Linguistic Theory, New York: Holt, Rinehart and Winston, 1968.

后记(一)

在导师曾思奇先生的指导下，我的学位论文终于完成了。

离开荧屏和键盘，凭窗望外，只见晨曦渐起。朦胧中，我脑海里便浮现出导师在那间简陋的办公室里指导我、和我讨论问题的情景。三年来，我就在这样神秘的夜色中独自摸索，心中充满好奇，但时时迷失方向，有时甚至失去信心。老师总像窗外的晨曦，不以我之浅薄和鲁莽而责备我，总用他坚毅而慈祥的目光给我以启迪、勇气和信心，使得拙文得以完成。

三年来的很多夜晚，总有一个声音来自另一个世界，给我编织森林中老虎与狼、狐狸与乌鸦、猴子与桃的神话，讲述族群的兴衰和和各种神秘的仪式。我与他虽然永远无缘谋面，甚至连他的照片我都没有见过，但每当这时，我总感觉到他的脉搏和我的脉搏一起跳动，夜色也变得神秘而和谐起来，使我无意之间熬过许多夜晚。"陈荣福"、Tiam Barasung，对我而言，再也不是抽象的声音和冰冷的文字，而是一位活生生的慈祥老人。拙文能够如期完成，得益于他的阴佑。

三年来，得到很多师友的关心和帮助。我校中国少数民族语言文学院老院长戴庆厦教授和本系老师季永海教授，在开题报告时对本研究提出了一些很有建设性的建议；中国少数民族语言文学院院长文日焕教授特意地亲临开题报告会，此后三位教授还常常鼓励和关心我。

第一学年，是由我的硕士导师张永祥和陈其光教授给我授课。那段时间，张老师居住在城里，为了给我上课，不顾年高，每周从城里挤车返回学校。陈师母卧病在床，陈老师仍坚持给我授课。

在此之前，张公瑾教授无偿地给我上了一学年的课，使我终身受益匪浅。

中国社会科学院的民族研究所的黄行研究员和吴安其研究员在此期间对我很关心。吴老师很认真地修改我的另一篇论文，悉心指导我怎样写好论文；黄老师主动推荐有关台湾南岛语的书籍并敞开书架把书借给我。

台湾卑南族学者李杰(陈雄义)先生很关注本研究的进展。他原计划在今年(2004)三月底到我校亲自指导和帮助本论文写作，由于他故，未能成行，甚为遗憾。台湾阿美族学者蔡中涵博士和黄东秋博士访问我校时对本人也语多勉励。

系领导木乃热哈书记和李锦芳主任除了给予鼓励之外，在安排课时和其他活动时也常常给予方便。我的同乡、好友和同事周国炎博士常帮我修理电脑，无偿给我上电脑课。我系南岛语教研室阿霞老师也给我许多帮助。

在我最困难而准备放弃的时候，师弟罗春寒和师妹杨梅二位博士候选人、我的苗族同胞李云兵博士、好友丁石庆教授和普忠良先生都及时地给予鼓励。此外许许多多的师友，对我很关心，恕德富在此不能一一提及。

还有我母亲为了使我完成学业，离开她的爱孙和熟悉的环境，千里迢迢赴京，囚禁于斗室之中，起居之事，由她一人挑起。

正因为有如此多的人的关心、帮助和鼓励，才使这篇论文能够如期完成。

屋后大树上的喜鹊被晨光惊起，叽叽喳喳地欢叫着。沐浴于温暖而博大的晨曦中和沉浸在喜鹊欢快的叫声中，我除了无言还是无言，因为此情此景，怎一个"谢"字了得！

2004年5月11日凌晨中央民族大学17号楼205室。

后记(二)

拙作是在 2004 年的博士论文基础上,根据答辩委员的建议修改而成。但其框架无大变化,主要在文字上做些修改,同时附加了一些分析过的语料。这是我第一个以书本形式面世的作品。

子曰"三十而立",可是在三十岁之前,我从未想过我会以从事语言研究作为我的事业,更不用说从事南岛语研究了。山村的风光和农事活动构成了我童年的回忆;少年时除了从事农家男孩所从事的一切农活以外,由于家里没有姐妹,我又是长子,所以也另外地从事了女孩子所从事的活儿;少长,在寒暑假期间就跟父亲打铁,若是夏天,晚上还得夜宿野外,守水灌田;1982 年,我 19 岁中专毕业后开始从教,并在乡村教书达 12 年。在苗族聚居区从事语言教学期间,发现了苗语、汉语和英语的一些异同点,偶尔也萌发过研究语言的念头,但随后便烟消云散了。日子就这样过去了三十年。

1993 年初秋的一天,我收到了我在中央民族学院进修英语期间(1985—1987)教过我们的加拿大籍教授 Hanny Feurer 女士的来信。她在信中鼓励我报考中央民族大学语言文学系苗语方向的研究生,并说她已经跟我联系好我后来的硕士生导师张永祥、曹翠云和吴德坤先生了。一直到了那天,我才决心把研究语言作为我的事业。

1994 年秋,在三位先生的指导下我开始学习苗族的语言文化。1997 年我硕士毕业时,几经周折,承蒙老师们的推荐和帮助,终于很幸运地被分配到中央民族大学工作。工作之后,攻读博士学位一直是我的夙愿。

我本想在工作两年之后的 1999 年报考博士，但是经过张公瑾先生的推荐，我到泰国教书去了。在泰国，我有机会接触了泰语，因此扩大了语言视野。2000 年 3 月父亲去世，出于对父亲的情感，我放弃了该年的博士入学考试。

　　2001 年秋，我有幸地当上了中央民族大学攻读台湾少数民族语言文化方向的博士生，从此有机会聆听曾思奇先生的教诲。

　　在兴奋之后，我发现我面对的是一个完全陌生的领域。南岛语不管是构词法还是句法，都与苗语、汉语、英语、泰语完全不同。记得曾老师把几捆发黄的手抄课本和单词卡拿到我的小屋时，我顿时觉得肩上的担子有千斤之重。幸运的是，曾先生循循善诱，先教我 Amis 语（阿眉斯语/阿美语），然后给我介绍了一些其他南岛语的基本特点，使我在一年之后开始入门。

　　由于面对的是一堆语料，没有发音合作人，在研究时遇到了很多困难。每个单词都要反复切分、研读和判断，然后逐个地核对词根、词缀和重叠方式，在此基础上把它们分别列类，从中总结和抽象出规则来。研究中，每每遇到困难，承蒙老师殷勤鼓励和及时点拨，使拙作得以完成。

　　我在博士论文后记中提到过老师和朋友，我再次向他们致谢！戴庆厦教授在近 4 年来对我非常关心，文日焕院长为本书的出版付出了心血，再次感谢他们。

　　由于学养不够，虽已尽力，文中错误肯定不少。错误是我不能左右的，但是我将尽量坦诚以对，所以我欢迎专家学者们的指正，以促进学科发展。

　　下面我试拟一联以表达我对导师的敬意并自策：
　　"山高兴雨峰常绿，溟邃舞龙水不惊"。

石德富
二〇〇八年七月九日　随笔